# 社会标注视域下的城市画像研究

叶光辉　毕崇武　著



科学出版社
北　京

## 内 容 简 介

本书整合导向城市画像的社交媒介标签，将标签语词网络转换为有客观知识体系监督的主题网络，形成规范的未解析的城市画像数据集；围绕城市画像数据集，在特征分类基础上，设计城市画像特征选取模式，挖掘个体认知特征融合算法，构建城市画像计算引擎，为城市画像衍生应用提供核心支撑；聚焦城市画像，探讨基于典型场景及业务需求的城市画像多维应用分析模型，具体包括时序分析、情感分析和网络分析。书中研究有效地拓展了标签利用场景及理论方法，系统构建了城市画像计算与应用范式。

本书可作为社交媒体数据挖掘与分析领域教师和研发人员的参考用书；亦可作为情报学、数据科学、信息资源管理、大数据管理与应用等专业的本科生、研究生教材。

**图书在版编目（CIP）数据**

社会标注视域下的城市画像研究 / 叶光辉，毕崇武著. —北京：科学出版社，2022.2

ISBN 978-7-03-071547-0

Ⅰ. ①社… Ⅱ. ①叶… ②毕… Ⅲ. ①城市–信息化社会–研究 Ⅳ. ①G201

中国版本图书馆 CIP 数据核字（2022）第 030823 号

责任编辑：杭 玫 / 责任校对：贾娜娜
责任印制：张 伟 / 封面设计：无极书装

**科学出版社** 出版
北京东黄城根北街 16 号
邮政编码：100717
http://www.sciencep.com
**北京建宏印刷有限公司** 印刷
科学出版社发行 各地新华书店经销

*

2022 年 2 月第 一 版 开本：720×1000 B5
2022 年 2 月第一次印刷 印张：11 1/2
字数：225 000

**定价：118.00 元**

（如有印装质量问题，我社负责调换）

# 序

在城市信息化浪潮与物联网崛起的共同推动下，智慧城市理念的不断扩充与完善，为城市可持续发展与自我调节提供了可行思路。智慧城市利用信息技术连接人、信息和城市要素，将技术、系统、服务和能力整合到一个灵活、开放式的有机网络中，能够为政府、企业和公众提供优质、高效的智能化城市服务。

随着数据科学的发展，学者逐步意识到大数据为其借助异构多源数据洞见城市运行状态提供了可行途径，并围绕以数据为中心的智慧城市建设这一主题开展了多层次、多方位的理论与技术探索，对城市大数据的感知、管理、分析及应用，从不同角度为智慧城市的建设提供了理论指导与技术支持。

正是借鉴上述思考，该书作者利用社交媒体数据，搭建城市数据画像，实现对城市运行状况的全景化分析、利用和呈现。在实际研究过程中，作者以城市画像研究的演进路径为脉络，从城市画像的传统社会学研究、社会化标签的多维度分析和自媒体时代的城市画像研究等主题来解析国内外研究现状，进而探究基于标签语义挖掘的城市画像计算模式，并围绕城市画像进行深度语义聚合和内容分析，透视公众认知的时序变化及情感倾向，发掘城市潜在关系及其社群结构。此外，该书呈现了应用研究成果的原型系统，具有典型的示范意义。

作者叶光辉攻读博士学位期间，在我的指导下，探讨了应急决策咨询团队的高效构建方法和效果，以及专家评估意见的深度融合流程，以期为政府等相关主体机构的应急决策提供有力支撑。这实际上是利用大数据集成与分析方法，开展智慧城市应急决策研究的前沿选题。2016 年，他获得博士学位之后，就以“基于标签语义挖掘的城市画像计算与应用模型研究”为题，获得了国家自然科学基金青年项目资助。据我了解，这部著作呈现的内容已超出了该基金项目的研究预期，因为叶光辉申请项目时征询过我的意见，我审阅了申请书并提出过中肯的意见和建议。从这部著作中我欣喜地看到，作者探索了如何利用社交媒体中的城市画像，为城市治理中的交互式服务提供有效的数据支撑和评测尺度，其研究视野宽阔。

我从事智慧城市应急决策情报体系建设研究已近十年，十分关注这类研究成果。今年年初，叶光辉将他和毕崇武合著的《社会标注视域下的城市画像研究》书稿电子版发来，希望我为该书作序。我欣然应允，因为作序者往往是图书的第一读者，可以先睹为快。打开目录，我即看到有关应用社交媒体数据挖掘与分析方法开展城市智慧化管理和服务的研究内容，书中的研究成果吸引着我。我花了一周时间仔细阅读了这部书，写下一些阅读体会是为推介和评价。我想该书对图书情报的研究者和工作者会有启发，特此写下数语向广大图书情报学者推荐这部好书。

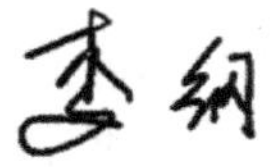

2021 年 2 月于武汉珞珈山

# 前　　言

自2014年以来，“以人为本”的智慧城市建设理念在应对城市问题挑战方面受到极大关注。该理念提出智慧城市建设的关键方面是要进一步改善城市的社会治理，特别是改善基层的社会治理，探讨如何实施参与式社会治理的相关项目。这些项目进一步完善了城市的善治理念，在公众参与度提高、社会组织日益发展的背景下，促进了我国当前智慧城市建设的发展。在2016年发布的“十三五”规划中，参与式社会治理具有突出地位。根据“十三五”规划，政府力求通过社会合作、公众参与和法治，发展党领导下的社会治理体系，实现政府管理、社会规制和居民自治的良好互动。2017年3月5日，国务院总理李克强在《政府工作报告》中提出“推动社会治理创新”的概念。具体而言，就是要改善群众自治、社区治理及社会组织的角色，保障人们的合法权益，尤其是妇女、儿童和老人等弱势群体的合法权益。种种迹象表明，确保公民和各利益相关方更广泛地参与到城市的社会治理中，赋予他们更多的权利，提高政府的数据收集能力和政策透明度，是当前智慧城市建设与发展的主要趋势。

事实上，智慧城市建设的关键问题是如何充分发挥现代信息技术的优势，加快形成与城市发展相匹配的社会治理能力，解决城市建设面临的突出问题和矛盾。然而，当下许多智慧城市建设项目着重关注城市的基础设施，力求通过新一代信息技术提高城市硬件的智能化程度，而对于如何满足人们日常生活中多样化的需求，促进城市的智慧化管理和服务缺乏深刻认识。笔者认为，尽管当前公众系统地参与城市的社会治理存在许多阻碍，但仍有越来越多的城市管理者在实践过程中认识到，公众参与能够为改善政府服务指明方向，有利于提高政府绩效，实施有效的外部监督。与此同时，公众参与也能够促进公众意见表达，充分释放自身潜力，推动政府与公众间的对话，从而形成政府和公众统一的城市发展愿景。

“城市画像”是城市观察者与城市实体相互作用的产物。城市提供自身个性与特色，城市人以其适应力，通过目的选择、自我组织赋予“城市画像”。正如美国哲学家、诗人R. W. Emerson所说："城市是依靠记忆存在的。"随着时间推移，城市的每一部分、每一角落都会烙下当地的特征，转化为含有公众认知和公众情感的社会印象，进而被公众记忆。这种由不同行业的公民依据自身感知形成的公众记忆，就像城市的一张名片，能够充分反映当地个性与特色，展现城市的形象与内涵。无论城市发展到什么程度，公众都存在城市印象，这种融汇大众智慧建设城市的思路，无疑是智慧城市建设的重要组成部分。

在社交网络盛行的当下，每天都会产生数以亿计的社会化标签。这些标签涉及公众日常活动的方方面面，在一定程度上直接或间接地反映出公众对待某件事物的态度。很明显，公众对某座城市的印象也可以通过社交网络中的社会化标签表示出来：描述某座城市的整体标签分布情况，反映公众对该座城市的大致印象；描述某座城市的单一标签标注情况，反映公众对这一印象的认可程度。从社交网络中直观、实时、低成本地获取公众对城市赋予的"城市画像"，可以为智慧城市建设提供"大众智慧"；而借助社会化标签能够表达公众认知视角下的城市印象，也有助于增强大众参与城市建设、改造城市现状的欲望。

通过以上探讨，社会标注视域下的城市画像是表达公众认知视角下的城市多维特征的结构视图，其计算与应用模型研究可为城市治理中的交互式服务提供有效的数据支撑和评测尺度。借此，本书开展了如下研究工作：①整合导向城市画像的社交媒介标签，将标签语词网络转换为有客观知识体系监督的主题网络，形成规范的未解析的城市画像数据集。②围绕城市画像数据集，在特征分类的基础之上，设计城市画像特征选取模式，挖掘个体认知特征融合算法，构建城市画像计算引擎，为城市画像衍生应用提供核心支撑。③聚焦城市画像，探讨基于典型场景及业务需求的城市画像多维应用分析模型：结合时序分析，揭示大规模在线数据更新引发的城市画像演化迭代历程；融合个体认知，测度公众认知视角下城市画像的情感极性及程度；综合网络分析，发掘基于画像关联的潜在城市关系及其社群结构。书中相关研究工作将有效拓展标签利用场景及理论方法，系统构建城市画像计算与应用范式。

本书是作者及课题组多年研究成果的系统梳理与汇总，也是课题组成员集体智慧的结晶，许多同志对书中涉及的内容做出了突出贡献。武汉大学信息资源研究中心主任李纲教授对本书研究进行了全程指导。华中师范大学副校长夏立新教授及信息管理学院副院长曹高辉副教授对本书的出版给予了极大的关心与支持，并提出了许多宝贵的修改意见。本书由叶光辉主笔统稿，叶光辉、毕崇武负责第1、2、3、4、5、8、10、11章的写作，叶光辉、徐彤负责第6章的写作，叶光辉、曾杰妍负责第7章的写作，叶光辉、杨金庆负责第9章的写作，书中的绘图部分由李明倩、郭诚完成，彭泽、胡婧岚、王灿灿、祁宁杰参与了本书的文字校对工作。

本书的研究得到了国家自然科学基金重大课题“国家安全大数据综合信息集成与分析方法”（71790612）、国家自然科学基金青年项目“基于标签语义挖掘的城市画像计算与应用模型研究”（71804055）及华中师范大学信息管理学院的资助。科学出版社对本书的出版给予了大力支持，在此一并致谢！

期盼本书能够为政府管理部门、企事业单位的社交媒体数据挖掘与分析人员、高等院校师生等提供有益的参考。同时，由于时间与精力所限，难免疏漏，本书的研究结果及实验应用都还有提升和完善的空间，恳请广大读者批评指正。

叶光辉

2021 年 1 月于武汉桂子山

# 目　　录

**第 1 章　绪论** ··· 1

1.1　社会标注视域下的城市画像研究背景与价值 ··· 1
1.2　城市画像研究的历史演进过程 ··· 3
1.3　城市画像研究的现实审视 ··· 7

**第 2 章　基于标签语义挖掘的城市画像研究理论基础** ··· 11

2.1　标签资源组织与分析理论 ··· 11
2.2　特征工程建模理论 ··· 17
2.3　信息融合理论 ··· 22
2.4　社会网络分析理论 ··· 25
2.5　城市地理信息分析理论 ··· 30

**第 3 章　基于标签语义挖掘的城市画像计算与应用模型构建** ··· 36

3.1　城市画像关联标签资源整合 ··· 37
3.2　城市画像计算模型构建 ··· 38
3.3　城市画像应用基础研究 ··· 40
3.4　模型实现关键问题 ··· 43

**第 4 章　城市画像关联标签资源整合分析** ··· 44

4.1　城市画像关联标签资源整合的原则 ··· 44
4.2　利用层级框架整合城市画像关联标签资源的优势 ··· 45
4.3　面向城市画像关联标签资源整合的层级框架生成方法 ··· 46
4.4　城市画像关联标签资源整合实例 ··· 48

**第 5 章 基于标签语义挖掘的城市画像计算模型构建** ······ 51

5.1 基于潜在语义分析的城市画像计算 ······ 51
5.2 热点城市特征分析及评价指标选取 ······ 54
5.3 基于标签语义挖掘的热点城市特征识别 ······ 58
5.4 城市画像计算及热点城市特征识别实例 ······ 59

**第 6 章 基于演化分析的动态城市画像研究** ······ 69

6.1 基于旅游路线的城市画像网络结构发现 ······ 70
6.2 基于游记文本的城市旅游画像主题发现 ······ 72
6.3 城市旅游画像演化研究实例 ······ 75

**第 7 章 基于标签语义挖掘的城市画像情感分析** ······ 90

7.1 基于 LDA2Vec 的城市画像主题提取 ······ 90
7.2 城市画像主题的情感计算 ······ 92
7.3 城市画像主题的情感演化 ······ 94
7.4 城市画像视角下的公众情感演化研究实例 ······ 95

**第 8 章 基于标签语义挖掘的城市社群发现** ······ 102

8.1 融合主题聚类与情感强度的城市特征识别 ······ 102
8.2 基于城市特征共现关系的城市网络构建 ······ 103
8.3 基于网络局部聚类的城市社群发现 ······ 104
8.4 基于标签语义关联的城市社群发现研究实例 ······ 106

**第 9 章 面向城市地名实体的路线推荐服务研究** ······ 112

9.1 面向城市地名实体的关联数据构建 ······ 112
9.2 基于关联数据的地理坐标数据语义转化模型 ······ 114
9.3 基于城市地名实体双向链接分析的路线推荐过程 ······ 119
9.4 路线推荐服务实证分析 ······ 125

**第 10 章 基于标签语义挖掘的“印象 · 城市”智慧服务平台** ······ 132

10.1 “印象 · 城市”智慧服务平台构建的必要性、可行性及创新性分析 ······ 132
10.2 “印象 · 城市”智慧服务平台构建思路 ······ 135
10.3 “印象 · 城市”智慧服务平台实施方案 ······ 137

10.4 "印象·城市"智慧服务平台应用实例：
武汉"1+8"城市圈 …… 145

**第 11 章 研究结论与展望** …… 158

11.1 结论 …… 158
11.2 展望 …… 161

**参考文献** …… 163

# 第1章 绪　　论

本章对城市画像研究的演进路径进行深入分析，在充分调研社会化标签研究进展的基础上，指出当前以标签资源为载体的城市画像研究中存在的一系列问题，提出基于标签语义挖掘的城市画像研究方法，并对研究内容、技术路线及创新之处进行阐述。

## 1.1 社会标注视域下的城市画像研究背景与价值

本书系国家自然科学基金重大课题“国家安全大数据综合信息集成与分析方法”（71790612）、国家自然科学基金青年项目“基于标签语义挖掘的城市画像计算与应用模型研究”（71804055）成果之一。一方面，构建基于标签语义挖掘的城市画像计算模型，有助于拓展标签在公众认知发掘中的有效利用场景及理论方法；另一方面，面向城市治理的典型场景，设计基于城市画像的多维分析算法，有助于推动城市画像衍生性应用的创设。所以，研究基于标签语义挖掘的城市画像具有重要的理论意义和实践价值。

### 1.1.1 研究背景

当前许多智慧城市建设项目主要关注城市基础设施布局，着力通过新一代信息技术来提升城市硬件的智能化程度，但随着智慧城市建设热度的不断上升，城市间基础设施的差距正在逐步缩小，“如何培育城市形象，改善公众印象”已成为新时期城市智慧化管理和服务的焦点议题。

随着移动网络和政务社交媒体的融合发展，面向公众的交互式服务平台越来越多，它们正逐步发展成为公众“连接政务”的重要窗口。据中国互联网络信息中心发布的第46次《中国互联网络发展状况统计报告》，截至2020年6月，我国在线政务服务用户规模达到 7.73 亿个，占总体网民的 82.2%，微信城市服务、政务微博等政务服务平台不断扩张服务范围，上线并完善多类服务，并向县域下沉。与此同时，平台本身所集聚的标签、评论等语义资源也正呈指数级增长，这既给信息保管带来了极大的挑战，又给城市画像研究提供了大数据分析的契机。目前美国联邦机构、英国国家图书馆与档案馆、加拿大图书档案馆等都已开展政务社交媒体信息保管项目（如美国“总统奥巴马社交媒体归档”项目），呼吁从管理、司法、技术与人文等方面识别目前的挑战与构建适用的策略。标签作为政务社交媒介资源中最为轻量级的语义片段，承载着公众对城市某一特征的看法、认知、评价和情感。基于标签语义挖掘的城市画像正是基于大数据分析、机器学习、交互可视化等创新应用获取的公众对城市整体特征的群体性描述，是大多数人对城市拥有的共同心理图像，是具有社会化权重的城市印象集合。这种由公众依据自我认知形成的共同记忆，就像城市的一张名片，能够充分反映城市个性与特征，展现城市形象与内涵，对驱动新型社会治理模式的形成具有重要作用。

### 1.1.2 研究价值

随着数据共享技术和政务信息公开制度的发展，公众形式上可参与社会治理的途径日趋完善，但公众认知在决策分析中的有效权重还未充分展现，而如今政务社交媒介平台的发展正不断强化与提升公众认知在城市治理中的影响力。本书以此为契机，探究基于标签语义挖掘的城市画像计算模式，并围绕城市画像进行深度语义聚合和内容分析，透视公众认知的时序变化及情感倾向，发掘潜在城市关系及其社群结构。本书研究具有重要的理论价值和实践价值，寄望在理论基础、计算模型和实际应用中取得创新性成果。

1. 理论价值

构建基于标签语义挖掘的城市画像计算模型，有助于拓展标签在公众认知发掘中的有效利用场景及理论方法。城市画像是标签语义挖掘的可视结果，是表达公众认知视角下城市多维特征的结构视图。该结构视图的形成需要经历数据采集、数据整合、数据分析、数据可视化等一系列计算环节，涵盖个体认知特征智能提取与分面融合、城市画像特征计算等核心内容。城市画像计算模型可为城市网络社群发掘、公共政策有效性评估等一系列交互式服务提供数据支撑和评测尺度，同时拓展标签数据建模与挖掘方法的应用场景，形成从标签整合到特征选择，再到特征计算的分析模式。

2. 实践价值

设计基于城市画像的多维分析算法，推动城市画像衍生性应用的创设。通过城市画像计算模型可获取目标城市多个连续周期的数据画像，借此可挖掘城市画像的演化路径及诱发机理。城市画像关联到的特征标签具有情感极性，借助相关算法和领域词典可对公众认知的情感倾向进行分析，同时标签词间还存在着客观知识联系，通过语义关系及强度分析可对不同分面下的城市耦合网络进行深度语义挖掘。时序分析、情感分析、网络分析等共同形成了城市画像多维分析的计算内核，面向城市治理的典型场景，该内核可为城市画像衍生性应用的创设提供基础方法支撑，规范和推动现有城市画像应用基础研究。

# 1.2 城市画像研究的历史演进过程

基于标签语义挖掘的城市画像研究融合了数据科学、网络科学、计算科学等多主题领域的研究成果，以城市画像演进路径为脉络，本书从城市画像的传统社会学研究、社会化标签的多维度分析和自媒体时代的城市画像研究等主题来解析国内外研究现状及发展动态。

## 1.2.1 城市画像的传统社会学研究

20 世纪 60 年代，麻省理工学院城市规划大师 Lynch（1960）首次将印象（mental-image，或译为意象）的概念应用于城市画像研究，认为印象是观察者与城市之间双向作用的产物。他采用绘制认知地图的方法，详细分析了美国波士顿、泽西城和洛杉矶三地的城市画像，将城市画像的构成要素概括为五种：道路、边沿、区域、节点和标识（林奇，1990）。此后，很多学者普遍采用与之相似的问卷调查、深度访谈、意向草图等社会学调查方法，对城市画像的构成要素、区域分布及品质特征展开研究。由于印象是公众对城市特征的主观感受，生活经历、文化背景等个体差异均会对城市画像的形成产生影响，为此部分学者避开了心理学家感兴趣的个性差异问题，重点考虑公众对城市的共同画像，研究发现尽管不同个体形成的城市画像有所差异，但是相似个体形成的城市画像之间具有很多共同点，如 Lee 等（2010）对比分析了不同环境下本地居民和外地游客对城市画像的感知差异；白凯等（2011）探究了不同文化群体对城市色彩画像的差异，发现个体的城市色彩画像会随着周围文化情境的转变而变化，但相近文化群体间的城市色彩画像具有相似性。

自 20 世纪 80 年代末以来，学者转变了城市画像研究的视角，认为城市画像不仅包括实体的视觉感知，还包括伴随着公众活动的更为复杂的社会感知，即城市画像构成中的非实体性元素。城市画像研究从原本单纯的实体空间结构研究，发展到综合政治、经济、文化、环境等多种要素的社会研究，如 Laaksonen 等（2006）采用视觉拼接技术和群体焦点访谈法将城市画像划分为观察层面、评价层面和氛围层面 3 个层面，城市画像的构成划分为自然属性、建筑环境、文化和产业4个方面；Luque-Martínez等（2007）在深入访谈的基础上，建构了一般性的城市画像结构模型，将城市画像划分为历史、环境、社会、文化等12个与城市居民居住满意度呈强正相关关系的构成因素。

综上分析可知，城市画像的传统社会学研究与“城市印象”内涵的变化存在着紧密的联系：最初城市印象限定并强调了城市观察者的所见事物，只关注构筑城市的实体环境，忽略了公众对城市的非物质认知；后期城市印象内涵延伸到了城市系统的社会属性，城市画像构建与分析方法也由实体层面的认知分析拓展到心理层面的认知分析。

### 1.2.2 社会化标签的多维度分析

作为适应 Web 2.0 环境下的一种网络分析方法，社会网络分析不仅关注单个实体的个体特征，更关注实体之间构成的社会关系的属性、结构及其潜在特征。大量学者从社会化网络的结构与功能入手，开展了网络结构的计量分析和动态演化分析，试图发现社会网络结构中的关键节点和具有相似特征的节点集合，从而为个性化网络服务提供路径。在众多研究中，有关标签的研究尤其突出，而且不同领域学者的研究视角存在着一定差异，主要分为：①采用自然语言处理（natural language processing，NLP）技术和方法处理标签问题。标签是大众分类法的产物，受控程度较低，层级结构未被清晰揭示，用户使用标签进行话题标记，规范化程度不高，因而会出现异词同义、一词多义、上下文语境等自然语言处理问题，这些问题对标签组织、标签网络分析、标签应用分析的效果都造成了较大影响，因此计算机领域研究者类比半结构化文本处理方式，对标签集合进行了清洗去重（张恒婷，2012）、可信度评估（王贤兵，2012）、层级关系构建（刘苏祺等，2016）、情感分析（李纲等，2014；宋灵超和黄崑，2016）、聚类及分类（于海鹏和翟红生，2014；杨尊琦和赵瑾珺，2014）等研究工作。②采用网络科学方法进行标签分析。网络科学改变了基于数据库、关联规则的标签分析策略，试图通过社会网络和复杂网络的分析指标、模型、算法等来发掘在线社交网络的热点话题、热点人物及网络结构。在线社交网络可理解成以多维语义元素为节点，不同语义元素相互关联形成的元网络（叶光辉和李纲，2015），在此概念模型基础之上，鉴于标签、话题、用户间的多重性关系，通过主题发掘（Chen et al.，2014）、社团发现（W. Pan et al.，2013）、链路预测（Chelmis and Prasanna，2013）、协同过滤（Naseri et al.，2013）等方法深化揭示出节点的网络特征、整体或局部网络特征，进而为用户兴趣建模（易明等，2011；Tu and Wang，2014）、内容推荐（易明等，2010）、知识发现与推送（易明等，2014；Ma et al.，2017）等应用的实现提供参考路径。③采用传播学、心理学理论与方法进行标签分析。在线社交网络为用户提供了交流的信息空间，用户因话题而聚集在一起，而话题是社会化舆情产生、发酵、传播的重要载体。为加强舆情监控，实现对网络舆情信息流的截断和引导，传播学和心理学领域对标签传播（蔡国永等，2013）、信息扩散（李栋，2014）、舆情分析（宋莉，2016）、行为分析与挖掘（查先进和吕彬，2010）、基于标签的用户人格预测（郑惠中和左万利，2016）等主题开展了深入研究。④采用文献学理论与方法进行标签分布分析。社交媒介的发展正改变着传统科学文献交流的范式，为揭示科学文献交流过程的重要经验法则是否适用于标签分布分析，相关研究开展了一系列验证分析和应用分析。验证分析主要说明传统经验法则在网络环境的适用性；在验证分析基础之上，应用分析主要说明上述定律在资源发现等实际应用中的关键作用（Faba-Pérez and Cordero-González，2015；Faba-Pérez et al.，2003；徐俊和王晓芳，2010；李纲等，2015）。

综上分析可知，社会化标签研究是多学科交叉融合的主题领域，各学科研究边界相对模糊，且研究之间相互支撑，共同构成了标签研究的全貌。本书显然更关注第一、二部分研究进展，但目前这部分研究更偏向于标签网络宏观结构的揭示，将虚拟标签与现实问题相结合的研究明显不足，对标签网络增长态势与语义挖掘模式的研究仍需完善。结合上述现状分析，本书将以描述公众印象的社会化标签为计算资源，探索城市画像计算与应用模型。

### 1.2.3 自媒体时代的城市画像研究

随着移动设备和社交网络的普及，公众可随时随地在社交网络中发表自身对某座城市的真实感受，这些都为城市画像提供了海量的分析数据。社交网络使得人成为海量数据的分享者，而这些数据又汇聚起来以群体智慧的方式为城市发展贡献价值。通过对用户描述城市特征的文字、图片、表情、标签等行为数据的分析，可归纳出公众对某座城市整体印象的共同认知。社交媒体为过去以调查、访谈、认知地图等传统社会科学为主要研究手段的城市画像研究，提供了大数据分析的入口，典型研究如谢永俊等（2017）基于社交网络中的微博数据，运用文本挖掘和地理大数据分析方法获取城市各个热点区域的城市特征，感知不同人群在不同场所的活动态度和偏好；邓力凡和谭少华（2017）采用支持向量机的机器学习算法，将微博用户自动分类为城市居民和外地游客两类，并探究了不同人群在城市感知区域和强度上的差异；Wong 和 Qi（2017）利用 TripAdvior 旅游网站上 2005~2013 年用户在线评论数据，利用文本分析方法提取澳门在这一时间段内的城市画像，并应用可视化技术展现画像的演化过程；Liu 等（2016）利用深度学习技术对 Panoramio 和 Flickr 照片数据集进行印象分类，统计分析全球 7 个典型城市的印象特征及其空间分布，并且进一步探讨了不同城市之间的相关性和差异性，为城市之间的相互借鉴提供了参考；Salesses 等（2013）通过分析数千张带有明显城市特征的地理照片，比较纽约、波士顿、林茨和萨尔茨堡 4 座城市在社会阶层、安全性、独特性感知等方面的差异，最终发现纽约某街区的自杀者数量与其安全性和社会阶层感知具有显著相关性；B. Pan 等（2013）使用群体感知方法收集城市市民在社交网络中的时间数据和地理位置数据，通过用户行为分析和道路匹配算法对城市交通状况进行异常检测，以此为驾驶人员推荐合理的行驶路线；Orsi 和 Geneletti（2013）利用游客在社交网络中共享的景区信息[如地理标记的照片、GPS（global positioning system，全球定位系统）轨迹等]，粗略估计各景区景点的游客流量，分析游客的行为特征和情感倾向，对偏离位置的异常游客和潜在的踩踏事故做出预警，提供了应对突发状况的解决方案。

除学术研究外，利用社交平台数据获取城市画像，并将分析结果应用于城市规划与管理，也已受到部分学者的足够重视，尤其引人注意的是微软亚洲研究院郑宇博士提出的有关城市计算的实践项目，这些项目试图将无处不在的感知技术、高效的数据管理和分析算法，以及新颖的可视化技术相结合，致力于提高人们的生活品质、保护环境和促进城市运转效率。目前这些项目主要借助时空大数据，获取观测对象的移动规律和特定行为，为智慧城市创新性应用的开发和运营提供参考（Zheng et al.，2014；郑宇，2015；Zheng，2015）。这些应用参与的主体既包括数据拥有方政府机构，还包括数据管理方信息技术公司，二者充分配合可有效实现数据共享和技术共融。但作为信息资源管理重要的参与者，图书情报机构明显参与度不够，已有的用户画像研究也多集中于数字图书馆层面的知识发现研究，因此在大数据背景下，图书情报机构应充分发挥其在信息资源组织与分析上的优势，融入城市画像研究，提升在城市公共管理中的服务意识和能力（刘速，2017；陈慧香和邵波，2017）。

综上分析可知，城市画像研究与大数据分析、交互式设计、信息组织与融合等存在着紧密联系，其目标是从多维度获取公众认知视角下的城市特征标识，是对以往社交网络用户画像研究的拓展和延伸。虽然目前城市画像计算资源还主要集中于人流、车流和物流等时空大数据，对政务社交媒介资源尤其是标签资源的挖掘还不够完善，但已有算法、模型及处理策略为基于标签语义挖掘的城市画像研究奠定了良好的基础。

## 1.3 城市画像研究的现实审视

本书将结合城市画像研究中存在的实际问题，在现有标签资源组织与分析、特征工程建模、信息融合等理论的基础上，研究城市画像关联标签资源整合分析方法，并构建城市画像计算模型，实现城市多维特征的提取；通过对城市画像特征标签集的进一步分析，探索基于标签语义挖掘的城市画像应用与服务方式。

### 1.3.1 城市画像现有研究述评

通过文献梳理和应用调研发现，城市画像研究起始于城市印象分析，活跃于大数据挖掘。城市画像分析范式经历了从实体感知到社会感知的转变过程，促使这一转变的动力在于城市系统本身具有极强的社会属性，单单考虑其物质属性，对城市画像深层次问题无法有效认知，而通过传统社会学调研方式又难以全面及时获取可靠的第一手分析资料。随着信息技术的进步，公开渠道信息（public access information，PAI）的数量，尤其是基于用户生产内容（user generated content，UGC）模式的社交媒介信息正呈指数级增长，这些开源信息为城市画像分析提供了前所未有的契机和挑战，运用经验和技术从中获取公众意向的城市画像，将助推基于公众认知驱动的新型社会治理模式的形成。具体来说，以社会化标签这种资源描述方式揭示城市特征并从中感知城市画像，既揭示了城市个性与特征，又体现了城市画像的社会属性。公众在社交网络中生成、描述、交换认知和态度时，其标注行为和标注结果也受所在网络结构影响。在社会化交互的过程中，公众因网络互动形成的相对统一的观点、意见和相对稳定的网络结构，隐含着大量现实的社会关系和客观的资源描述。因此，发掘、利用这些隐性的节点特征和网络结构，对提取、分析和利用城市画像具有重要意义。此外，依据社会化标签之间的特定关系，可以将用户、城市和画像关联起来，构建基于标签语义特征的复杂网络。该网络不仅包含了社会化标签原有的资源描述内容，而且可以运用社会网络分析方法获取网络结构特征，进而发现网络节点之间的内在联系。

在充分调研社会化标签研究进展的基础上，本书拟以社交媒体中的标签资源为载体，开展城市画像计算与应用模型研究，虽然目前该领域研究已积累了部分研究成果，但依然存在一定不足，主要体现为：

（1）缺乏系统完整的基于标签语义挖掘的城市画像计算模型。基于标签语义挖掘的城市画像计算包括社会化标签整合分析，个体认知特征提取、表达、融合及可视化等一系列过程，其效果直接决定着后续分析与应用的效力，但目前有关研究显然更关注个体用户画像分析，对基于个体认知融合的群体涌现性行为，尤其是基于真实社交媒介场景的公众认知分析缺乏深刻的探讨。此外，当前已经开展的城市画像研究往往聚焦时空大数据，通过位置网络建模及演化分析手段来探究特定节点群的移动规律，再结合节点自身属性信息来追踪和揭示群体行为，然而开源信息的大量涌入却不断强化保管及开发利用社会化标签资源的迫切程度。

（2）尚未形成成熟的城市画像分析与应用范式。城市画像是结构化的公众认知视图，是进行公共政策有效性评估的重要测度指标，更是城市管理决策者与公众沟通的中介。但目前城市画像分析与应用模块尚未有效融入城市管理决策支撑体系中，亟待形成成熟的城市画像分析与应用范式，主要体现为：①城市画像动态更新，需要公众印象计算引擎的有力支撑，微软亚洲研究院等机构都在开展城市计算的实践项目，但目前这些项目侧重轨迹数据关联研究，有关城市画像的多维度分析（诸如时序分析、情感分析、网络分析等）还需拓展。②城市画像不能只是对公众认知的现状调研，还应是具有相当权重的决策影响因素，现实中随着政务社交媒介的发展，公众形式上参与决策的途径虽然增多，但对决策的实质引导作用并未充分显现，导致现如今城市管理所倡导的社会治理模式缺乏持续的公众关注与大规模的数据支撑。围绕城市画像衍生的创新性应用将有助于改变这一困境，但应用创设规范及服务架构等基础问题还需解决。

### 1.3.2 社会标注视域下的城市画像研究路径

（1）研究目标：整合导向城市印象的社交媒介标签资源，采用机器学习算法从中挖掘城市特征标识，揭示城市画像，探讨基于典型场景及业务需求的城市画像多维应用分析模型，为公众认知驱动下的社会治理模式的实现提供路径。本书主要完成以下目标：①针对政务社交媒介资源保管及利用存在的现实困境，整合多维度面向公共服务的标签资源，将标签语词网络转换为有客观知识体系监督的主题网络，形成规范的未解析的城市画像数据集。②围绕城市画像数据集，在特征分类的基础之上，设计城市画像特征选择模式，挖掘个体认知特征融合算法，构建城市画像计算引擎，为城市画像衍生应用提供核心支撑。③聚焦城市画像，探究其现实应用的基础问题：结合时序分析，揭示大规模在线数据更新引发的城市画像演化迭代历程；融合个体认知，测度公众认知视角下城市画像的情感极性及程度；综合网络分析，发掘基于画像关联的潜在城市关系及其社群结构。

（2）研究内容：本书针对 1.3.1 小节所提出的两方面研究不足，主要进行了三方面的研究，具体内容为城市画像关联标签资源整合分析、城市画像计算模型构建和城市画像应用基础研究：①城市画像关联标签资源整合分析聚焦源头资源的采集、规范、组织与关联，试图构建一整套标签采集、标签清洗、标签语义描述与聚合的流程，最终实现标签组织模态由基于统计生成的自构造语词网转向由客观知识体系监督的主题网；②城市画像计算模型致力于从既有标签主题网络中发掘并提取城市多维特征，是串联整合分析与应用服务的内核，模型本身要具备动态融合和多次迭代的能力，以提升资源整合效率和满足创新型应用服务的需求；③城市画像应用基础研究关注城市管理现实需求与模型计算结果间的逻辑关系，核心强调基于典型场景的城市画像多维度分析与应用创设，为基于公众认知驱动的社会治理模式的实现提供支撑。

（3）技术实现路线：为实现研究目标，本书从顶层主题维、中间层过程维、底层数据组织粒度维三个维度对基于标签语义挖掘的城市画像研究的实施进行了系统阐述，如图 1.1 所示。顶层从主题维依次说明了城市画像关联标签整合分析流程、城市画像计算引擎和城市画像应用分析模式。底层从数据组织粒度维揭示了城市画像从未解析的异构数据到印象标签数据仓库，再到特征标识集，最后到面向管理决策主体的多维应用分析报告的一系列演进过程。中间层从过程维细化揭示了城市画像研究不同阶段关键环节的实现步骤：标签主题网络设计是标签资源整合的核心内容，关联到元网络分析、分类与主题分析等信息组织技术，涉及标签采集、标签建网、标签清洗等步骤；特征建模与机器学习是城市画像计算引擎的内核，主要运用数据建模与数据挖掘方法，形成个体认知特征分类、选择及融合的范式；深度挖掘与应用创设以城市画像本身为研究对象，融合现实应用场景，主要结合时序分析、情感分析和网络分析，探究城市画像应用分析模式，为创新型应用的开发与服务提供基础方法支撑。

### 1.3.3 社会标注视域下的城市画像研究特色

本书致力于整合城市画像关联标签，通过城市画像计算模型的构建为域市画像衍生应用提供核心支撑，其创新之处体现在：

（1）提出了基于标签语义挖掘的城市画像计算模型。目前城市画像计算主

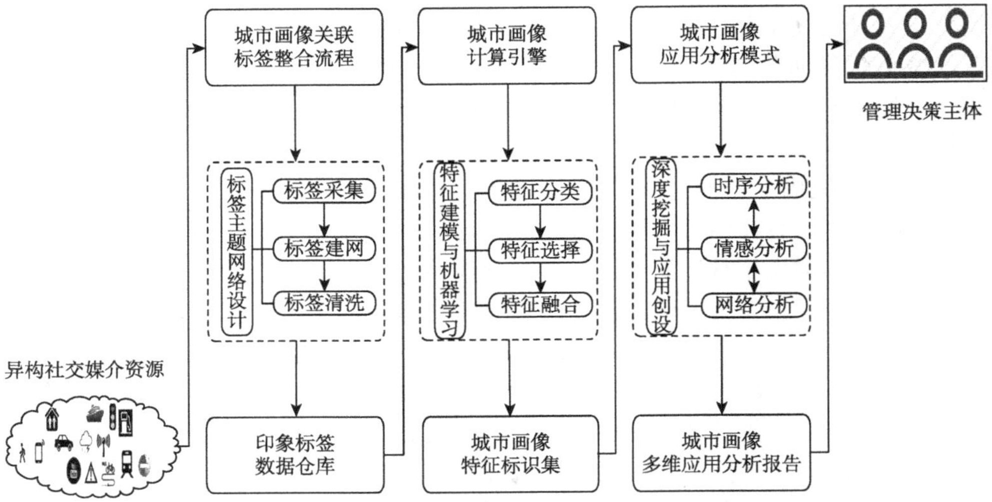


图 1.1 社会化标注视域下的城市画像研究实现路线

要聚焦于位置数据，本书以政务标签为载体，提出了基于标签语义挖掘的新型城市画像计算模型。该模型在标签整合分析的基础之上，引入特征工程建模方法，借鉴现有主题分析、特征识别、信息融合等机器学习算法，设计从特征分类到特征选择，再到特征计算的个体认知特征融合流程，最终获取公众认知视角下城市多维特征的结构视图。该结构视图可拓展现有基于位置数据建模获取的城市地理画像，深层次揭示公众对城市的共同心理画像。

（2）构建了线上分析与线下配置相互评价的城市关系诊断模式。基于标签语义挖掘的城市画像可创设各类应用模式：引入时间维，可绘制城市画像动态演化路径；揭示标签极性，可展现城市画像整体情感倾向及程度；建立画像间的耦合网络，可识别潜在城市社群结构。上述应用分析结果与通过市场配置或行政干预建立的城市间关系可能存在差异，将标签分析结果与资源配置现状相互对照，形成线上分析与线下配置相互评价的城市关系诊断模式，能够提升城市画像解决城市治理中实际问题的综合能力。

# 第2章 基于标签语义挖掘的城市画像研究理论基础

## 2.1 标签资源组织与分析理论

### 2.1.1 标签的概念与特点

伴随着互联网技术的发展，用户对信息检索及资源分类的个性化需求与日俱增。标签类网站 Delicious 是最早赋予用户分类权限的平台，它允许用户对网站内容进行标注，以实现网络资源的分类和自组织。相较于主题法、分类法等以专家意见为依据的传统信息组织体系，Delicious 对分类权限的调整极大地促进了信息的社会化，使得信息内容的组织与管理方式发生了巨大变革。2004 年，美国学者 Thomas 提出了 Folksonomy 的概念，意为大众分类法，是指由信息用户创造的非层级结构式的标签分类系统。此后，Folksonomy 在 Web 2.0 环境下广泛应用，出现了“社会化标签”“社会标注”“协同标注”等术语。

1. 社会标签的概念

在大众标注过程中，社会化标签实现了 Web 资源的信息注释、元数据添加、关键词分类等，因此不少学者认为标签本质上是关键词或者元数据。例如，Titus 等（2008）认为社会标签是用户通过自由选择，为某个信息资源添加的与该信息资源相关的关键词；杨青云等（2009）提出标签是用户为描述某一资源而自发添加的关键词，可以给标注者和其他用户在检索信息资源时带来便利；Golder（2006）认为社会标签是用户为描述和组织信息资源而添加的元数据，这些元数据通常以关键词的形式表现出来；Munk 和 Mork（2007）指出社会标签的本质是由用户自主创造的、具有描述功能的元数据。

综上所述，我们将社会化标签定义为用户基于个人认知，针对各种类型的信息资源如网站、博客、图书、音频、视频等，为其添加的字、词或短语等自由化、扁平化的关键词或元数据，作用于 Web 资源的分类、推荐和共享。依据对信息组织的作用程度，可从学习、发现、表达、组织、决策等角度对标签进行划分；从对资源对象的描述情况出发，标签可划分为内容型、属性型、情感型、情境型、事实型等。

2. 社会标签的特点

社会标签系统主要由〈用户，标签，资源〉的三元组组成。用户、标签、资源构成社会化标注体系的信息骨架，用户、标签、资源之间的关系网络支持信息资源从不同角度和渠道进行流通，使得社会化标签呈现出如下几个方面的特征。

1）标注主体的大众化

不同于需要由专业标引人员进行编制和维护的传统受控语言，社会标签作为一种自下而上的信息组织工具，其创建主体是具有不同学科及文化背景的大众用户。社会标签操作简单便捷，不要求用户具备相关专业知识，符合大众的一般需求；同时，它更关注用户并服务用户，使用户由被动的信息接收者向主动的信息组织参与者转变，切实体现出 Web 2.0 时代“以人为本”的中心思想。

2）标注对象的网络化

社会标签是在海量网络信息资源的组织困境下产生的新型信息组织方式。互联网上的各类网络信息资源，如网站、博客、图书、音频、视频、光盘等，不同于传统的文献型信息资源，它们具有数量庞大、类型多样、来源广泛、更新及时等特点。因此，传统的信息组织方法不再适应当今网络环境下信息组织的要求，社会标签的出现为网络信息资源的组织带来了新的解决思路。

3）标注方式的自由化

社会化标签系统主要基于自然语言环境，对标签的准确性及规范性没有过多约束。社会化标签的形式、数量和含义灵活多样，同一用户对同一资源可以使用不限数量的标签进行表述，这些标签除了有表达资源特征的词句以外，还有表达情感的语气词、标点符号等。用户可以基于自己对资源的理解和偏好直接选择合适的词语进行标注，自由地对标签做出检索、添加或删除行为。

4）标注过程的社会化

标签具有社会属性，可以连接不同用户，使用户之间产生联系。对于同一系统中的 Web 用户而言，其创造、组织的标签列表和标注资源等都可以被其他用户获取使用。在开放共享的 Web 2.0 网络环境中，用户可以轻松找到兴趣爱好相同者，形成一个网络社群，以实现用户间的交流与沟通。

### 2.1.2　标签资源的采集与清洗方法

1. 标签资源采集方法

标签是实现资源分类、组织、管理、共享等的基础，标签采集无疑是标签发挥作用中非常关键的一步。标签采集是指利用科学的技术和工具对信息资源进行分析，将反映其内容的标签提取出来。标签采集主要可以分为工具采集和人工采集两种途径。

1）工具采集

工具采集就是利用有关技术，自动从网络文档中发现和抽取信息。数据采集的执行过程一般分为以下步骤：第一，分析网址信息并找到网页分页的规律；第二，根据网址进行网页抓取并将网页内容分离开来；第三，处理数据且将抓取后的数据写入数据库中；上述三步重复执行直至数据采集结束。工具采集中比较典型的就是利用网络爬虫获取网页信息。网络爬虫又称为网络蜘蛛、网络机器人，是一种按照一定规则自动抓取万维网信息的程序或者脚本。网络爬虫一般从一个或几个统一资源定位符（uniform resource locator，URL）开始，首先将这些 URL 存储在有序的数据结构中，按序取得 URL 进行页面下载，然后将得到的新的 URL 存入先前的数据结构中，如此重复，直到所有 URL 都被查询结束。

2）人工采集

常见的人工采集方法主要是通过应用程序编程接口（application programming interface，API）获取数据。当前，很多互联网公司面向开发者提供开放的 API，通过这一接口，开发者能够方便地获取数据。开放平台提供了非常全面详细的 API 文档，用户需要先进行注册，平台在对用户提供的信息进行审核和验证后，赋予用户开发者的身份，用户借助此身份通过 API 获得相关数据。有些情况下，甚至还可以通过手工的方法在网络上进行查找、搜寻，将所需的数据逐一记录下来，但是当数据过多时，任务量会非常大。

2. 标签资源清洗方法

由于用户的生活环境、文化背景、信息素养等方面的差异，用户对资源赋予的标签也不尽相同。社会标签存在主观性、随意性及不确定性，导致容易出现语义模糊、歧义、冗余等现象，影响资源标注的准确性。标签质量参差不齐，低质量标签极大程度上影响了标签的应用。因此，为了提高标签质量，标签清洗不可或缺。

标签清洗，旨在通过现有的技术手段和方法，对采集的标签进行筛选，以提高标签质量来满足使用需求。标签清洗大致可以分为三个方向：标签优化、标签过滤和标签排序。标签优化是指针对那些表意模糊的标签进行优化，使其含义表达准确；标签过滤是对标签集合中无用的、不准确的垃圾标签进行筛除；标签排序在于将标签按其重要性进行排序，提高标签的使用效果。

标签清洗方式包括人工清洗和计算机辅助人工清洗。人工清洗是指投入人力、物力和财力，通过人工来检查标签，发现问题。人工清洗标签的准确率比较高，但是耗费时间长，效率不是很高，特别是当标签量很大时，手工操作难度很大。人工清洗通常适用于标签数量较少的情形。相较于人工清洗，计算机辅助人工清洗则是指通过设计专门的信息程序，设定好相应的参数对标签数据进行自动筛选，再由人工判断标签数据是否符合要求，从而决定是否需要进行二次筛选。

### 2.1.3 标签资源的关联表示与分析方法

由独立标签资源个体组成的集合结构零散，不能体现标签之间的层级关系，难以发现隐含在独立标签之外的信息。鉴于此，为了更有效地组织和挖掘标签资源，大量标签资源关联表示与分析方法应运而生。从关联分析的角度，可以将其分为基于统计的方法、基于语义的方法和组合方法。

1. 基于统计的关联表示与分析方法

该类方法从数量关系角度探讨标签之间的相关性，并不涉及标签语义上的分析。基于统计的标签关联方法中最常用的是共现方法和词频–逆文本频率（term frequency-inverse document frequency，TF-IDF）方法。其中，共现方法利用同一资源下的标签共现信息和同一用户下的标签共现信息来表示两标签的关联关系。该方法易于实现且计算效率高，但存在数据稀疏的问题，即两标签不存在共现关系时难以得到其相关度。TF-IDF 方法是基于向量空间的方法，即将每一个标签表示成一个向量，向量的每一维表示标签的一个特征，通过 TF-IDF 衡量各维度特征的权重，最后采用相似度计算方法识别标签间的相似度。该方法以其简单快速的优势，得到了广泛应用。

2. 基于语义的关联表示与分析方法

基于语义的关联表示与分析是基于语义元数据的知识组织和表示，旨在实现语义层面的标签挖掘、分析和知识发现。目前，国内外学者所提出的标签语义挖掘方法主要集中在以下两个方面：①利用受控词表增强标签的规范性，通过减少模糊性来识别标签间的语义关系。该类方法立足于标签准确表达的需求与标签规范化处理的困境，通过受控词表对标签进行消歧、修正等处理，进而将非受控标签转化为受控标签，以实现标签间的关联表示与分析。例如，李纲等（2014）基于强关联的本体 WordNet，提出利用标签本体矩阵来计算标签相对于本体概念的映射程度，并以最大映射程度的本体作为标签语义，消除了标签语义模糊度，识别了标签间关联关系。朱晓晨和高飞（2008）利用资源和标签对应关系的上下文环境，提出了一种标签消歧算法，以此限定标签语义及其关系。②通过本体等明确标签间的语义关系。该类方法通过构建标签与本体等的关联关系，实现标签到本体的映射，并进一步借助本体概念的关系来表达标签语义关联。例如，张有志和王军（2008）基于 Folksonomy 系统中包含的社会网络关系提取标签语义关联，从而构建本体。Newman 等（2005）提出利用标签系统中的三元组（用户、标注行为、标签）构建 Tag Ontology 模型，以描述标签概念之间的语义关系。在此基础上，Ding 等（2009）提出了 Upper Tag Ontology，将元数据和标签本体相结合，构建了与特定领域本体相匹配的通用标签描述本体。

3. 组合关联表示与分析方法

基于语义的方法能够准确地反映标签之间的复杂关系，但它通常需要借助本体论，而本体论资源的完整性决定了这种方法的准确性。基于统计的方法计算量大，且需要大规模的标签资源集合，而资源集合的质量直接决定了计算结果的优劣。因此，不少学者针对待解决问题的类型及标签资源的特征，提出了组合关联分析方法，即统计与语义相结合的关联分析方法。例如，Lux 和 Dosinger（2007）在建立标签共现网络的基础上，利用标签及共现向量测度整合相似标签，并建立标签资源中的语义关联。王艳茹等（2018）通过标签对共现频率得到标签对的内联关系，构建由标签对连接词组成的路径，并通过共享熵计算标签对的语义外联关系，最终将两者结合得到标签间的语义关联关系。

### 2.1.4　标签资源采集、组织与分析的应用与发展

社会化标签作为用户原创内容的产物，融入了社会公众对信息的理解与认识，是用户实现资源组织、管理和共享的基础。社会化标签在政府、企业、商业、教育及个人类网站等方面均有所应用，为信息个性化服务、信息分类、信息推荐、信息行为等研究及应用带来了重要的数据资源。下面从资源检索和个性化推荐两个主要部分对其应用进行介绍。

1. 资源检索

社会化标注系统的检索功能主要包括词语检索、浏览检索和语义检索。词语

检索是用户通过关键词、标签词或二者联合进行检索，但受标签和关键词质量的影响，词语检索的精细化程度往往不够，词语检索的多样性及信息查全率、查准率均受到限制。浏览检索包括主题导航、标签导航等，以导航栏、标签云等形式展示给用户，主要是在用户浏览信息的过程中向用户推荐资源或用户群，由于浏览检索的随意性，其不具有固定的检索效果评估标准。语义检索基于知识与语义的匹配，包括扩展标签语义与涌现标签语义两个方面，其中扩展标签语义主要利用语义工具、本体技术对标签资源语义关系进行提取或分析，涌现标签语义则主要利用概率论、图论、共现网络等方法挖掘标签资源的潜在语义。

2. 个性化推荐

根据用户、资源、标签组织方式的不同，将基于标签的个性化信息推荐分为三类，包括基于图论、基于张量和基于主题模型。其中，基于图论的模型研究运用图论的理论方法刻画标签及其与用户、资源之间的关系，以体现标签系统中的网络结构；基于张量的模型研究主要通过构建用户、资源、标签关系的框架模型，利用理论分析方法，从整体层面对标签资源进行研究，以优化个性化推荐；基于主题模型的研究则主要从标签语义角度挖掘标签信息，匹配各种机器学习算法，提供更准确、高效的推荐信息以满足用户需求。

与此同时，由于生活背景、信息素养、知识结构等条件的不同，用户创建的社会化标签具有形式随意性、主观性、不确定性等特点，给标签资源的采集、组织与分析带来许多问题。这些问题都是未来标签应用需要重点关注的方面，具体表现为：

1）语义模糊性问题

用户根据自身的知识背景对信息资源进行描述、分类和检索，可能会产生模糊性问题，主要表现有以下两个方面：①多义词控制，即用户对网络资源的认知程度不一，可能使用同样的标签词语标注不同的信息内容；②同义词控制，即用户使用词语的习惯不一，可能使用不同标签词语标注同样的信息内容。

2）理解歧义性问题

社会化标签主要应用词、短语等对资源内容进行表达，缺乏丰富的上下文信息，使得不同用户对标签的解读产生一定的偏差，从而造成理解上的歧义。如何合理正确地标注信息，消除用户对同一标签的理解差异，是标签资源组织需要考虑的一个重要方面。

3）层次性问题

大众分类法是在整体信息系统上使用词语构成的自下而上的分类方式，呈现出一种扁平的结构，没有体现等级层次的划分，因此很难揭示信息间的复杂关系。这会加深标签的模糊性，致使标签之间联系过于庞大，甚至造成标签假关联，进而影响标签资源分析结果的可靠性。这是标签资源组织与分析的难题之一。

4）全局性问题

不同的标签系统中都拥有一套自己对标签含义解释和处理的具体方式，因此，在未来的网络标签应用发展中，想要整合各种标签系统内的标签数据，发现聚合标签间的相关性，具有一定的难度。

5）动态性问题

标签具有动态性，若用户以当时所掌握的知识对资源进行标识，随着时间的推移，用户的知识水平与知识结构发生了改变，则会选择新的更为贴切资源内容及自我认知的标签来进行标识。这样一来，一方面会使得同一个资源的前后标签存在差异，另一方面也会带来标签资源的冗余，从而加大标签资源管理的难度。

## 2.2　特征工程建模理论

### 2.2.1　特征工程的概念

为解决实际问题，科学家通常需要收集大量数据。然而，这些数据往往难以直接服务于待解决问题，一般来说，它们与问题具有一定的相关性，并存在一些未经过滤的无关的因素。因此，如何提炼出原始数据中与问题相关的特点，转化为更好地可以表现潜在问题的特征，是解决问题的重要过程（厄兹代米尔和苏萨拉，2019）。这些被提取出来的特征也被称为指标、自变量、解释变量等，是用以描述原始数据特点的重要概念（白肇强，2018）。经过大量学者在数据利用上的实践，从数据到特征的规范化流程不断被总结和推广，特征工程应运而生。特征工程是一个内涵相当广泛的概念，对于原始数据，利用其原有特征，或通过其他手段进行构造，得到新的特征并加以筛选的过程，皆属于特征工程的内容（Zheng and Casari，2019）。

目前，特征工程并没有一个统一的官方定义。Arroba 等（2015）认为特征工程是一项非常有用的技术，将其定义为选择最优的特征集并利用特征集描述和优化问题的过程。Turner 等（1999）认为特征工程就是选择适当特征，避免不相关参数的过程。诸葛越和葫芦娃（2018）认为特征工程是机器学习中不可或缺的一部分，它采用一系列工程处理，将原始数据提炼为特征，作为输入供算法和模型使用，以此达到提升模型训练效果的目的。这些概念虽有不同，但都可以看出特征工程强调数据与问题间的相关性，目的是提炼数据以提高其利用效率。本质上讲，特征工程是一个表示和展现数据的过程；实际工作中，特征工程的目的是去除原始数据中的杂质和冗余，设计更高效的特征以刻画求解的问题与模型之间的关系。

特征工程的重要性主要体现在以下几个方面：其一，特征越好，灵活性越强。好的特征的灵活性在于它允许人们选择复杂度低的模型，并同时支持更快的运行速度和更高的可维护性。其二，特征越好，构建的模型越简单。好的特征能够减少调参的工作量和时间，使得在参数不是最优的情况下，依然得到很好的性能，这大大降低了模型的复杂度。此外，特征越好，模型性能越出色。特征工程为提升模型性能而服务，在选取合适特征的情况下，模型各方面的性能将得以提升。

### 2.2.2 特征工程建模的基本过程

特征工程建模的重点是关注如何设计出符合数据本身特点和所处情境的数据特征。在此过程中需要考虑两个方面的因素：一是待解决问题所需要的数据，以及采用特征工程方法的优势与劣势；二是明确哪些特征能够准确高效地刻画实际问题与模型之间的关系，以及哪些特征为冗余特征（李林等，2015）。围绕这两个因素，特征工程建模通常包括特征构建、特征提取、特征选择和特征评估四个环节（Liu et al.，2008）。

1. 特征构建

特征构建是特征工程的基础，该阶段又被称为头脑风暴阶段，是由人工创建新特征的环节（李若晨，2019）。特征构建需要很强的洞察力和分析能力，要求研究人员结合已有经验，深入了解目标问题，分析所涉及的数据结构，从原始数据中找出一些具有实际意义的特征。

2. 特征提取

特征提取是在特征构建完成后所进行的环节，它的处理对象是原始数据。主要工作是将特征构建阶段创建的特征集合与原始数据相结合，从而提取出与抽象特征相对应的原始数据。其目的是将原始数据转化成一组具有明显统计意义或者物理意义的特征向量（Sharma et al.，2013）。

3. 特征选择

特征选择是特征工程的核心，是从给定的特征集合中选出相关特征子集的过程（王雪宇等，2017）。特征选择的过程旨在排除一些无关的或者影响力甚微的因子，处理维数灾难的问题。该环节通过降低计算复杂度，从而降低了求解问题的难度，这样一来使得模型变得更为简单。但需要注意的是，被剔除的特征中可能包含有价值的信息，因此特征选择在某种意义上可能会降低模型的预测能力。因而在特征选择时要注意特征的粒度大小，以防重要特征丢失。

4. 特征评估

特征评估主要是应用上述步骤所获得的最终结果进行建模，并利用一些真实数据去评估模型的精度，从而不断地修正、迭代，直至获得最满意的特征集。

需要注意的是，特征提取与特征选择虽然都是为了从原始数据中找出最优特征，但两者之间存在不可忽略的差异。特征提取强调根据特征转换的方式，得到一组有明显物理意义或统计意义的特征向量，而特征选择则通过修减特征的方式，以减少噪声和冗余。此外，在多数情况下，想要一蹴而就地建立一个规范有效的特征集是不可能的，通常需要反复进行以上四个步骤，即特征工程是一个高度迭代的、试错的过程（欧阳嘉煜等，2018）。

### 2.2.3　特征工程建模的主要方法

围绕特征工程建模的基本过程，本节主要介绍其在各个环节中使用较为普遍的方法。

1. 特征构建的主要方法

通常特征构建过程主要运用到三种方法：一是研究者独自研究提出数据的特征；二是借助他人力量补充与完善提取的特征空间，如通过咨询专家或者查阅文献资料等方式，补充之前未想到的部分；三是将咨询对象扩大至群体，依靠群体的思维发散力，让更多的人群加入构建特征的过程，以达到全面表述实际需求的效果。

2. 特征提取的主要方法

具体的特征提取方法根据原始数据类型有所区别。当前，特征提取在图像数据领域和文本数据领域应用较普遍，图像数据的特征提取方法主要包括 FDA、SRC、SIFT 等[①]（袁明冬，2017），本节将重点介绍文本数据的特征提取方法。文本数据的特征提取一般有两种途径，一种是基于语言学的方法，另一种是基于

---

① FDA，Fisher discriminant analysis，费舍尔判别分析；SRC，sparse representation based classification，稀疏表示分类；SIFT，scale-invariant feature transform，尺度不变特征转化。

统计的方法（涂建军和何汉林，2014）。基于语言学的方法，考虑到特征一般以名词或名词短语的形式出现，并具有特定语法结构或句法结构特点。常用的语言学特征提取方法包括基于语境框架的文本特征提取方法、基于本体论的文本提取方法和基于知网的概念特征提取方法；基于统计的方法，除了考虑到特征具有的语言学特点外，还考虑到其具有的一些统计特征，并利用这些统计特征设计了多种特征提取方法，这类方法主要包括 TF-IDF 法、互信息法（Gómez-Verdejo et al.，2012）、信息熵法（单单，2011）、信息增益方法、遗传算法、主成分分析法、模拟退火算法和 N-Gram 算法。

3. 特征选择的主要方法

按照特征子集的评估标准，特征选择可分为滤波方法、封装方法和嵌入方法三类（彭喜元等，2016）。滤波方法通过分析特征的一般特性来预先筛选特征子集，特征的评估与学习算法无关；常见的滤波方法包括相关系数法、方差选择法、卡方检验法，这类方法计算复杂度低、结构简单，且特征选择结构易于理解，实际应用最为广泛（尹涛，2012）。封装方法采用特征搜索方法，不断选择特征，并将不同的特征子集输入目标函数，依据分类效果递归地选择或排除特征，其原理为每次筛除一个最差的特征，直到特征数少于阈值（李若晨，2019）；常用的封装方法包括多元线性回归的前向（后向）搜索、BFS、FSBC、LVW、RVE 等①，该类方法计算复杂度较高，但选出的特征子集往往能获得比滤波方法更好的效果。嵌入方法使用机器学习算法训练模型，得到各个特征的权值系数，依据权值选择特征；常见的嵌入方法包括 LASSO、C4.5、LARS、稀疏逻辑回归等②，该类方法利用学习算法的属性来指导特征评估和特征子集搜索，相对于封装方法而言，嵌入方法更加高效。

4. 特征评估的主要方法

特征评估主要从以下两个维度进行衡量（赖博先，2019）：其一，特征自身的质量。该维度包括特征覆盖率、特征准确性和特征方差等指标。特征覆盖率是衡量某个特征能够影响的样本量，一般来说，覆盖率低的特征质量较差；特征准确性是指某个特征的值是否存在太多错误数据；特征方差是衡量特征是否有区分度的指标，一般来说，方差过小的特征质量较差（孔德剑，2010）。

---

① BFS，breadth-first-search，广度优先；FSBC，feature selection based on correlation，特征选择框架；LVW，Las Vegas wrapper，拉斯维加斯特征选择；RVE，representation volume element，体积元素表示。

② LASSO，least absolute shrinkage and selection operator，最小绝对收缩和选择算法；LARS，least angle regression，最小角度回归。

其二，特征与目标值的相关性。该维度包括相关系数和单特征 AUC（area under the curve，曲线下面积）等指标。根据每个特征与目标值的相关系数及其 $P$ 值，可以识别出各特征代表数据的程度，通常相关系数高的特征更好。此外，单特征 AUC 是衡量二分类模型优劣的一种常用评价指标，表示正例排在负例前面的概率，能很好地描述模型整体性能的高低（孙蕾，2017）。

### 2.2.4　特征工程建模的应用与发展

特征工程搭建了数据与模型之间的桥梁，作为机器学习的重要组成部分，其应用场景非常广泛，较具代表性的应用如下。

1. 金融风险控制

风险控制作为金融的核心，一直备受关注，传统金融业通过业务中的金融逻辑来评估借贷人的风险。虽然这种方式能够有效地控制借贷过程中的风险，但想要获取和分析这些业务信息往往需要耗费大量的时间和人力。随着互联网技术的出现，金融互联网化所产生的海量数据为风险控制提供了数据支持，科技的进步也使得挖掘这些数据更深层的价值成为可能。特征工程作为风险控制建模中分析数据的核心部分，基于业务和技术，利用数据与信用的关联度，创造大量刻画用户风险的特征，从而提升风险控制模型的预测能力，使其能更有效地应用于金融信贷场景（李燕伟，2018）。

2. 用户行为研究

在大数据时代，用户的各种行为轨迹被记录，利用用户的个人特征、产品特征、用户与产品的交互行为等数据，围绕特征工程建模过程，对用户行为数据开展特征构建、特征提取、特征选择和特征评估等工作，抽象出用以描述用户特点且高度精炼的特征标识，以建立用户画像，从而为精准营销、个性化服务等场景提供技术支持。目前，特征工程应用较多的用户行为业务场景主要包括异常用户分析、核心用户挖掘及高潜用户挖掘（白肇强，2018）。

总的来说，特征工程技术将搭乘大数据时代的便车，得到更广泛的运用和长足的发展。通过特征工程，能够从海量数据中提取出具有代表性的高质量特征集合，这将大大降低数据维度，能够有效提升信息分析速率。大数据背景下所产生的分布式存储、并行运算等技术也将为特征工程提供技术支持，使得特征构建到特征评估的高度迭代过程更加高效。

# 2.3 信息融合理论

## 2.3.1 信息融合的概念

信息融合是 20 世纪 70 年代出现的一个跨领域学科，当时被称为“数据融合”，在 1973 年由美国率先提出，并在美国国防部资助下进行声呐信号理解研究，主要服务于军事应用领域。随着现代信息技术特别是电子技术的发展，传感器从种类、精确程度、自动化程度等多方面都得到了突破性的提升，从而使得信息源类型丰富起来。到了 20 世纪 80 年代末，数据融合演变成为信息融合，其应用领域也从单一的军事领域拓宽到各领域各部分。

但目前为止，尚未出现一个被诸学界一致认可的信息融合定义。美国国防部实验室联席理事会曾从功能的角度对信息融合的概念作出解释，他们认为信息融合是对来自多源的信息和数据进行检测、关联、相关、估计与综合等多级多层面的处理，目的是得到精确的目标状态和身份估计，以及完整、及时的态势与威胁估计。后来，部分学者从感知层面将信息融合描述为通过多平台多传感器和技术手段获取事物察觉信息，并且对事物产生综合认识的信息处理过程。通过综合认识所获得的信息，则被称为融合信息，它能够辅助人们更加全面、准确地认识事物（何友等，2007）。两种概念虽有不同，但都可以看出信息融合强调信息的多源性，是一项多层面的复杂综合信息处理过程，目的是提炼数据来提高信息的有用性。

## 2.3.2 信息融合的级别

信息融合过程包括特征提取、分类、识别和估计这 4 个步骤，其中特征提取和分类是识别和估计的基础工作，并非真正的信息融合工作。因此，按照信息提取融合水平，可以将信息融合技术分为数据级融合、特征级融合及决策级融合。

（1）数据级融合是最低层次的融合，又被称为像素级融合。它主要是对原始数据中来自同类型传感器的数据进行融合，通常采用加权平均法、特征匹配法及金字塔算法对同质数据进行情景分析、目标识别、特征提取等操作，对系统计算能力和网络通信速度要求较高。数据级融合处理的数据量较大，实时性不强。

（2）特征级融合属于中间层级融合，该结构中的每个传感器都具有从监测的数据中提取特征的功能，它在原始信息损失不严重的情况下，能够对不同质的信息进行实时处理。根据具体融合对象的不同，其可分为目标状态信息融合和目标特征融合。其中目标状态信息融合主要用于多传感器目标跟踪，而目标特征的信息融合则在模式识别、计算机视觉、图像处理等方面得到了充分的应用。该层级的融合重点是对数据特征进行处理，因此会在一定程度上削弱处理结果的准确性，但也将减少数据传输量，有利于实现实时信息处理，而且提取的信息与决策分析相关性较强，能够较大程度地支撑决策。

（3）决策级融合是最高层次的融合处理，各个传感器对各自所监测到的数据进行独立的特征提取、识别后，将结果汇总到决策融合中心，由处理中心根据各个传感器的识别情况进行最终的融合。以具体的决策目标为导向，充分结合上一级别的信息融合结果所得出的特征信息，给出直观明了的决策结论。决策融合对传感器的数据进行了多层的处理，因此信息丢失严重。但不能忽略的是，决策级信息融合实时性最好，即使是在一组或者多组传感器工作失效的情况下，也表现出良好的容错性。

### 2.3.3　信息融合的主要方法

目前信息融合并未形成规范统一的完整理论体系和科学高效的融合算法，但在不同的实际应用背景下，学者提出了一些成熟并且有效的融合方法。现有的信息融合方法可划分为随机信息融合和人工智能信息融合这两大类。通常情况下，随机信息融合方法主要涉及加权平均法、贝叶斯估计、D-S（Dempster-Shafer）证据推理、产生式规则、卡尔曼滤波法、统计决策理论、模糊逻辑法等；人工智能信息融合理论则涵盖了模糊逻辑理论、神经网络、粗糙集理论、专家系统等。总的来说，随着科技的发展，人工智能信息融合方法将具有更为广阔的发展前景。但在图书情报领域，这些信息融合方法却很少能够得到直接应用。一般情况下，须针对研究问题的实际情形加以改进，才能得到更好的实际效果（化柏林和李广建，2015）。对目前图书情报学科领域应用较多的信息融合方法进行统计，通过统计结果可以看出主要包括：

（1）加权平均法：该方法利用加权平均的方式对获取的多组信息进行处理，以平均结果作为最终的融合值。它是一种最简单、最直观的信息融合方法。

（2）贝叶斯估计：在融合静态环境中，贝叶斯估计在多组低层级信息中广泛应用。它依据概率原则整理组合来自不同传感器的信息，同时以条件概率来测定不确定性，并依据观测坐标的一致性，采取直接或者间接方式，利用贝叶斯估计展开信息融合工作。

（3）D-S 证据推理：该方法由 Dempster 提出，后经 Shafer 发展，是由贝叶斯方法的扩展得到的一种不精确的推理理论。它能够处理由未知因素引起的不确定性，通常用于专家系统。

（4）模糊逻辑理论：该方法是一种多值逻辑。在信息融合过程中，首先赋予每一个推理算子及命题 0 到 1 的实数值，用来刻画它的可信程度，因而又被称为确定性因子，而后采用多值逻辑推理法，结合各种算子对各种命题进行合并运算，最终达成信息融合的目标。

（5）产生式规则：通过对具体使用的信源特性和环境特征的详细分析，整理归纳所要应用的规则，但该方法具有特殊性，即针对特定的应用场景，规则都需要重新定义与生成，它的普遍性较差，但是推理思路清晰，且过程易于理解与解释。

（6）神经网络：神经网络因其较强的容错性和自组织、自学习、自适应能力特征，能够实现复杂的映射，且具备非线性处理能力，因此能够充分地实现多源信息融合的目标。

### 2.3.4 信息融合的应用与发展

信息融合是一个综合利用信息各方面的技术与方法，目前信息融合的主要领域包括：

1. 军事应用

信息融合的概念始于国防军事，它在军事方面的具体应用主要包括检测、互联、状态估计、目标识别、态势描述、威胁估计、传感器管理和数据库等方面。

2. 工业机器人

工业机器人主要依靠视觉与触觉传感系统。视觉传感系统是通过使用模式识别和推理技术来识别现实生活中的立体目标，以确定它们的位置，引导机器人行走和躲避障碍；触觉传感系统则是一步步分辨 3D 目标的特性（如形状、软/硬等）。

3. 交通管制

交通管制包括机场调度与空中管制、船舶调度与航道管理、城市交通管理三个方面。其中机场调度与空中管制主要由导航设备、监视和控制设备、通信设备和人员四个部分组成，目的是调度飞机起飞和降落等；船舶调度与航道管理主要通过 GPS、声呐、雷达及航道信息，来确保船舶的航行安全；城市交通管理则是根据车流量、路况、肇事信息等来对交通路况进行实时描述，或对未来情况进行预测（韩增奇等，2010）。

总的来说，信息融合技术在大数据时代具有非常重要的价值与意义。通过信息融合，可以提高对信息的挖掘利用效率，有利于信息分析工作的顺利展开。同时信息融合综合多层次各方面的信息，可以填补信息漏洞，防止决策失误。在大数据时代，信息融合将逐步渗入各个领域，成为时代技术新常态。

## 2.4　社会网络分析理论

### 2.4.1　社会网络分析的概念及特点

1. 社会网络分析的概念

社会网络分析的产生与发展得益于多种多样的学科和学派。作为西方社会学的一个重要分支，社会网络理论起源于 20 世纪 30 年代，由德国社会学家齐美尔在《群体联系的网络》中首次使用的“网络”概念发展而来（汤汇道，2009）。此后，越来越多的心理学家、社会学家、数学家及人类学家探讨和提出各种网络概念，直到 20 世纪 60 年代，社会网络分析在方法论的完善方面有了最终的突破，“社会网络”一词步入学术殿堂（斯科特，2007）。1978 年国际社会网络分析网组织成立，2000 年杂志 *Journal of Social Structure* 创立，2006 年社会网络与关系管理研讨会举办，这些都极大推动了社会网络分析方法和技术的应用和发展。至今，社会网络分析法已经形成了一系列专有术语和概念。

简单来说，社会网络分析是分析社会网络结构的一种社会科学研究范式。这里需要对“网络”和“社会网络”两个概念进行说明。网络是事物及事物之间的某种关系。社会网络是指社会行动者及他们之间的关系的集合，由多个点（社会行动者）和各点间的连线（行动者之间的关系）组成（刘军，2004）。即社会行动者代表社会节点，彼此之间以社会关系为边，相互连接交错，形成社会网络。从社会网络的角度出发，社会网络分析是对社会网络的关系结构及其属性进行分析的规范和方法，主要分析不同个体或组织所构成的社会关系的结构及属性（林聚任，2009）。

2. 社会网络分析的特点

社会网络分析从网络角度对社会行动者间的关系进行量化研究，是社会科学中的一种独特视角（李良琼，2018）。不少学者在研究过程中从不同角度总结了社会网络分析的特点。Mehra（2005）认为社会网络研究呈现以下四个特点：社会网络分析是对社会行动者间某种特定关系的结构研究；它以系统的数据为基础；它非常重视关系图形的绘制，大大依赖于图论语言和技术；它依赖于数学或计算模型的使用。Wellman（1998）则在其发表的论文中概述了社会网络分析的五个特征：社会网络分析根据结构对行动的制约来解释人们的行为；它关注对不同单位之间的关系分析；它关注多维因素构成的关系；它把结构看作网络间的网络；它直接涉及的是一定的社会结构的关系性质，目的在于补充或替代主流统计方法。此外，刘军（2004）也在其著作《社会网络分析导论》中总结了社会网络分析在本体论、认识论和方法论上的独特之处。尽管各学者对社会网络分析特点的描述有所不同，但都可以看出社会网络分析区别于其他社会学研究方法的最大特点在于它强调对关系的分析而非对个人属性的分析。

### 2.4.2 社会网络分析指标及方法

1. 社会网络分析指标

当前社会网络分析采用的测度指标主要包括网络密度、结构洞、点度数、测地距、聚类系数、互惠性等。

（1）网络密度是指社会网络中的实际边数与可能的最大边数的比值，取值在 0 到 1 之间，可以用来反映网络节点之间的疏密程度。网络密度的值越大，表示节点之间的联系越紧密；反之，则相反。根据网络的有向和无向，分为两种计算方式，无向网络的网络密度计算方法参见式（2.1）：

$$\text{Density} = \frac{2m}{n(n-1)} \tag{2.1}$$

有向网络的网络密度计算参见式（2.2）：

$$\text{Density} = \frac{m}{n(n-1)} \tag{2.2}$$

式（2.1）和式（2.2）中，$n$ 为用户数目，$m$ 为节点间边的数目。

（2）结构洞具有节点和节点之间连接“桥”的功能，可以提供更多有用和有价值的信息与知识，通常以四个指标测度结构洞，即有效规模、效率、限制度及等级度。其中，限制度是测度结构洞的重要指标，其计算方法参见式（2.3）：

$$C_{ij} = \left( P_{ij} + \sum_{q} p_{iq} m_{jq} \right)^2 \tag{2.3}$$

式（2.3）中，$j$ 表示节点 $i$ 相连的所有点，$q$ 表示除了 $i$ 或者 $j$ 节点之外的第三接点，$p_{iq}m_{jq}$ 表示接点 $i$ 和特定点 $j$ 之间的冗余度，$p_{iq}$ 表示节点 $i$ 投入 $q$ 的关系所占比例，$m_{jq}$ 表示 $j$ 到 $q$ 的关系的边际强度。

（3）点度数主要是指中心度即某一个节点在社会网络中的地位和重要性，分点度中心度和网络中心势。对于一个节点而言，度是指与该节点相关联的边的条数。度越大，说明与该节点相关联的边越多，表示该节点在网络中的位置越重要。根据网络的有向和无向，度有所区分。在无向网络中，节点的度等于该节点的连线数；在有向网络中，度则分为出度和入度，出度指从该节点指向其他节点的边的条数，即以该节点为起点的边数；入度指从其他节点指向该节点的边的条数，即以该节点为终点的边数。网络中心势刻画整体网络的中心性，同时表示一个图在多大程度上围绕某个或某些特殊点构建起来，网络中心势计算公式参见式（2.4）：

$$C=\frac{\sum_{i=1}^{n}\left(C_{\max}-C_i\right)}{\max\left[\sum_{i=1}^{n}\left(C_{\max}-C_i\right)\right]} \tag{2.4}$$

式（2.4）中，$C_{\max}$ 表示网络中最大中心度数值，$C_i$ 表示第 $i$ 个节点的中心度。

（4）测地距也称最短路径，是指社会网络中某个节点与其他节点之间的平均最短距离的平均值，值越小越有助于知识转移，用 $\mathrm{disct}_c$ 表示，其改进后的计算公式参见式（2.5）：

$$\mathrm{disct}_c=\frac{2}{n(n-1)}\sum_{i\leqslant n}\sum_{i>j}\mathrm{disct}(i,j) \tag{2.5}$$

式（2.5）中，$\mathrm{disct}(i,j)$ 表示 $i$ 节点与 $j$ 节点间的距离，$n$ 表示节点间相互连接的边数。

（5）聚类系数表示网络中的某一个节点的邻接点和其他邻接点之间实际相连的数量与可能相连的数量比值。聚类系数越高，节点之间集聚性程度越大；聚类系数越低，节点之间集聚性程度越小。同时，体现网络节点间联系的密切程度以及网络的凝聚力（Dyer and Nobeoka，2000），网络聚类系数计算公式参见式（2.6）：

$$\mathrm{CC}_{\alpha_i}=\frac{\sum_{i=1}^{n}\alpha_i}{n}\left(0\leqslant \mathrm{CC}\leqslant 1\right) \tag{2.6}$$

式（2.6）中，$\mathrm{CC}_{\alpha_i}$ 表示该网络中所有节点 $\alpha_i$ 的平均值。$\alpha_i$ 表示 $i$ 节点的聚集系数，$n$ 表示节点数目。

（6）互惠性表示网络中的任意两个节点是否为邻接点，测量互惠性的方法是关注二元组，然后计算该二元组中互惠连接对所占的比例，参见式（2.7）：

$$R=\frac{m}{n(n-1)/2} \tag{2.7}$$

式（2.7）中，$R$ 表示互惠性，$n$ 表示节点数，$m$ 表示网络中边的数量。

2. 社会网络分析方法

自社会网络理论被提出以来，得益于不同学科学者的深入研究，社会网络分析方法体系逐渐完善。当前，最常用的社会网络分析方法包括中心性分析、凝聚子群分析、核心–边缘结构分析，本节将重点介绍这三类分析方法。

1）中心性分析

“中心性”是社会网络分析的重点之一。个人或组织在其社会网络中具有怎样的权力，或是居于怎样的中心地位，这一思想是社会网络分析者最早探讨的内容之一（袁莉和赵英，2012）。根据测度对象的不同，中心性又分为中心度和中心势。中心度是从个体角度出发的，用于测量个体处于网络中心的程度，反映该点在网络中的重要性程度；中心势是从整体网络角度出发的，用于计算整个网络的集中趋势，刻画了整个网络中各个点的差异性程度（沃斯曼和福斯特，2012）。根据计算方法的不同，中心性分析又可分为点度中心性分析、中介中心性分析和接近中心性分析。点度中心性强调行动者间的直接联系（Freeman，1978），中介中心性测度的是社会行动者控制资源的程度（Freeman，1977），接近中心性则反映网络中某节点与其他节点之间的接近程度。结合测度对象和计算方法两个维度，中心性分析可细分为点度中心度/势分析、中介中心度/势分析、接近中心度/势分析（朱庆华和李亮，2008）。其中，点度中心度可通过网络中与该节点直接相连的节点数目来衡量，进一步计算图中最大点度中心度与任何其他点的中心度的差异即可得到整个网络的点度中心势；某节点的中介中心度以经过该节点的最短路径数目来刻画，整个网络的中介中心势则是网络中中介中心度最大值与其他节点中介中心度的差距；接近中心度通过某节点到其他节点的最短路径之和的倒数来表示，整个网络的接近中心势则通过计算社会网络中各节点接近中心度的差异得到。

2）凝聚子群分析

社会结构研究是社会网络分析的一个重要任务，社会结构指社会行动者间潜在或实际的关系模式，简单的二人关系、三人关系和较复杂的子群关系都是社会结构的研究范畴。社会网络分析者关注了这些关系的连接模式并总结出凝聚子群分析方法。凝聚子群分析也被称为“小团体分析”，是用来研究网络中存在多少个凝聚子群、子群内部成员之间的关系、子群之间关系、一个子群的成员与另一个子群成员之间的关系等团体内及团体间关系的（李纲等，2013）。一般来说，网络分析者主要从以下四个方面开展凝聚子群分析：其一，派系分析。派系分析注重关系的互惠性分析，认为各派系的子群内成员的关系是互惠的，即在一个无向网络图中，派系是指至少包含三个点的最大完备子图。其二，$n$-派系分析（刘军，2004）。在社会网络中，除了派系描述的直接关系，还有很多间接关系也非常重要；$n$-派系分析关注了子群成员间的接近性，如果某子群中的任意两点在整个社会网络中的距离最大不超过$n$，则称这样的凝聚子群为$n$-派系。其三，$k$-丛分析。该分析思想是在子群成员关系基础上发展而来的，它关注了子群内部成员间的关系频次，将每个节点都至少与除了 $k$ 个节点之外的其他节点直接相连的子群定义为 $k$-丛。其四，社会圈分析。在一个相对密集的网络中，常常会出现大量重叠的 $n$-派系或 $k$-丛，社会圈分析关注了这些重叠部分对关系链的影响，将拥有一部分公共成员的子群联合起来开展社会圈分析。

3）核心–边缘结构分析

核心–边缘结构是由若干元素相互联系构成的一种中心紧密相连、外围稀疏分散的特殊结构，这种结构可以使信息在网络中快速流动，同时此结构具有较强的鲁棒性和稳定性，很多分散的组织经过时间推移将共同联系并形成此结构（Borgatti and Everett，2000）。社会网络分析者利用这一结构来分析个人或组织在社会网络中所处的地位。简单来说，核心–边缘结构分析的目的是研究社会网络中的哪些节点处于核心地位，哪些节点处于边缘地位（蔡运荃和李保强，2017），处于核心地位的节点在网络中占有较重要的地位。具体地，核心边缘结构分析需要对核心和边缘进行界定，对核心和边缘之间的关联、边缘与边缘之间的关联等问题进行模型分析。核心–边缘结构分析依据不同的关系数据类型，可分为不同的形式。若是定类数据，就需要构建离散的核心–边缘模型；若是定比数据，则构建连续的核心–边缘模型。离散的核心–边缘模型又分为核心–边缘关联模型和核心–边缘关系缺失模型。核心–边缘关联模型根据联系的紧密程度，又可以细分为核心–边缘全关联模型、核心–边缘无关模型、核心–边缘局部关联模型、核心–边缘关系缺失模型（刘军，2004）。目前，核心–边缘结构分析具有较广的应用性，常用于精英网络、合作关系网络和引文关系网络等多种社会现象的分析。

### 2.4.3　社会网络分析的应用及发展

作为一种非常有用的方法，社会网络分析不仅在社会学领域得到广泛应用，还应用于政治、经济、贸易等多个领域。一直善于借助其他学科研究方法为自身所用的情报学领域也重点关注了这一有效的研究方法，并取得了一些有价值的成果。这里主要对社会网络分析在图书情报领域的两个典型应用进行介绍。

（1）社会网络分析在知识管理方面的应用。这方面的研究成果集中在探讨社会网络理论与知识管理的关系方面，研究重点在于如何应用社会网络理论和社会网络分析方法促进组织中的知识共享，特别是隐性知识的共享（朱庆华和李亮，2008）。利用社会网络分析可以清晰地描绘组织内部知识传播的网络结构，并且通过对社会关系网结构的定量分析来探究阻碍隐性知识传播和共享的问题根源，从而为有针对性地制定促进隐性知识管理的措施提供可靠依据（殷国鹏等，2006）。

（2）社会网络分析在引文分析方面的应用。社会网络分析的出发点在于社会结构可以用网络来表示，即利用一组节点与一组关系来表示它们之间的交互。引文分析学者意识到这种思想和引文分析所使用的方法是相契合的，于是开始拓展其研究方法，将社会网络分析应用到引文分析中（王崇德，1997）。与传统的引文分析相比，融合社会网络分析方法的引文分析注重研究由某个特征量组成的群体的网络关系，能够对网络整体的紧密程度、潜在的小团体、处于中心地位的节点等展开深入探讨（徐媛媛和朱庆华，2008）。

与此同时，随着社会网络分析范式的产生和逐渐稳定，越来越多的研究者运用社会网络分析理论和方法，在此过程中也暴露出较多问题。主要有以下几个方面：①忽略关系性质的分析。社会网络分析研究者过于关注社会网络关系的形式，而忽略对关系性质的分析，这可能遁入形而上学的思辨。②缺乏动因分析。社会网络分析不关注行为的动机，致使无法有效地理解社会网络对于行动的意义以及解释某些网络现象。③动态分析不足。一种出色的社会分析必须能够说明社会结构的起源和持续，而当前社会网络分析中对网络的动态研究仅停留在网络本身形式结构的转化或不同时期网络构型的静态描述上（李林艳，2004）。诸如这些，对于社会网络分析的发展有着不小的负面影响。因此，社会网络分析应该把内容研究和形式研究结合起来，只有这样才能更好地描述和解释行为。同时，社会网络分析应当摒弃和超越以往过分结构化的刻板思路，根据研究过程中的实际需求，为社会网络分析的思想注入新的活力，且应更加关注社会网络的动态变化（汤汇道，2009）。

## 2.5 城市地理信息分析理论

### 2.5.1 城市地理信息分析的概念

地理信息分析是对地理因素特征、结构、变化规律及其分布特征的各种信息进行收集、整理和加工的过程。随着城市化程度的不断提高，地理信息分析逐渐向城市方向扩展，城市地理信息分析的发展历程可概括为四个阶段：①萌芽时期（1920 年以前）——19 世纪前后，大机器生产为城市发展提供了强大的动力，城市迅速向外扩张，地理学家开始从人地关系的角度研究聚落。②初创时期（1920~1970 年）——工业革命使经济活动重心转向城市，世界开始进入城市主导人类生活的时代，这些变化引起了人们观察城市、研究城市的兴趣。地理学家提出了城市空间分布、职能层次规律等先导城市体系理论，初步奠定了城市地理信息分析的理论基础，这一阶段仍然由地理学家主导。③发展时期（1970~1980 年）——进入 20 世纪 70 年代，社会问题越来越严重，就业、住房、交通、环境卫生等城市问题也日趋突出，这些激烈的社会冲突刺激了不同学科的学者从不同角度进行研究，城市地理信息分析也受其影响不断地开拓新的研究领域、探索新的研究理论。④多元化时期（1980 年以来）——近几十年来，随着地理信息系统技术的普遍应用以及城市文化地理学的逐渐兴起，传统城市地理信息分析的研究领域不断拓宽，城市地理学与经济学、城市规划、社会学、政治学、情报学等多学科的交叉日益明显，城市地理信息分析进入了一个多元发展的阶段（姜乃力和张婷婷，2017）。

纵观城市地理信息分析的发展阶段，不难发现，其研究对象由城市地理实体向城市环境要素扩展，所涉及学科也由地理学科向综合学科过渡。随着城市地理信息分析在各学科中的深入研究，不同学科形成了不同的研究范式，本书主要探讨图书情报领域的城市地理信息分析。从图书情报领域来看，城市地理信息分析可以简要理解为对城市地理信息进行分析，即将信息分析这一图书情报领域核心工作应用到城市地理信息这一特定信息的分析中。这里需要对“城市地理信息”和“信息分析”两个概念进行说明。城市地理信息是指与所研究对象的城市空间地理分布有关的信息，其外延相当广泛，一切有关城市地理实体及其环境要素的性质、特征和运动状态表征的信息均属于此范畴（封吉昌，2011）；信息分析是一项信息深加工处理和情报提炼活动，它以大量相关的原生信息为处理对象，通过对原生信息内容的分析、综合或评价，提炼出对管理、决策等活动有支持作用的情报，为管理、决策等活动服务（查先进，2011）。具体来说，城市地理信息分析是指以社会用户的特定需求为目标，以定性和定量研究方法为手段，通过对城市地理实体及其环境要素信息进行收集、整理、鉴别、评价、分析、综合等系列化加工过程，形成新的、增值的城市智能服务的一项活动。城市地理信息分析与其他类型的信息分析相比，其重要特点是以地理信息技术为基础。地理信息技术不仅为城市地理信息分析提供经过加工的系列情报源，而且其本身也是城市地理信息分析过程中的有力臂助。只有加大地理信息技术与信息分析技术的融合，才能发挥城市地理信息分析的优势，以此满足在城市建设过程中多元化、智能化地提供按需服务的迫切要求。

### 2.5.2 城市地理信息分析的主要方法

城市地理信息相较于其他类型信息，独具时空特性，且关联到的事物类型多样，信息内容具有学科广泛性与多元性。城市地理信息的分析往往需沟通各个领域中的各种信息分析方法与理论，方法体系的综合性特征显著。本节将从情报学角度，着重介绍城市地理信息分析中的常用方法。

1. 基于城市地理信息的网络分析

随着对地理信息智能分析和推理研究热点的兴起，以及智慧城市建设、空间决策分析等应用的扩张，网络分析这一方法作为研究驱动力，在该领域扮演着愈发重要的角色。城市地理信息研究中的许多问题，都可以转化成网络问题，以分布在统一时空下的地理信息为基础，借鉴网络分析理论，利于加深人类对地理信息感知、认知和表达等方面的理解。例如，钟业喜和郭卫东（2020）基于 2018 年高铁网络 OD（origin to destination，起止）数据，运用社会网络分析方法，揭示城市高铁节点与网络的结构特征与地域组织模式；胡定利等（2020）从网络新闻中获取丰富的地理信息，从新闻地名共现的角度研究城市网络，明晰各城市定位。

地理知识图谱则为网络分析领域前沿探测在地理学科的延伸。地理知识图谱表示结构化地理语义的知识库，它能够形象地表示出地理学概念、相关属性与实体，以及它们之间存在的复杂关联关系，最终形成概念、实体之间相互联结的网状知识结构（蒋秉川等，2018）。相较于知识图谱，地理知识图谱具有以下显著特点：①地理知识图谱的构建需结合自身地理知识的特点，在对地理知识形式化表达的基础之上，对地理知识进行抽取、推理、语义检索等，是一项地理知识工程；②知识图谱往往侧重于实体之间语义关系的表述，而地理知识图谱描述的关系包括语义关系、空间关系及时间关系三大类；③事实型知识和过程型知识是地理知识图谱构建的基石，而对地理规则、地理模型等进行建模与表示也可能成为未来的研究热点。

2. 基于城市地理信息的关联分析

为了能够更深层地映射城市地理信息的内容，理解地理实体间的时空交互性，需要对其中的复杂相关性进行探析，具体方法有回归分析、相关分析等。

基于城市地理信息的回归分析，是指在城市地理数据集中识别不同地理实体之间频繁存在的时空依赖关联关系，在分析城市要素在时间和空间轨迹上的行为特征基础上，综合考虑其他关联因子，引入一元回归或多元回归分析的方法，探究人群或环境在时空上分布的影响因素与规律。例如，董春等（2000）利用由地理要素量化值组成的数据库，采用偏最小二乘回归方法对地理因子和经济因子进行了回归建模，把握地理要素和国民经济质保间的相关关系；张艳菊等（2019）则基于 2013 年大连市居民位置数据，探析城市居民职住分离的影响因素。

基于城市地理信息的相关分析，则通过挖掘地理信息中城市主体的属性数据，并将其作为影响因素或自变量，来探究其对城市各方面现状的影响程度，对推进城市发展至关重要。叶光辉和夏立新（2019）提取题录数据中包含的地理信息，以构建不同地域范围的科研协作网络，并通过相关分析，探究地理距离对跨地域科研协作的影响。

综上所述，城市地理信息的相关分析与回归分析本质上有许多共同点，均是基于数据内在逻辑剖析关联变量之间拥有的实际联系。但二者也存在着一定的不同，回归分析侧重于用一个变量去预测另一个变量未来发展变化的演变趋势；相关分析则聚焦发现随机变量间的种种相关特性，从城市地理信息中，刻画不同地理元素之间的交互关系。

### 3. 基于城市地理信息的聚类分析

基于城市地理信息的聚类分析旨在发现地理空间中各类实体的时空分布格局与规律，对于揭示地理实体或地理现象的本质特征、相互依赖关系和演化趋势具有重要的指导意义。具体研究分析如利用社交平台地理标签中的丰富元数据信息，结合 K-means 等聚类算法，实现个性化服务的推荐（陈氢和冯进杰，2019）。

从整体上来看，根据聚类方法是否顾及非空间专题属性，可以将当前对城市地理信息的聚类分析方法分为两大类：①时空位置聚类，分析事物在空间位置上毗邻、时间上邻近发生的时空分布格局与规律，如空间分析、地形分析等，这一方法更多应用于地理环境的相关研究之中，因此，不做过多赘述。②顾及非空间专题属性的聚类，其在情报学领域适用范围则更为广阔，与传统的空间聚类方法不同，其顾及对空间实体的属性相似性，发掘具有相似专题属性的地理实体或现象在时空域上聚集分布的特征（邓敏等，2020）。例如，艾静超（2019）从游客拍摄景点图片的 GPS 信息分析游客旅游足迹，获得景点热度，并利用其确定游客偏好的相似性，从而构建基于用户的协同过滤模型，实现基于旅游者当前位置向旅游者推荐个性化旅游路线的功能。

### 4. 基于城市地理信息的可视化方法

城市地理信息的可视化是指借助地理制图学、地理信息系统等知识，将具有地理特性的时空属性数据转换为便于人们理解的图表或动画等形式，为用户呈现数据中有价值的信息，往往包括信息收集、数据预处理、知识表示、视觉呈现和交互等流程。围绕当前可视化技术的进步与需求的提升，地理信息可视化工具呈现出蓬勃的发展态势，这里就常用工具做简要介绍。

（1）Excel 软件。2016 版本的 Excel 增设了主要用于 3D 地图可视化的 Power Map，支持数据以多种形式显示在地球模型上。同时，其融合地理信息的时间属性，展现时间轴线上空间数据的变化历程。Power Map 的加入丰富了 Excel 数据可视化的功能，也为城市地理信息的可视化注入了新的活力。

（2）R 语言。R 是属于 GNU 系统的一个自由、免费、源代码开放的软件，是一个用于统计计算和统计制图的优秀工具，R 语言的使用，在很大程度上借助了各种各样的 R 包的辅助。至于城市地理信息可视化方面，如 R 语言中的 ggplot2 包，其中囊括了等值区间地图，带散点气泡、柱形、饼图和连接线的地图，等位地图，以及地铁线路图等地理信息可视化图表。

（3）Tableau。Tableau 是目前全球范围内商业智能领域应用最广的可视化软件，数据在该平台内置的世界地理图像上有位置点和覆盖位置点的多边形两种可视化标记方式。除此以外，用户也可以按照需要上传特殊的多边形数据。Tableau 还可以为标记添加不同属性。例如，可以用位置点面积大小的不同显示该数据数量上的差异，而位置点形状的不同则可以显示该数据所属类别的不同。

城市地理信息的可视化能够客观、全面、简明、专业地展示数据的内在规律或者互相关系，除上述工具以外，Origin、Sigmplot、Graphpad、Matlab、Python、D3.js 等也是地理信息可视化领域的重要组成部分。好的数据可视化建立在高质量的数据分析的基础之上，而更好的可视化效果利于促进数据以更为直观、便捷的方式服务于城市管理人员决策制定的最终目的（缪冬昕和郁舒兰，2019）。

### 2.5.3 城市地理信息分析的应用与发展

随着信息的爆发式增长，城市地理信息分析也愈发得到各界学者的关注，通过采取合适的地理信息分析方法，从具有海量、多元、无序等特征的信息中抽取有效、新颖、可理解、有价值的情报内容，挖掘潜在的、可能的城市实体与要素之间的内在联系、规律和发展趋势，从而促进城市健康稳定和谐发展。城市地理信息分析已经广泛应用于城市活动的方方面面，成为近些年来的城市研究中的一个重要方面。城市地理信息分析的应用功能主要体现在以下三点。

1. 促进城市物联网的构建和完善

城市地理信息能够帮助分析传感网的实际覆盖情况，提供相关依据，从而更加科学和合理地去布设物联网感知设备，促进城市物联网的构建。此外，基于城市地理信息分析，可以将各种地物联系起来，有机地组织到物联网之中，利用网络技术与监控设备时刻掌握各种地物的空间位置及其运动轨迹，让城市物联网更加完善。

2. 支持“智慧城市”决策和规划

城市地理信息中包含与地理位置有关的基础性信息和专题性信息，这些信息直接或间接地反映着国民经济建设中的人口、资源、环境等诸多领域或现象的地理位置、空间布局与空间关系（罗静，2015）。城市地理信息分析能够为政府决策提供支撑，确保决策的科学性和可靠性，进一步影响城市建设的规模和水平。

3. 推动“智慧城市”建设和发展

大数据时代，城市活动如通信、物流、交通等多方面会经常产生不同类型的海量地理信息。“智慧城市”的建设恰恰依赖于城市地理信息。例如，通过城市地理信息分析能够实现电力线路路径和交通的优化选择。城市地理信息分析能够大大推动“智慧城市”的建设和发展。“智慧城市”的建设和发展与城市地理信息密不可分。

总而言之，城市画像是城市大数据分析的重要表现形式，限于当前城市地理信息分析技术与方法的发展，目前城市画像研究在图书情报领域的拓展还不是很丰富，这主要体现为：①城市画像的分析、连接与可视化都建立在对不同地理级别地名实体的识别上，识别效果决定了最终分析结果的准确性；②城市画像研究所使用方法体系新颖性还不足，综合现有文献调研结果来看，采用方法主要聚焦于传统的统计分析和网络分析，统计分析尤以回归分析和相关分析最多，网络分析多使用复杂网络分析城市画像的演化路径；③城市画像研究使用的工具多来自其他学科的可视化工具，如 GIS、Gephi 等，图书情报领域中的传统共现分析软件也可以应用到数据预处理中。基于此，作为地理信息分析在城市管理领域的重要应用场景，城市画像研究亟待建立相对完善的研究路径。

# 第3章　基于标签语义挖掘的城市画像计算与应用模型构建

基于标签语义挖掘的城市画像是表达公众认知视角下城市多维特征的结构视图，其计算与应用模型研究可为城市治理中的交互式服务提供有效的数据支撑和评测尺度。本章从城市画像关联标签资源整合分析、城市画像计算模型构建、城市画像应用基础研究三个部分构建基于标签语义挖掘的城市画像计算与应用模型，并探讨模型实现的关键问题。模型整体逻辑架构如图 3.1 所示。

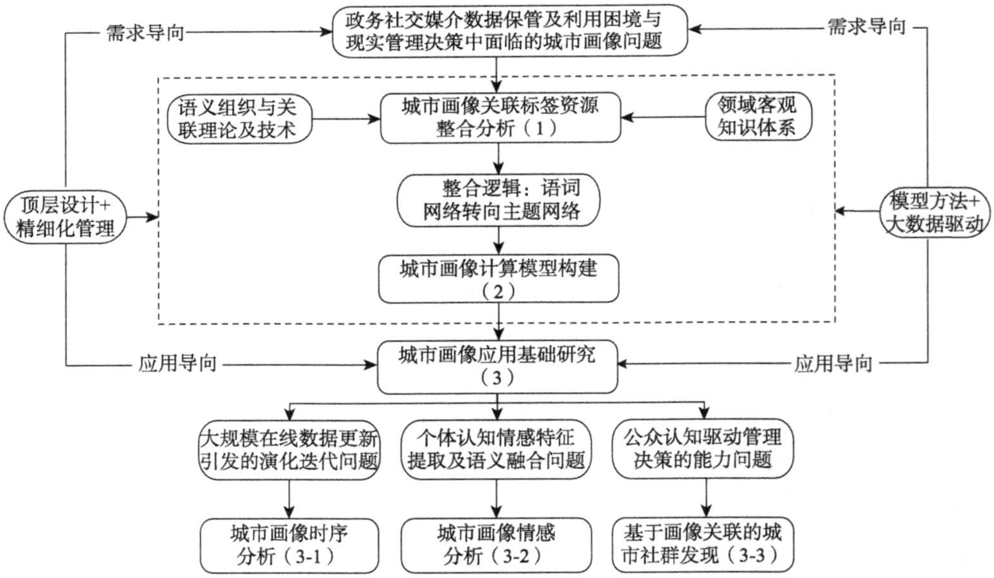


图 3.1　模型整体逻辑架构

## 3.1　城市画像关联标签资源整合

社会化标签反映了公众对事物的认知，将其用于城市感知的表达，有助于分析公众对城市的整体印象及其动态变化。公众评价往往导向城市不同展示面，因而整合数据集要引入客观类目体系，以便不同分面标签资源可进行合理映射和规范组织。同时采集的标签还需通过去重、合并等一系列规范化处理步骤进行降噪。城市画像是公众对城市的群体记忆，不是个体特有的印象，因此完成城市画像关联标签资源的整合，需要结合元分析、主题分析等方法，引入类目体系，将通过统计方法生成的自构造标签网络转变为有客观知识体系监督的主题或概念网络。本节将从标签网络进阶层面来阐述整合逻辑。

1. 自构造标签网络构建及语义分析

依据标签与其标注资源间的关联关系，通过模态转换可获取自构造标签网络。该网络揭示的是标签间的统计相关，而非语义相关，不仅如此，标签集合内还存在着语义及语用不规范的问题，为此研究将设计如下步骤：①采集印象标签。标签采集通过向公众展示已有用户标注信息和关于城市发展现状的新闻、政策等信息，引导公众积极参与到标注城市印象的活动中，保证城市印象标签来源。具体方案：首先，通过网络爬虫及人工采集方式，获取某个城市的新闻、政策等动态；其次，根据用户兴趣，实时为用户提供更新的城市发展动态，以此来吸引公众阅读和标注城市印象；最后，整合系统历史标注数据，向公众提供相关印象标签，辅助用户标注城市印象。②清洗印象标签。标签清洗是借助数据清洗方法对城市印象标签进行规范化处理，目的是便于进一步分析和利用城市印象标签。标签清洗应首先通过主题分析获取关联标签，采用异常检测、句法依赖分析、主题识别等算法发掘原始标签中存在的问题，提出相应的标签清洗要求；然后针对标签清洗要求，编译标签清洗规则；最后进行数据检测和数据修复操作，主要包括：剔除无意义及错误标签，归并、整合相同语义标签，替换、补全简写及缩写标签，规范标签格式等，如图3.2所示。

2. 领域知识控制下的标签主题网络设计

标签主题网络设计是在自构造标签网络的基础之上，引入领域客观知识体系来修正和细化标签间的语义关系，最大限度消除统计相关对后续分析造成的系统性影响。通过标签主题网络的设计能够将分散、无序的印象标签按照一定逻辑规

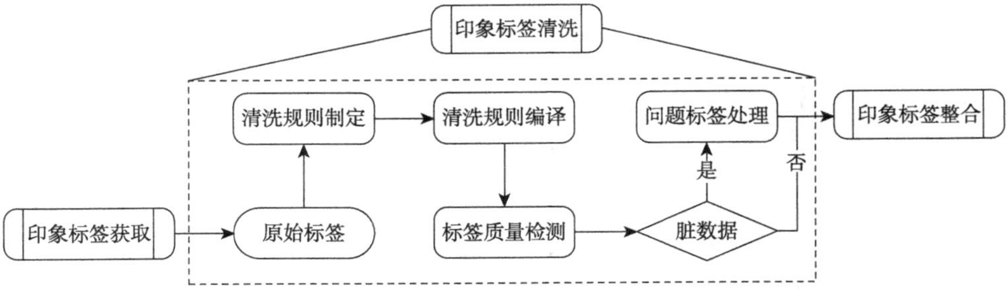


图 3.2 印象标签清洗流程示意图

则组织到一起，使之形成具有印象主题的标签集合，实现印象标签的层次化、有序化，便于从多个维度处理、分析和利用印象标签，呈现不同主题的印象分析结果。设计思路是将清洗后的印象标签聚类为不同粒度的标签集合，并提取标签集合的文本主题。具体步骤如图 3.3 所示：首先，抽取印象标签中描述城市印象的特征词；其次，采用向量空间模型表示每个印象标签的特征选项；再次，计算印象标签之间的文本向量相似度，聚类相似度最大的印象标签（或标签集合），直至满足停止规则为止；最后，采用文本主题挖掘方法，提取标签集合中的印象主题。

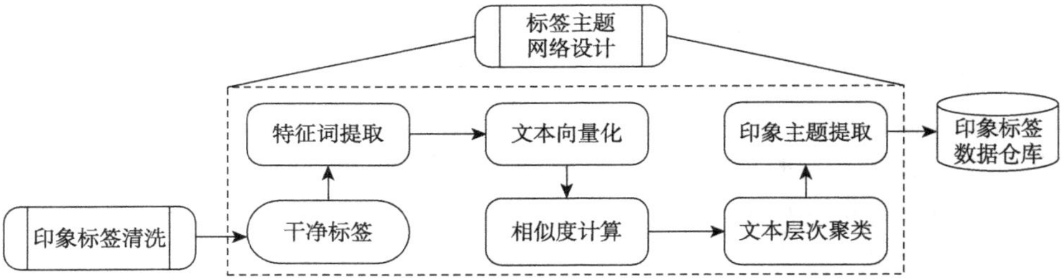


图 3.3 印象标签主题网络设计流程示意图

## 3.2 城市画像计算模型构建

广泛意义上的城市画像计算模型包括资源整合、机器学习、交互可视化等核心模块，本节将在印象标签数据仓库构建的基础之上，重点探讨城市画像生成过程。该过程是对公众发布的真实标签资源的模拟计算，也是对个体认知特征的融合和后续多维应用分析的基础。城市画像计算将根据公众发布的语义信息抽象出一个标签化的城市轮廓，而标签是通过对个体及群体信息分析而来的高度精炼的特征标识。因此，城市画像计算模型构建的核心在于围绕特征所做的一系列识别、分类、融合、挖掘、有效性评估等工作，具体如图 3.4 所示。

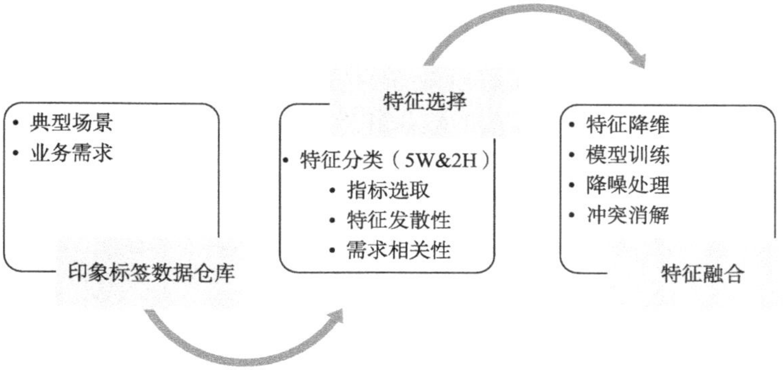


图 3.4　城市画像计算模型示意图

1. 面向城市画像计算的特征选择研究

典型场景（如公共政策评估、城市病诊断等）为城市画像计算指出了特定的业务需求，但无论哪一类需求都存在共性的特征选择方法。特征选择是从预处理好的数据仓库中选取有意义的特征词输入机器学习的模型和算法中进行训练，重点依据特征发散程度和与需求的相关程度来综合评断。前者重点评判特征词对样本的区分程度，常见的测度指标为方差，其值越接近 0，表明特征词对样本的区分程度越弱；后者从预测分析角度计算特征词与需求的匹配程度，常见分析指标包括相关系数法、卡方检验、互信息法等。同时为最大限度降低特征选择的计算量，特征选择还可建立在特征词分类基础之上。基础分类维度可设计为三类：个体属性特征词、个体内容特征词、个体上下文特征词。个体属性特征词说明参与主体的基本信息；个体内容特征词表达个体认知的对象、情感和程度；个体上下文特征词说明个体认知的场景信息。

2. 基于机器学习的个体认知特征融合方法研究

特征选择只是特征处理的第一步，后续将依据特征词规模进行降维处理和融合分析。特征选择必须要进行融合模型训练，但受限于特征词规模，模型训练往往会导致计算量大、训练时间长的问题，因此需要采用基于L1惩罚项的分析、主成分分析（无监督的降维方法）、线性判别分析（有监督的降维方法）等方法将原始的样本映射到维度更低的样本空间中，这将极大提升个体认知特征融合的计算效率。单个个体认知无法全面反映公众对城市的整体印象，因此还需借鉴加权平均、D-S 证据理论、TOPSIS 等成熟的信息融合方法，设计基于机器学习的个体认知特征融合方法：方法核心在于改进和组配现有数据挖掘、模式识别等典型算法及模型，最大限度降低特征叠加过程中产生的信息噪声和消解不同个体认知间的特征冲突。从特征选取到降维，再到特征融合，这一系列分析共同构成了面向城市画像计算的特征工程，该工程既要强调特征在整个城市画像生成过程中的关键作用，也要保证各环节模型算法的效果和效率。

## 3.3 城市画像应用基础研究

计算城市画像既是对现实需求的响应，也必将衍生一系列深层次应用的开发，而这些应用实现的基础与城市画像特征标识集密不可分。特征标识集是特征自身属性和特征间关系属性的有机综合体，也是城市画像应用基础研究的对象。在自身属性维度，本书选择给特征标识附加时间属性和情感属性来进行时序分析和情感分析；在关系属性维度，本书选取特征标识网络进行城市社群发现。

1. 城市画像时序分析

社交媒介大规模在线数据的更新必然会引发城市画像的演化迭代问题，识别城市画像每个特征标识的时间戳，通过城市画像时序分析，可动态展现不同分面公众认知的演进过程，评估公众认知的“稳定—变化”特征，减少因特定标签突增等偶发因素而造成的信息噪声和不确定性风险。现实中，公众会逐渐遗忘标注的历史印象，反复标记持续存在的城市印象，不断注入突发的实时印象。借此本书将在公众印象标签标注行为分析的基础之上，利用遗忘曲线和重复学习理论，设计印象遗忘和印象加强两个演化环节。具体计算步骤参见式（3.1）~式（3.3）：

$$w_{d_i}^T = n\mathrm{Tag}\left(d_i, m, x\right) \times \log_2 \frac{\mathrm{tf}\left(d_i\right)}{\sum_{s=1}^{N} \mathrm{tf}\left(d_s\right)} \tag{3.1}$$

式（3.1）中，$w_{d_i}^T$ 表示特征标识 $d_i$ 在时间段 $T$ 内的印象权重；$\mathrm{tf}\left(d_i\right)$ 表示 $d_i$ 在时间段 $T$ 内出现的频数；$\sum_{s=1}^{N} \mathrm{tf}\left(d_s\right)$ 表示在时间段 $T$ 内，$x$ 分面下所有特征标识被标注的总次数。若 $d_i$ 在此后没有被公众继续标注，那么在到下一时间节点 $t_n$ 的过程中，公众会对特征标识 $d_i$ 存在遗忘现象，其遗忘过程的量化函数参见式（3.2）：

$$w'_{d_i}\left(t_n\right) = w_{d_i}\left(t_{n-1}\right) \mathrm{e}^{\frac{\ln 2}{\phi_x}\left(t_n - t_{n-1}\right)} \tag{3.2}$$

式（3.2）中，$w'_{d_i}(t_n)$ 为经过时间段 $[t_n,t_{n-1}]$ 后，$d_i$ 衰减后的印象权重；$w_{d_i}(t_{n-1})$ 为 $d_i$ 在 $t_{n-1}$ 时刻的印象权重，即上一个遗忘阶段的初始值；$\phi_x$ 表示在 $x$ 分面下的特征标识的半衰期，其值由公众标注城市印象的行为周期决定。由此，$d_i$ 在 $t_n$ 时刻的印象权重由上一阶段（$T\in[t_n-t_{n-1}]$）的衰减剩余值和在这一阶段（$T\in[t_n-t_{n-1}]$）重复标记 $d_i$ 的权值增加量合并而成。其计算公式参见式（3.3）：

$$w_{d_i}(t_n)=w_{d_i}^T+w_{d_i}(t_{n-1})\mathrm{e}^{\frac{\ln 2}{\phi_x}(t_n-t_{n-1})} \tag{3.3}$$

2. 城市画像情感分析

城市画像特征标识包含着公众的认知情感，借助情感词典和极性分析可获取公众的情感倾向，这些判定将为社会治理模式设计、城市公共政策有效性评估等管理事务提供测量尺度。为解决个体认知情感特征提取及语义融合中存在的问题，情感分析具体步骤设计为：首先，通过词性分析，提取特征标识集中的情感词；其次，采用基于情感词典或机器学习的方法计算情感词的情感倾向程度；最后，融合所有情感词的情感倾向值，得出公众对某座城市的整体情感倾向。以基于情感词典的方法为例，单个情感词的情感倾向值通过计算情感词典中各个词语之间的概念相似度实现。假设情感词 $w_i$ 有 $X$ 个概念（$X\in\{S_{i1},S_{i2},\cdots,S_{ix}\}$），$w_j$ 有 $Y$ 个概念（$Y\in\{S_{j1},S_{j2},\cdots,S_{jy}\}$），则 $w_i$ 和 $w_j$ 间的相似度计算公式参见式（3.4）：

$$\mathrm{sim}_w(w_i,w_j)=\max(\mathrm{sim}(w_{ir},w_{js})) \tag{3.4}$$

式（3.4）中，$r$ 和 $s$ 分别代表情感词 $w_i$ 和 $w_j$ 对应的某一概念，概念间的相似度可由情感词在词典中所属概念的义原距离得知。在计算情感词的情感倾向时，首先将情感词表中的词语作为基准词，赋予{−2，−1，0，+1，+2}中的情感倾向，然后依据式（3.4）计算每个情感词与基准词的相似度，最后得到情感词的情感倾向值，参见式（3.5）：

$$O(w)=\sum_{i=1}^{m}(wp_i\times\mathrm{sim}_w(kp_i,w))-\sum_{j=1}^{n}(wq_j\times\mathrm{sim}_w(kq_j,w)) \tag{3.5}$$

式（3.5）中，$wp_i$ 和 $wq_j$ 分别表示褒义基准词和贬义基准词的权重，$kp_i$ 表示情感倾向为+1 和+2 的基准词，$kq_j$ 表示情感倾向为−1 和−2 的基准词。若 $O(w)>0$，则 $w$ 的情感倾向为正向；若 $O(w)<0$，则 $w$ 的情感倾向为负向；若 $O(w)=0$，则 $w$ 的情感倾向为中性。与此同时，还可设定 $wp_i=\mathrm{sim}_w(kp_i,w)/\sum\mathrm{sim}_w(kp_i,w)$，$wq_i=\mathrm{sim}_w(kq_i,w)/\sum\mathrm{sim}_w(kq_i,w)$，赋予相似度越大的基准词更大的权重，从而在一定程度上提高了情感倾向计算值的准确度。在获得单个情感词情感倾向值后，假定某座城市的积极情感倾向评估值 $P_w$ 和消极情感倾向评估值 $N_w$ 分别表示

为 $P_w=\sum fp_{wi}/\left(\sum fp_{wi}+\sum fn_{wj}\right)$ 和 $N_w=\sum fn_{wi}/\left(\sum fp_{wi}+\sum fn_{wj}\right)$ 。其中，$\sum fp_{wi}$ 表示某座城市的正向情感倾向总值，$\sum fn_{wi}$ 表示某座城市的负向情感倾向总值，则特征标识集的整体情感倾向评估值参见式（3.6）：

$$S_w=P_w-N_w=\left(\sum_{i=1}^{M}fp_{wi}-\sum_{j=1}^{N}fp_{wj}\right)/\left(\sum_{i=1}^{M}fp_{wi}+\sum_{j=1}^{N}fp_{wj}\right) \tag{3.6}$$

3. 基于画像关联的城市社群发现

目前公众认知在城市管理决策中的支撑权重还未充分体现，结合现实城市区域发展规划，本书意图建立线上基于公众认知驱动的城市社群发现模式。城市画像反映了城市的本质属性，具有画像关联的城市往往在其特色显现、发展历程等方面具有很强的相似性或互补性，通过相似或相异分析算法，便可挖掘出城市间潜在的关系。然而，公众视角下的城市特征具有多元性，不同城市特征对应的标识存在较大差异。为此，本书首先对各个城市在不同分面下的特征标识进行聚类，以获取每座城市在各分面下的具体城市特征；其次依据特征耦合建立“城市-城市”关联网络；最后对不同城市网络进行节点及连边数值测度和内容语义分析，挖掘潜在的城市关系和社群。从生态学视角分析，社群中可能存在共栖、共生、竞争、中立等城市关系（图3.5）：①共栖关系指两座城市相互合作，其结果均能给双方带来一定程度的利益，而彼此分开后，双方也能独立发展；②共生关系指两座城市相互合作，彼此创造有利的发展环境，其结果较各自单独发展更为有利，若停止合作，各自发展将受限；③竞争关系指两座城市共同争夺某一发展资源，其结果通常只对一方有利；④中立关系指两座城市无直接联系，互不影响，相对独立。

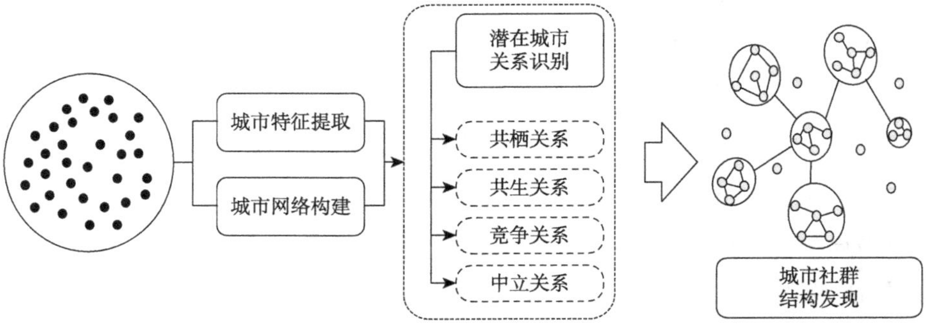


图 3.5 基于画像关联的城市社群发现流程示意图

## 3.4　模型实现关键问题

### 1. 城市画像多维揭示中的个体认知特征表达及融合问题

表达个体认知特征是社交网络研究热点，围绕个体发布的各类资源，尤其是标签资源，结合统计分析、基于规则或模板的文本分析，可获取标识个体特征的标签向量。但现阶段特征标签抽取已不是难点，难度在于该阶段获取的认知标签缺乏客观知识体系的监督，依然存在语义分歧、表意模糊等问题，因此城市画像多维揭示的首要问题是构建面向城市印象表达的客观知识网络。在此基础之上，还需要解决个体认知特征的融合问题：城市画像揭示的是公众认知，需要设计特征融合算法来解决个体认知特征融合过程中产生的噪声和冲突，噪声源于叠加融合过程中权重设置的不合理，冲突源于个人认知偏差所导致的特征词语义内涵对立。前者需要依据特征词在个体间的分布规律来进行权重设置，后者则需要在特征词关系判定的基础之上进行聚类，以从不同类别中选取具有代表性的标签词。

### 2. 基于画像关联的不同分面下的潜在城市社群发现问题

社群发现早已是网络科学研究中的热点主题，由此衍生的算法模型不一而足，这些算法模型还很少将线上分析与线下治理联系起来，这主要源于两方面：一是尽管画像可以被解读为一系列特征词表达的向量，但这些特征词所属范畴存在一定差别，简单依据不同城市画像特征词之间的耦合关系进行社群发现，无法精确判别公众认知视角下城市间关联的类型与程度，因此需要引入分面组织与分析的方法，将城市画像细粒度化，探索不同分面下城市间关系的类型及强度；二是现实中城市间联系的建立与加强往往由管理部门来主导，缺少有效的民意测评，依据公众印象进行城市间关系发掘及城市社群发现将为社会治理模式的实现提供替代路径，要保证路径可达既要对线下现状进行全面系统的分析，还要对线上城市间联系进行深度挖掘，在对比中发掘城市间潜在的联系及其社群结构。

# 第4章　城市画像关联标签资源整合分析

一座城市拥有的社会化标签蕴含了公众对该座城市的整体认知，这些社会化标签往往导向城市不同的展示面。如何对不同分面标签进行合理映射和规范组织，是本书需要解决的首要问题。为解决这一问题，本章首先指出了与城市画像相关联的标签资源的整合原则；其次，在整合原则的指导下，提出了一种具有层级结构的城市画像描述框架的生成方法；最后，以我国中部六省省会城市为实例，具体阐释了与城市画像相关联的标签资源的整合实现过程。

## 4.1　城市画像关联标签资源整合的原则

在社交网络盛行的当下，每天都会产生数以亿计的社会化标签。这些标签涉及公众日常活动的方方面面，在一定程度上直接或间接地反映了公众对待某件事物的认知和态度。很明显，公众对某座城市的整体印象也可以通过社交网络中的社会化标签展现出来。某座城市拥有这些社会化标签的分布情况，蕴含了公众对这座城市的整体评价。城市画像是一种十分复杂的社会感知，它综合了政治、经济、文化、环境等多种要素。公众往往从多个维度去描述自身对某座城市的认知和态度。因此，需要构建一个城市画像描述框架来揭示城市画像的描述维度。在该框架中，各描述维度应该相对独立并具有分面组配的性质，可以共同组成一个具有层次性、系统性和协调性的客观知识体系。

最接近该思想的是韩松涛和潘云鹤（2017）在《基于“学术单元”的知识组织新框架：多维度标签构建研究》一书中提出的利用分面组配方法组织、管理社会化标签的思想。韩松涛和潘云鹤依据现有的客观知识体系，把社会化标注系统中的全部标签划分为若干个分面（本体、对象、方法等），并进一步细分为多个亚面（第一本体、核心对象、研究方法等），从而通过组配不同分面下的社会化标签来描述资源特征。在这种具有“分面-亚面”的标签体系结构中，用户仍然主导定义和选择具体标签。在保证社会化标签的动态性和鲜活性的同时，整个标签集合具有较为严格和规范的体系结构，不同粒度标签集合之间相互支持、相互补充，最终提高了社会化标注系统对复杂资源的揭示和描述能力。

依据上述思路，某座城市的城市画像应该从多个维度（分面和亚面）揭示，某个具体维度（分面或亚面）应该由多个处于同级平行结构的社会化标签描述。与此同时，城市画像描述框架应该支持将某个较高的维度划分为多个更细粒度的维度（例如，将某个分面划分为多个亚面）。但必须指出的是，城市画像描述框架应该仿照多维度资源标注体系，事先设定并预留扩展维度，以此提高该框架的活力，为其今后发展及拓展增加可能性。

## 4.2　利用层级框架整合城市画像关联标签资源的优势

从信息检索与服务角度看，社会化标签是用户对网络资源的一种索引或元数据。有效组织、存储和利用这种索引或元数据，可以辅助基于社会化标签的分析与应用研究。然而，在当前主流的社会标注系统中，用户添加标签时不主动界定标签之间的语义关系。这样所形成的标签体系事实上是一种无结构的平面化标签集合，缺乏明晰的语义、语用关联，极大地影响了社会化标注系统中分众分类的有效性，不能构造出具有语义结构的“标签网络”。简而言之，在应用层面上，这种标注机制自身只能生成“标签云”，不能直接生成具有层级结构的与城市画像相关联的标签资源集合。由此，本书提出依据社会化标签之间的潜在层级关系，生成具有层级结构的标签集合来解决上述问题，并以此为基础来构建城市画像描述框架。

层次化的标签组织结构既可以提高社会化标签的有用性和准确性，又可以避免公众在语义理解、资源描述及其标引方式等方面，由于自身认知结构不同对城市特征的描述结果产生个性化偏差。这种网络资源组织方式与以往社会标注系统中的大众分类法相比更具灵活性和便捷性，可以根据标签层级实现不同粒度标签集合的合并与集成，从而优化和序化社会化标注系统中散乱的原始标签集合。与此同时，公众标注的社会化标签及其生成的标签集合相对独立，并具有分面组配的性质，能够在城市画像描述框架中被分解成多个相互支持、相互补充的层次结构。这种蕴含语义关系的层次结构支持语义网技术标准，能够生成标签本体和结构化数据集，有利于在社会化标注系统中揭示和利用城市特征。

此外，基于层级标签构建的城市画像描述框架具有很高的应用性，可以以此为基础开展不同视角下的城市画像分析与应用研究。例如，可以分别提取不同维度下公众对某座城市的社会化标签，依据标签分层聚类后形成的多粒度标签集合，生成反映公众共同认知的不同城市侧面的城市画像；还可以通过分析不同维度下城市画像的公众情感特征及其演化规律，综合评估每座城市发展的实际情况，并进一步构建由相似或耦合城市画像关系形成的社会网络，测算各个城市之间的亲疏程度，发现具有相似城市特征的城市社群。

## 4.3 面向城市画像关联标签资源整合的层级框架生成方法

蕴含城市画像要素的社会化标签的丰富性和准确性是构建城市画像描述框架的基础，也直接影响了获取、分析和利用城市画像的过程与结果。本书首先通过数据预处理环节规范化处理标签，提高标签的数据质量；其次定义标签相似度指标，计算标签（或标签集合）间的空间距离，并以此作为确定不同标签（或标签集合）间关系的主要依据；最后采用凝聚式层次聚类算法、层次聚类标签（或标签集合），生成具有“分面-亚面”结构的城市画像描述框架。

### 4.3.1 数据预处理方法

数据预处理目的是提高社会化标签的数据质量，满足城市画像识别过程中的数据处理要求。首先，数据预处理应从获取的原始标签出发，分析原始标签存在的主要问题，并制定相应的标签处理要求；其次，针对具体的标签处理要求，编译与之对应的标签处理规则；最后，开展数据检测和数据修复工作，修复存在质量问题的社会化标签，如图 4.1 所示。其中，数据预处理的重点在于标签清洗、词汇标准化和词汇过滤 3 个环节。

（1）标签清洗。通过替换、补全等操作，规范社会化标签的标注格式，过滤非正式的社会化标签（如拼写错误、缩写、简写、包含特殊符号等）。

（2）词汇标准化。依据规范词表（如叙词表、领域词典、WordNet 等）规范社会化标签的表达方式，约束使用词语的数量、顺序和内容，归并、整合相同语义的社会化标签。

（3）词汇过滤。过滤停用词和低频词。依据统计结果可知，出现频率很高的停用词（如感叹词、连词、介词等）和出现频率很低的低频词，由于其揭示城市特征的信息量很少或无具体实义，应该从原始标签集中删除。

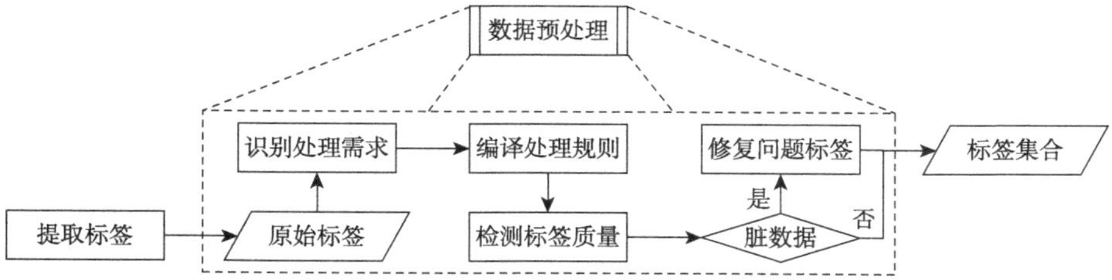


图 4.1　数据预处理流程

### 4.3.2　标签相似度计算方法

标签相似度计算与文本相似度计算之间存在很大差别。文本中含有大量的语义信息，可以直接对分词后的两个文本进行余弦相似度计算。标签大多是少数几个词或短语，含有的语义信息量很小，难以利用这种方法获得精确的标签相似度计算结果。现有研究中已有学者利用传统TF-IDF算法对标签进行特征抽取，并以此为基础实现标签间的相似度计算，取得了较为精确的标签聚类效果（曹高辉等，2008；熊回香，2011）。本书借鉴这一方法计算标签（或标签集合）之间的相关程度，从而为生成具有层次结构的城市画像描述框架做数据准备，其具体步骤如下：

首先，利用分词技术将标签 $\boldsymbol{T}_a$ 划分为 $n$ 个经过数据预处理的词组 $t_i$，并用空间向量 $\boldsymbol{T}_a=\left(t_1,t_2,\cdots,t_n\right)$ 表示。

其次，根据 TF-IDF 算法定义式（4.1），赋予每个词组 $t_i$ 一个权重 $w_{t_i}$，并将描述标签 $\boldsymbol{T}_a$ 的空间向量 $\boldsymbol{V}_{T_i}$ 表示为 $\boldsymbol{V}_{T_i}=\left(t_1\bullet w_{t_1},t_2\bullet w_{t_2},\cdots,t_n\bullet w_{t_n}\right)$。其中，$f_{t_i}$ 表示 $t_i$ 在 $\boldsymbol{V}_{T_i}$ 中出现的频率；$N$ 表示标签集合拥有所有词组的总数；$n_{t_i}$ 表示 $t_i$ 在标签集合中出现的次数。

$$w_{t_i}=\log_2 f_{t_i}\bullet\log_2\left(N/n_{t_i}+1\right) \tag{4.1}$$

最后，计算描述标签的空间向量间的相似度，以 $\mathrm{sim}\left(\boldsymbol{v}_a,\boldsymbol{v}_b\right)$ 表示空间向量 $\boldsymbol{v}_a$ 和 $\boldsymbol{v}_b$ 的相似度为例，采用余弦相似度计算 $\mathrm{sim}\left(\boldsymbol{v}_a,\boldsymbol{v}_b\right)$，即 $\mathrm{sim}\left(\boldsymbol{v}_a,\boldsymbol{v}_b\right)=\cos\left(\boldsymbol{v}_a,\boldsymbol{v}_b\right)$。此外，该方法还可以计算标签集合间的平均相似度，以满足标签聚类等数据处理环节。若定义 $\mathrm{sim}_A\left(C_i,C_j\right)$ 表示标签集合 $C_i$ 与 $C_j$ 的平均相似度，则参见式（4.2）：

$$\mathrm{sim}_A\left(C_i, C_j\right) = \frac{1}{|C_i||C_j|} \sum_{\boldsymbol{v}_a \in C_i} \sum_{\boldsymbol{v}_b \in C_j} \cos\left(\boldsymbol{v}_a, \boldsymbol{v}_b\right) \tag{4.2}$$

### 4.3.3 基于凝聚式层次聚类的城市画像描述框架生成方法

本书选用凝聚式层次聚类算法构建城市画像描述框架，其主要原因如下：①本书旨在构建具有上下位类等级关系的城市画像描述框架，而其他常用的聚类方法只能获得平面化的聚类结果（如 K-Means、EM、AP 等）；②凝聚式层次聚类算法避免了选择初始点和聚类数，计算各个社会化标签（或标签集合）之间的距离时会经过多次遍历，其聚类结果不会陷入局部最优。

具体而言，基于凝聚式层次聚类构建城市画像描述框架的基本流程如下：首先，在通过自底向上地分析目标文档中的所有标签后，划分聚类样本并确定其中的样本点；其次，把每个样本点作为一个聚类任务，根据各空间向量间的距离[即根据标签语义特征确定的标签相似度 $\mathrm{sim}_A\left(C_i, C_j\right)$]生成标签集合；最后，不断重复地将距离最近的两个标签集合聚类合并，直至满足迭代终止条件为止。当聚类算法停止时，凝聚式层次聚类的最终结果就是具有“分面-亚面”结构的城市画像描述框架。

由此，本书可以依据城市画像描述框架对从社会化标注系统中获取的所有标签进行分类，进而可以得到不同城市画像分面（或亚面）下的多粒度标签集合。这些多粒度标签集合是刻画不同分面（或亚面）下城市画像的重要数据来源。

## 4.4 城市画像关联标签资源整合实例

本节将通过一个实例来具体说明城市画像关联标签资源整合的过程。以我国中部六省省会城市为例，在遵循 4.1 节所述原则的基础上，根据 4.3 节所提出的层级框架生成方法，整合其关联标签资源并构建城市画像描述框架。

### 4.4.1 数据获取

本书利用网络爬虫技术抓取知乎平台中描述我国中部六省省会城市（长沙、合肥、南昌、太原、武汉、郑州）主要特征的用户问答内容，包括“××是一个怎样的城市？”“关于××，你印象最深的是什么？”“××有什么好玩的地方？”等 58 个话题，涉及公众对各城市在经济、政治、环境、人文等多个维度的用户问答内容。同时，为获得规范化的社会化标签，满足城市画像提取过程中的数据处理要求，按照 4.3.1 节所述的数据预处理步骤，依据编译处理规则对原始数据进行数据清洗，通过词汇标准化处理和过滤得到 18 406 条规范化标签，并以此作为后续过程的基础数据。

本书选择知乎网站获取公众描述城市整体状况的社会化标签，主要基于以下考虑：首先，知乎社区中话题丰富，不仅包含大量涉及城市各个方面的有关城市特征的话题，而且能够反映公众对城市的整体认知，符合本书对数据集在全面性上的要求。其次，与其他网站相比，知乎社区中用户评论更符合本书对数据集在客观性上的要求。例如，城市留言板中涉及的用户评论多为公众对政府的诉求，多为负面情绪；而知乎社区中涉及的用户评论更多的是网络用户对某座城市的客观评价。

### 4.4.2　标签相似度计算

首先借助分词词库（搜狗细胞词库——“××市城市信息精选”词库）和自建停用词表，利用自动分词技术将社会化标签表示为文本空间向量，并根据式（4.1）计算文本空间向量中各个词组的语义权重，如表 4.1 所示；然后依据空间余弦相似度计算公式获取社会化标签之间的语义相似度，如表 4.2 所示。

**表 4.1　社会化标签文本空间向量（部分）**

| 标签 | 空间向量 |
|---|---|
| 发展快 | （1.94 '发展'，2.49 '快'） |
| 历史名城 | （2.60 '历史'，3.38 '名城'） |
| 发展空间大 | （1.94 '发展'，3.288 5 '空间'，2.12 '大'） |
| 有历史文化底蕴 | （2.60 '历史'，2.81 '文化底蕴'） |
| 具有浓厚的文化底蕴 | （3.45 '具有'，3.05 '浓厚'，2.81 '文化底蕴'） |

**表 4.2　社会化标签语义相似度计算结果（部分）**

| 标签 $T_a$ | 标签 $T_b$ | 相似度 |
|---|---|---|
| 发展快 | 历史名城 | 0.00 |
| 发展快 | 发展空间大 | 0.27 |
| 发展快 | 有历史文化底蕴 | 0.00 |
| 发展快 | 具有浓厚的文化底蕴 | 0.00 |
| 历史名城 | 发展空间大 | 0.00 |
| 历史名城 | 有历史文化底蕴 | 0.41 |
| 历史名城 | 具有浓厚的文化底蕴 | 0.00 |
| 发展空间大 | 有历史文化底蕴 | 0.00 |
| 发展空间大 | 具有浓厚的文化底蕴 | 0.00 |
| 有历史文化底蕴 | 具有浓厚的文化底蕴 | 0.38 |

### 4.4.3　城市画像描述框架生成

为使社会化标签依据语义相似度聚集起来并生成具有层级结构的城市画像描述框架，本书首先利用表 4.2 中的计算结果，生成标签间的语义相异度矩阵。具体计算方法是标签间的语义相异度等于 1 减去标签间的语义相似度，假如标签 $\boldsymbol{T}_a$ 与 $\boldsymbol{T}_b$ 间的语义相似度为 0.3，则它们之间的语义相异度为 0.7。其次，将语义相异度矩阵导入 SPSS 分析工具中，借助 Ward 算法对所有标签进行凝聚式层次聚类。最后，通过人工划分聚类主题，获得具有“分面-亚面”结构的城市画像描述框架，如图 4.2 所示。

| | | |
|---|---|---|
| 生态 | 气候状况 | 气候变化 |
| | | 季节时长 |
| | | 天气温度 |
| | | 天气湿度 |
| | 污染状况 | 空气质量 |
| | | 水质 |
| | 地理环境 | 地理位置 |
| | | 自然风光 |
| | | 自然灾害 |
| | | 自然资源 |
| 文化 | 历史文化 | 历史地位 |
| | | 文化底蕴 |
| | | 名胜古迹 |
| | | 文化产业 |
| | 语言特色 | 方言特色 |
| | | 普通话特色 |
| | 饮食特色 | 特色美食 |
| | | 饮食习惯 |
| | | 食物口味 |
| | | 特色餐厅 |
| | | 食物价格 |
| | 名人 | |
| | 民风 | |
| | 特产 | |
| 社会 | 教育 | 名校 |
| | | 教育水平 |
| | | 科研水平 |
| | 娱乐 | 旅游资源 |
| | | 娱乐场所 |
| | | 娱乐态度 |
| | | 城市景点 |
| | 人口 | 人口特征 |
| | | 人口构成 |
| | | 人口素质 |
| | | 人口布局 |
| | | 人口数量 |
| | 交通 | 交通设施 |
| | | 司机特点 |
| | | 交通状况 |
| | 居住感受 | 生活节奏 |
| | | 宜居程度 |
| | | 生活气息 |
| | | 幸福指数 |
| | 利民服务 | |
| | 医疗水平 | |
| | 市容市貌 | |
| 整体 | 总体评价 | |
| | 包容性 | |
| | 吸引力 | |
| | 感情 | |
| | 城市发展 | 发展速度 |
| | | 发展状况 |
| | | 发展前景 |
| | 政府服务 | |
| | 城市地位 | |
| | 占地面积 | |
| | 城市规划 | 绿地规划 |
| | | 街道布局 |
| | | 景区规划 |
| | | 商圈规划 |
| 经济 | 经济水平 | |
| | 物价 | |
| | 房价 | |
| | 收入 | |
| | 就业 | |
| | 贫富差距 | |

图 4.2　城市画像描述框架

# 第5章 基于标签语义挖掘的城市画像计算模型构建

基于标签语义挖掘的城市画像计算模型构建旨在对公众发布的社会化标签集合进行模拟计算，从中抽象出一个标签化的城市轮廓。本章将在第 5 章的基础之上，借鉴潜在语义分析（latent semantic analysis，LSA）方法的潜在语义挖掘思想，重点探讨城市画像提取过程。此外，本章还将构建综合指标评价模型，用以识别不同时间段内被社会各界广泛关注、具有较大影响力且前期未被重点关注的社会化标签及其描述的热点城市特征。最后，以我国中部六省省会城市为实例，具体阐释城市画像计算及热点城市特征识别的实现过程。

## 5.1 基于潜在语义分析的城市画像计算

城市画像是公众对城市整体状况的共同认知。开展城市画像研究时，应避免纳入公众因自身认知结构不同而产生的具有个性化偏差的社会化标签。因此，本书在改进传统资源模型的基础上，计算不同标签在揭示城市画像语义特征方面的重要程度，并以此为主要依据从社会化标签中抽取城市画像。

### 5.1.1 基于潜在语义分析的标签权重计算方法

本书利用传统资源模型将城市和标签组成城市-标签矩阵 $\boldsymbol{A}_{ij}$，并以此来描述不同城市拥有的标签资源。其中，$i$ 表示社会化标签，$j$ 表示城市，$a_{ij}$ 表示社会化标签 $i$ 对城市 $j$ 的标注次数。然而，传统资源模型生成的城市-标签矩阵 $\boldsymbol{A}_{ij}$ 仅仅依据标签的标记频次衡量标签对城市的重要程度，忽略了不同标签分辨城市的能力以及标签确定城市特征语义的能力。现有研究中有学者发现利用LSA不仅能够反映标签在标签集合中的分布情况，还可以通过加权变换挖掘标签之间的潜在语义关系及其语义结构（宣云干，2011，2013）。权重较大的标签之间隐含的语义关系，以及提供更多信息量的资源所包含的标签间的语义关系，更容易被LSA认为是重要的语义关系而保留。基于以上分析，本书借鉴基于LSA的标签潜在语义挖掘思想，定义标签-城市矩阵 $\boldsymbol{A}_{ij}$ 的权重值 $W(i,j)$ 由标签局部权重 $P_w(i,j)$、标签全局权重 $T_w(i)$ 和资源全局权重 $R_w(j)$ 三个部分构成，并给出了对应权重的量化函数及其推导过程，如式（5.1）~式（5.6）所示。

$$W(i,j)=P_w(i,j)\times T_w(i)\times R_w(j) \tag{5.1}$$

1. 标签局部权重

标签局部权重 $P_w(i,j)$ 与标签对城市的标注频数有关，其具体定义参见式（5.2）：

$$P_w(i,j)=\log_2\big(P(i,j)+1\big) \tag{5.2}$$

其中，$P(i,j)$ 表示标签 $i$ 对城市 $j$ 中的标注次数；“+1”是为了避免出现 $P(i,j)$ 为 0 的情况；取对数是为了避免高频率标签掩盖低频率标签对生成潜在语义空间的贡献。

2. 标签全局权重

标签全局权重 $T_w(i)$ 的含义和条件熵的定义相同，其原因在于局部权重 $P(i,j)$ 不能衡量不同标签区别不同城市的能力。本书借鉴条件熵定义标签全局权重 $T_w(i)$，将城市集合看作符合某种概率分布的信息源，将城市和标签看作两个随机变量，依靠城市集合的信息熵和标签的条件熵之间信息量的增益关系确定社会化标签描述某座城市的重要程度。由此，在某个标签确定的情况下其对应城市的条件熵计算公式参见式（5.3）：

$$H(R\mid T_i)=-\sum_j P(T_i)P(R_j\mid T_i)\log_2 P(R_j\mid T_i) \tag{5.3}$$

其中，$P(R_j\mid T_i)$ 表示标签 $T_i$ 出现情况下城市 $R_j$ 出现的概率。当标签 $T_i$ 确定时，$P(T_i)=1$，简化式（5.3）得到标签全局权重 $T_w(i)$ 的计算公式，参见式（5.4）：

$$T_w(i)=1+H(R\mid T_i)=1-\sum_j\left(\frac{P(i,j)}{\sum_{j=1}^{|R|}P(i,j)}\right)\log_2\left(\frac{P(i,j)}{\sum_{j=1}^{|R|}P(i,j)}\right) \tag{5.4}$$

其中，$|R|$表示城市集合中城市的总数；$P(i,j)$表示标签$T_i$在城市$R_j$中出现的频数；$\sum_{j=1}^{|R|}P(i,j)$表示标签$T_i$在整个城市集合中出现的频数。

3. 资源全局权重

资源全局权重$R_w(j)$用来解释标签的语义歧义性问题，其原理来自 W. A. Gale 等为度量随机事件相关性而提出的信息熵的引申概念“互信息”（曹高辉等，2008）。利用“互信息”可以揭示不同城市对每个标签提供的信息量，以此找出与每个标签语义相近的其他标签。依据“互信息”的性质，定义资源全局权重$R_w(j)$的计算公式，参见式（5.5）：

$$\begin{aligned}R_w(j)&=1+I(T,R_j)=1+I(R_j,T)=1+H(R_j)-H(R_j\mid T)\\&=1+H(R_j)+\sum_i\left(\frac{P(i,j)}{\sum_{i=1}^{|T|}P(i,j)}\right)\log_2\left(\frac{P(i,j)}{\sum_{i=1}^{|T|}P(i,j)}\right)\end{aligned}\qquad(5.5)$$

其中，$|T|$表示标签集合中标签的总数；$\sum_{i=1}^{|T|}P(i,j)$表示标签$T_i$在城市$R_j$中出现的频数和。由于$H(R_j)=-P(R_j)\log_2 P(R_j)$，可以将$1+H(R_j)$视为一个常数$M$，则简化式（5.5）可得式（5.6）：

$$R_w(j)\approx M+\sum_i\left(\frac{P(i,j)}{\sum_{i=1}^{|T|}P(i,j)}\right)\log_2\left(\frac{P(i,j)}{\sum_{i=1}^{|T|}P(i,j)}\right)\qquad(5.6)$$

### 5.1.2　城市画像抽取方法

城市画像是公众对城市的群体印象，而不是个体的特有印象。由于城市的复杂性和动态性，以及个体在生活经历和文化背景等方面的差异，公众描述城市画像的社会化标签带有明显的个性化色彩。因此，应该对多粒度标签集合中的标签进行筛选，以此获取每座城市在多数公众心中共同的心理图像。本书为避免纳入因个体差异产生的标签，依据权重值$W(i,j)$从多粒度标签集合中抽取公众共同认知的城市画像，并生成最终的标签-城市矩阵$\boldsymbol{A}'_{ij}$，将其定义为式（5.7）：

$$A'_{ij} = t_i \mid W(i,j) = t_i \mid P_w(i,j) \times T_w(i) \times R_w(j) \tag{5.7}$$

此外，运用奇异值分解法（singular value decomposition，SVD）语义标引标签-城市矩阵 $A'_{ij}$，生成更为小巧的语义空间结构，可以降低矩阵计算的复杂度，缩小计算问题的规模。与此同时，将 LSA 与 SVD 结合也可以揭示出词语之间潜在的语义关系，有助于识别“一词多义”和“多词一义”现象。由此，标签在标签-城市矩阵 $A'_{ij}$ 中的最终权重均从标签标注频数、区分城市能力、语义相近的其他标签三个方面衡量。每座城市的城市画像就是其对应标签集合中具有较高权重的标签，将其与第 4 章所构建的城市画像描述框架整合，能够生成具有“分面-亚面”结构的城市画像。

## 5.2 热点城市特征分析及评价指标选取

社会化标签作为新媒体时代孕育的载体，蕴含了公众视角下某段时期内城市发展的主要特征，体现了公众对城市特征的认知、评价和情感。由此，本节借鉴突发主题识别技术中的爆发词检测方法，定义标签关注度、标签新颖度和标签创新度 3 个指标来刻画城市画像视角下的热点城市特征。在此基础上，5.3 节将依据本节提出的 3 个指标，采用线性加权法构造综合指标评价模型，实现从海量社会化标签中获取某段时间内不同城市具有的热点城市特征。

### 5.2.1 热点城市特征特点分析

经过系统梳理现有爆发词检测研究方法后，本书将描述热点城市特征的载体——社会化标签的主要特点归纳、总结为：在标签标注频次上具有较高的关注度；在标签标注时间上具有一定的新颖性；在标签标注内容上具有潜在的创新性。具体而言，本书认为城市画像视角下的热点城市特征应该同时满足如下条件。

（1）描述某座城市热点城市特征的社会化标签是公众广泛认可的，具有较高的用户标注频次，即公众对社会化标签描述的这些城市特征具有较高的社会关注度。

（2）描述某座城市热点城市特征的社会化标签出现时间较晚，在当前或某段时间内受到公众广泛关注，即社会化标签描述的这些城市特征具有一定的时间新颖性。

（3）描述某座城市热点城市特征的社会化标签与描述该座城市已有社会化标签在文本内容层面上有所差异，现有社会化标签和已有社会化标签之间的文本语义相似程度较小，即现有社会化标签描述的这些城市特征具有潜在的语义创新性。

基于以上分析，本书从社会化标签的标注热度、标注时间和标注内容 3 个维度刻画城市画像视角下的热点城市特征。其中，标注热度和标注时间分别对应热点城市特征评价指标中的标签关注度（tag attention）和标签新颖度（tag novelty），可以将其看作从数理统计层面刻画城市画像视角下的热点城市特征；而标注内容对应热点城市特征评价指标中的标签创新度（tag innovation），可以将其看作从文本语义层面刻画城市画像视角下的热点城市特征。

### 5.2.2　热点城市特征评价指标

根据定量计算热点城市特征评价指标的数据来源范围，可将评价指标划分为外部属性评价指标和内部属性评价指标。外部属性评价指标是指可以直接采用数理统计方法获取实证数据的标签关注度和标签新颖度，其实证数据从社会化标注系统中社会化标签的标注频次、标注时间等数据中获得。内部属性评价指标是指需要通过挖掘标签文本内容获取实证数据的标签创新度，其实证数据从计算社会化标签之间文本语义相似度的计算结果中获得。由此，本书在考虑城市画像的刻画方式及其现实意义的基础上，将定量计算热点城市特征评价指标的特征属性、数据来源及其计算方法总结如表 5.1 所示。

**表 5.1　热点城市特征评价指标**

| 评价指标 | 特征属性 | 数据来源 | 计算方法 |
|---|---|---|---|
| 标签关注度 | 外部属性 | 标签集合中社会化标签的标注频次 | 依据社会化标签中所有词组的平均标注次数的计算结果 |
| 标签新颖度 | 外部属性 | 标签集合中社会化标签的标注时间 | 依据社会化标签中所有词组的平均标注时间的计算结果 |
| 标签创新度 | 内部属性 | 标签集合中社会化标签的标注内容 | 依据社会化标签中所有词组的平均语义相似度的计算结果 |

1. 标签关注度

在社会化标注系统中，社会化标签的标注频次蕴含了公众对其描述城市特征的认可程度。热点城市特征具有较高公众关注度这一特点可以通过描述该城市特征的社会化标签的标注频次反映出来。然而，不同社会化标签解释城市特征的能力有所差异。在衡量某一城市特征是否具有较高公众关注度时，如果仅仅对描述该城市特征的社会化标签进行简单的词频统计，会导致大量标注频次较高但解释城市特征能力较弱的社会化标签获得较高的标签关注度。因此，本书在依据社会化标签标注频次的基础上，融入TF-IDF算法衡量不同社会化标签对城市特征的解释能力，将TF理解为社会化标签对某座城市的标注次数，将IDF理解为社会化标签对不同城市的区别程度，计算步骤如下。

首先，采用中文分词技术将每个社会化标签 $\boldsymbol{T}_a$ 切分为 $n$ 个相互独立的词组，并对这些词组进行数据预处理，以 $\boldsymbol{T}_a=\left(t_1,t_2,\cdots,t_n\right)$ 表示。

其次，采用空间向量模型将 $\boldsymbol{T}_a$ 表示为 $\boldsymbol{V}_{\boldsymbol{T}_a}=\left(t_1\bullet w_{t_1},t_2\bullet w_{t_2},\cdots,t_n\bullet w_{t_n}\right)$，并依据TF-IDF算法计算词组 $t_i$ 在不同向量空间 $\boldsymbol{V}_{\boldsymbol{T}_a}$ 中的权重 $w_{t_i}$。

最后，将权重 $w_{t_i}$ 作为衡量社会化标签 $\boldsymbol{T}_a$ 在解释城市特征能力方面的重要指标，并定义标签关注度 $\mathrm{TA}_{\boldsymbol{T}_a,\ \mathrm{City}_a}$ 的计算方法为式（5.8）：

$$\mathrm{TA}_{\boldsymbol{T}_a,\ \mathrm{City}_a}=\frac{1}{n}\sum_{i=1}^{n}w_{t_i}=\frac{1}{n}\sum_{i=1}^{n}\log_2 f_{t_i}\bullet\log_2\left(N/n_{t_i}+1\right) \tag{5.8}$$

其中，$f_{t_i}$ 表示词组 $t_i$ 标注城市 $\mathrm{City}_a$ 的频率；$N$ 表示标签集合中所有词组的总数；$n$ 表示社会化标签 $\boldsymbol{T}_a$ 中词组 $t_i$ 的数量；$n_{t_i}$ 表示词组 $t_i$ 在标签集合中出现的次数。由此可见，城市 $\mathrm{City}_a$ 中某个城市特征的关注程度既和社会化标签 $\boldsymbol{T}_a$ 标注城市 $\mathrm{City}_a$ 的次数成正比，又和社会化标签 $\boldsymbol{T}_a$ 解释城市 $\mathrm{City}_a$ 的能力成正比。若描述某个城市特征的社会化标签 $\boldsymbol{T}_a$ 具有较高的标注频次，并且能够较好地区分不同城市之间的城市特征，则说明这个城市特征具有较高的关注程度，即 $\mathrm{TA}_{\boldsymbol{T}_a,\ \mathrm{City}_a}$ 值较高。

2. 标签新颖度

热点城市特征会随着时间推移发生变化。公众会逐渐遗忘城市过去拥有的历史特征，反复记忆城市持续存在的核心特征，不断注入城市当前突发的实时特征。事实上，描述城市特征的社会化标签既可以将其看作网络信息资源的一种索引或元数据，又可以将其看作一种特殊的网络信息资源。从网络信息资源老化的角度来说，公众会逐渐减少对以往社会化标签的标注行为，并逐渐增加对新兴社会化标签的标注行为。因此，社会化标签的标注时间应该作为判断其描述的城市特征是否是热点城市特征的一项重要依据。

在此，通过定义标签新颖度来揭示热点城市特征在时间维度上具有的重要特性。由于社会化标签由若干个相互独立的词组组成，因此社会化标签的新颖程度可以依据它包含词组的平均标引时间来衡量。在某段时间内，平均标引时间越晚的社会化标签其新颖程度值越大，说明这些社会化标签描述的城市特征出现时间较晚，比较可能成为其描述城市在这段时间内的热点城市特征。反之，说明这些社会化标签描述的城市特征不太可能成为其描述城市在这段时间内的热点城市特征。由此，定义标签新颖度$\mathrm{TN}_{\boldsymbol{T}_a,\ \mathrm{City}_a}$的计算方法为式（5.9）：

$$\mathrm{TN}_{\boldsymbol{T}_a,\ \mathrm{City}_a}=\frac{D_{\boldsymbol{T}_a}}{n}=\frac{1}{n}\sum_{i=1}^{n}\frac{D_{t_i}}{n_{t_i}} \tag{5.9}$$

其中，$D_{\boldsymbol{T}_a}$表示社会化标签$\boldsymbol{T}_a$中所有词组的总标引时间；$D_{t_i}$表示社会化标签$\boldsymbol{T}_a$中词组$t_i$在标签集合中的总标引时间；$n$表示社会化标签$\boldsymbol{T}_a$中所有词组的数量；$n_{t_i}$表示词组$t_i$在标签集合中的出现次数。

3. 标签创新度

从城市画像视角看，热点城市特征是公众在某段时间内对城市当前拥有的某些特征标注了大量社会化标签的结果，即这段时间内描述城市特征的社会化标注系统中出现了一些新兴的标签主题。根据以往研究发现，社会化标注系统中形成新主题的社会化标签可能是新标签，也可能是旧标签（叶光辉等，2018）。因此，描述热点城市特征的社会化标签既可以是被公众高频次标注的旧标签，即标签关注度较高；又可以是与旧标签相比在文本内容和语义层面上有所差异的新标签，即标签创新度较高。旧标签揭示了以往出现过，但在过去一段时间内未成为公众关注热点的城市特征；新标签揭示了仅在近期出现，但短时间内迅速被公众广泛关注的新兴城市特征。由此可见，热点城市特征识别不仅需要考虑标签标注频次，还需要依据文本语义相似度计算方法，测算当前社会化标签与已有城市特征的语义相似度，以此补充并完善热点城市特征测度方法。

本书利用文本语义相似度计算方法计算社会化标签的创新程度。首先，运用中文分词技术提取每个社会化标签中包含的概念词，并采用空间向量模型表示其描述的城市特征。如果社会化标签$\boldsymbol{T}_a$中包含$X_{\boldsymbol{T}_a}$个概念词，则用$\boldsymbol{T}_a\in\left\{S_{a_1},S_{a_2},\cdots,S_{a_x}\right\}$表示；如果城市$\mathrm{City}_a$拥有的城市特征$C_b$中包含$Y_{C_b}$个概念词，则用$C_b\in\left\{S_{b_1},S_{b_2},\cdots,S_{b_y}\right\}$表示。然后，通过计算空间向量之间的余弦相似度$\cos(\boldsymbol{T}_a,C_b)$获得每个社会化标签$\boldsymbol{T}_a$和$M$个城市特征$C_b$之间的文本语义相似度$\mathrm{sim}(\boldsymbol{T}_a,C_b)$，并定义标签创新度$\mathrm{TI}_{\boldsymbol{T}_a,\ \mathrm{City}_a}$的计算方法为式（5.10）：

$$\begin{aligned}\mathrm{TI}_{\boldsymbol{T}_a,\ \mathrm{City}_a}&=\frac{1}{M}\sum_{b=1}^{M}\mathrm{sim}(\boldsymbol{T}_a,C_b)\\&=\frac{1}{M}\sum_{b=1}^{M}\cos(\boldsymbol{T}_a,C_b)\end{aligned} \tag{5.10}$$

由此，如果某座城市当前被标记的社会化标签与以往城市特征之间的文本语义相似度较小，则说明该城市当前拥有的城市特征与先前拥有的城市特征在语义含义方面差距较大，从而揭示出当前城市特征与以往城市特征相比在文本内容和语义层面上具有创新性。

## 5.3 基于标签语义挖掘的热点城市特征识别

为实现热点城市特征的识别，本书首先采用 min-max 标准化方法，将具有不同量级和不同方向的评价指标进行数据标准化处理；其次根据 5.2 节所述的热点城市特征评价指标，采用线性加权法构造综合指标评价模型；最后依次计算各个城市特征的综合评价指数，获取不同城市在某段时间内的热点城市特征。

1. 指标数据标准化

标签关注度和新颖度是正向指标，其计算值越大表示社会化标签所描述的城市特征越有可能成为热点特征。然而，基于文本语义相似度计算方法定义的标签创新度是逆向指标，其计算值越小表示社会化标签所描述的城市特征越有可能成为热点特征。因此，需要采用不同的数据标准化处理方法使这两种指标在因变量方向上保持一致。

2. 综合指标评价模型构建

通过对标签关注度、标签新颖度和标签创新度 3 个热点城市特征指标进行线性加权求和，构造出识别热点城市特征的综合指标评价模型，如式（5.11）所示，依据该模型的计算结果可以判别各标签描述的城市特征是否是对应城市的热点城市特征。

$$W_{\boldsymbol{T}_a,\ \mathrm{City}_a} = a\mathrm{TA}_{\boldsymbol{T}_a,\ \mathrm{City}_a} + b\mathrm{TN}_{\boldsymbol{T}_a,\ \mathrm{City}_a} + c\mathrm{TI}_{\boldsymbol{T}_a,\ \mathrm{City}_a} \tag{5.11}$$

其中，$\mathrm{TA}_{\boldsymbol{T}_a,\ \mathrm{City}_a}$、$\mathrm{TN}_{\boldsymbol{T}_a,\ \mathrm{City}_a}$ 和 $\mathrm{TI}_{\boldsymbol{T}_a,\ \mathrm{City}_a}$ 分别表示描述城市 $\mathrm{City}_a$ 的社会化标签 $\boldsymbol{T}_a$ 在标签关注度、标签新颖度和标签创新度 3 个方面的计算结果；$W_{\boldsymbol{T}_a,\ \mathrm{City}_a}$ 表示社会化标签 $\boldsymbol{T}_a$ 描述的城市特征的综合指标评价数值；$a$、$b$ 和 $c$ 均表示指标权重，且 $a+b+c=1$。

3. 评价指标权重计算

为确保综合指标评价模型的可推广性，本书选取不同指标权重对上述模型进行多次计算，依据计算结果确定各评价指标的最终权重，其具体步骤如下：首先，平均赋予标签关注度、标签新颖度和标签创新度这 3 个评价指标初始权重，即将每个评价指标的初始权重均设定为 1/3；其次，不断改变各评价指标的计算权重，以人工遴选出的最优计算结果为目标，通过对比实际计算结果进行调整与验证，以此确定各指标最终权重，达到最优的热点城市特征识别效果。

4. 热点城市特征获取

热点城市特征识别过程实际上是从描述城市特征的社会化标签中挖掘不同城市在某段时间内的主要特征，并进一步判断这些城市特征是否在该段时间被公众广泛关注的城市信息感测与分析过程。依据综合指标评价模型可以计算某段时间内城市 $\mathrm{City}_a$ 拥有的所有社会化标签 $\boldsymbol{T}_a$ 对应的综合指标评价数值 $W_{\boldsymbol{T}_a,\ \mathrm{City}_a}$ ，进而可以采用降序排列和设置阈值区间等数据处理、分析步骤筛选出获得较高 $W_{\boldsymbol{T}_a,\ \mathrm{City}_a}$ 数值的社会化标签。这些社会化标签描述的城市特征就是城市 $\mathrm{City}_a$ 在这段时间内拥有的热点城市特征。

## 5.4　城市画像计算及热点城市特征识别实例

本节通过一个实例来具体说明城市画像计算及热点城市特征识别的过程。本书以我国中部六省省会城市为例，以 4.4.1 节所获取的数据为基础数据，首先，按照 5.1 节所述的研究方法，借鉴 LSA 潜在语义挖掘思想计算社会化标签在揭示城市画像语义特征方面的重要程度，筛选出对城市画像具有较高解释度的社会化标签集合，并将其与城市画像描述框架整合，生成具有层级结构的城市画像；其次，依据 5.2 节及 5.3 节所建立的评价模型识别出不同时期中部六省省会城市拥有的热点城市特征。

### 5.4.1　城市画像计算实例

1. 标签权重计算

首先依据不同标签标记各城市的次数构建原始城市-标签矩阵 $\boldsymbol{A}_{ij}$ ，如表 5.2 所示；其次按照式（5.7）所述的标签权重计算方法，进一步挖掘标签间的潜在语义关系，对原始城市-标签矩阵进行加权变换。

**表 5.2 原始城市–标签矩阵（部分）**

| 标签 | 长沙 | 合肥 | 南昌 | 太原 | 武汉 | 郑州 |
|---|---|---|---|---|---|---|
| 交通拥堵 | 98 | 4 | 0 | 42 | 438 | 16 |
| 大学生多 | 0 | 60 | 0 | 0 | 255 | 0 |
| 物价便宜 | 80 | 74 | 56 | 0 | 2 | 0 |
| 宜居 | 11 | 10 | 16 | 110 | 0 | 1 |
| 雾霾严重 | 6 | 10 | 0 | 9 | 11 | 170 |
| 发展快 | 22 | 26 | 0 | 7 | 13 | 19 |

1）标签局部权重计算

为避免掩盖低频标签对生成潜在语义空间的贡献，按照式（5.2）计算原始矩阵中各标签的标签局部权重 $P_w(i,j)$，如表 5.3 所示。通过对比表 5.2 与表 5.3 可以发现：标签局部权重 $P_w(i,j)$ 缩小了高频标签与低频标签之间的差距，在一定程度上有助于提高低频标签对提取城市画像的贡献。

**表 5.3 标签局部权重计算结果（部分）**

| 标签 | 长沙 | 合肥 | 南昌 | 太原 | 武汉 | 郑州 |
|---|---|---|---|---|---|---|
| 交通拥堵 | 6.63 | 2.32 | 0.00 | 5.43 | 8.78 | 4.09 |
| 大学生多 | 0.00 | 5.93 | 0.00 | 0.00 | 8.00 | 0.00 |
| 物价便宜 | 6.34 | 6.23 | 5.83 | 0.00 | 1.59 | 0.00 |
| 宜居 | 3.59 | 3.46 | 4.09 | 6.79 | 0.00 | 1.00 |
| 雾霾严重 | 2.81 | 3.46 | 0.00 | 3.32 | 3.59 | 7.42 |
| 发展快 | 4.52 | 4.75 | 0.00 | 3.00 | 3.81 | 4.32 |

2）标签全局权重计算

为衡量各标签对不同城市的区分能力，按照式（5.4）计算各标签的标签局部权重 $T_w(i)$。据表 5.4 可知，标签“有雾霾”和“发展快”对中部六省省会城市的整体解释能力较大，难以依据它们区分不同城市的城市特征；标签“小龙虾”和“面食多”对中部六省省会城市的整体解释能力较小，能够较为容易依据它们分辨出不同城市的城市特征。

**表 5.4 标签全局权重计算结果（部分）**

| 标签 | 标签全局权重 | 标签 | 标签全局权重 | 标签 | 标签全局权重 |
|---|---|---|---|---|---|
| 有雾霾 | 3.30 | 交通很便利 | 2.59 | 鱼米之乡 | 1.70 |
| 发展快 | 3.20 | 冬天太冷 | 2.55 | 烧卖 | 1.50 |
| 物价便宜 | 2.86 | 包容 | 2.29 | 鸡蛋灌饼 | 1.44 |
| 工资低 | 2.82 | 宜居 | 2.26 | 贫富差距大 | 1.42 |
| 历史悠久 | 2.75 | 地理位置好 | 2.14 | 面食多 | 1.37 |
| 房价贵 | 2.74 | 适合生活 | 1.92 | 小龙虾 | 1.04 |

3）资源全局权重计算

为揭示不同城市对各标签提供的信息量，按照式（5.6）计算不同城市的资源全局权重的指标 $R_w(j)$，如表5.5所示。结果表明，在中部六省省会城市中，郑州为标签集合提供的信息量最多；太原为标签集合提供的信息量最少。由此可知，描述郑州城市特征的社会化标签更具有通用性，而描述长沙城市特征的社会化标签更具有独特性。

**表 5.5　资源全局权重计算结果**

| 城市 | 长沙 | 合肥 | 南昌 | 太原 | 武汉 | 郑州 |
|---|---|---|---|---|---|---|
| 资源全局权重 | 0.83 | 1.49 | 1.37 | 0.59 | 1.20 | 1.66 |

2. 城市画像抽取

本书依据标签局部权重 $P_w(i,j)$、标签全局权重 $T_w(i)$ 和资源全局权重 $R_w(j)$ 的计算结果生成最终的标签-城市矩阵 $A'_{ij}$，实现从标签标注频数、区分城市特征能力、语义相近的其他标签三个方面衡量不同标签对各座城市的重要程度，如表 5.6 所示。标签对城市的权重大小能够反映公众对该标签能否作为城市当前城市画像的共同认知。某座城市当前的城市画像由其对应标签集合中具有较高权重的标签组成。依据权重值降序排列不同城市对应标签集合中的社会化标签，可以选取权重值较高的社会化标签作为描述城市画像的基础数据，进而依据4.4.3节中所构建的城市画像描述框架对抽取出的社会化标签进行分类，最终可以获得具有层级结构的中部六省省会城市的城市画像。

**表 5.6　城市画像计算结果（Top 10）**

| 长沙 | | | 合肥 | | | 南昌 | | |
|---|---|---|---|---|---|---|---|---|
| 描述层级 | 城市画像 | 权重 | 描述层级 | 城市画像 | 权重 | 描述层级 | 城市画像 | 权重 |
| 饮食特色 | 美食很多 | 19.92 | 历史文化 | 历史悠久 | 37.33 | 饮食特色 | 美食很多 | 28.97 |
| 历史文化 | 文化底蕴深厚 | 14.22 | 吸引力 | 留不住人才 | 30.80 | 居住感受 | 生活节奏慢 | 28.34 |
| 物价 | 物价便宜 | 13.81 | 房价 | 房价高 | 29.88 | 物价 | 物价低 | 27.81 |
| 气候状况 | 夏天热 | 13.69 | 污染状况 | 有雾霾 | 27.70 | 吸引力 | 留不住人才 | 25.19 |
| 交通 | 交通拥堵 | 12.15 | 城市发展 | 发展很快 | 25.84 | 总体评价 | 二线城市 | 25.61 |
| 城市发展 | 发展快 | 12.00 | 包容性 | 包容 | 25.50 | 居住感受 | 有人情味 | 22.78 |
| 人口 | 美女多 | 11.91 | 饮食特色 | 美食多 | 25.00 | 污染状况 | 空气好 | 22.23 |
| 教育 | 教育资源丰富 | 11.58 | 污染状况 | 空气好 | 24.67 | 气候状况 | 冬冷夏热 | 20.98 |
| 气候状况 | 冬天冷 | 10.85 | 物价 | 物价便宜 | 24.36 | 总体评价 | 美 | 20.80 |
| 气候状况 | 天气变化无常 | 10.20 | 包容性 | 不排外 | 24.26 | 气候状况 | 四季如春 | 18.90 |

续表

| 太原 | | | 武汉 | | | 郑州 | | |
|---|---|---|---|---|---|---|---|---|
| 描述层级 | 城市画像 | 权重 | 描述层级 | 城市画像 | 权重 | 描述层级 | 城市画像 | 权重 |
| 历史文化 | 历史悠久 | 16.92 | 吸引力 | 留不住人才 | 26.59 | 饮食特色 | 美食多 | 46.70 |
| 感情 | 第二故乡 | 12.06 | 饮食特色 | 美食很多 | 26.14 | 历史文化 | 历史悠久 | 41.30 |
| 吸引力 | 人才流失严重 | 11.71 | 总体评价 | 有人情味 | 26.12 | 收入 | 工资低 | 37.81 |
| 饮食特色 | 美食多 | 11.62 | 历史文化 | 历史悠久 | 25.93 | 人口 | 人多 | 34.09 |
| 包容性 | 包容性强 | 10.97 | 饮食特色 | 美食多 | 25.92 | 城市发展 | 发展很快 | 33.84 |
| 收入 | 工资低 | 10.12 | 物价 | 物价低 | 23.57 | 污染状况 | 有雾霾 | 31.32 |
| 城市发展 | 发展飞速 | 10.12 | 交通 | 交通拥堵 | 23.28 | 总体评价 | 有人情味 | 30.48 |
| 交通 | 公交便宜 | 10.08 | 包容性 | 包容 | 21.91 | 交通 | 堵车严重 | 27.55 |
| 居住感受 | 生活节奏慢 | 9.87 | 地理环境 | 地理位置好 | 21.88 | 交通 | 交通枢纽 | 27.36 |
| 交通 | 出行方便 | 9.29 | 气候状况 | 天气变化无常 | 21.52 | 污染状况 | 雾霾严重 | 24.84 |

由表 5.6 可知，社交网络中公众描述一座城市的主要特征时，着重考虑“饮食特色”“历史文化”“气候状况”“污染状况”“居住感受”“城市发展”“包容性”“吸引力”“交通”“物价”“收入”等方面。在这些分面（或亚面）下根据标签权重筛选出来的城市画像描述，就像是城市的一张名片，能够突出反映不同城市的个性与特征，展现不同城市的形象与内涵。在实际应用过程中，还可以基于城市画像描述框架选择特定分面（或亚面）下的标签权重计算结果，以此获得不同城市在不同维度、不同粒度的城市画像描述。

### 5.4.2　热点城市特征识别实例

1. 数据准备

1）数据预处理

在 4.4.1 节所获取数据的基础上，为满足热点城市特征识别过程中的数据处理要求，将数据清洗后的标签按时间先后顺序排序，并设置“序号”字段作为主键，使之成为标签的唯一标识字段；定义“时间轴”字段简化时间方面的相关计算，以 2011 年 6 月 10 日作为起始时间，将其取值设置为 0，并按时间天数递增获得所有标签在“时间轴”字段下的数值。为获取不同城市在各时间段内热点城市特征的变化情况，本书最终将所有数据分割为 8 个时间段，如表 5.7 所示。

**表 5.7　知乎平台用户描绘某中部省会城市的社会化标签（部分）**

| 序号 | 描述 | 创立时间 | 时间轴 | 时间段 |
|---|---|---|---|---|
| 0 | 九省通衢 | 2011/06/10 | 0 | TIME 1 |
| 65 | 历史名城 | 2013/01/18 | 588 | TIME 1 |
| 1039 | 樱顶 | 2015/07/01 | 1482 | TIME 2 |
| 1653 | 热干面 | 2016/01/11 | 1676 | TIME 3 |
| 2129 | 空气糟糕 | 2016/07/04 | 1851 | TIME 4 |
| 2611 | 交通拥堵 | 2017/01/02 | 2033 | TIME 5 |
| 3403 | 热干面 | 2017/07/05 | 2217 | TIME 6 |
| 3917 | 高校云集 | 2018/01/02 | 2398 | TIME 7 |
| 5160 | 赛车式公交 | 2018/12/22 | 2752 | TIME 8 |

2）分词词库获取

在搜狗细胞词库——“××市城市信息精选”词库中获取搜狗官方网站推荐的关于中部六省省会城市的细分化词库。这些词库包含了中部六省省会城市关于地名、公交、购物、餐饮等各种信息，有助于提升社会化标签的自动分词效果。

3）停用词表创建

根据分词词库对标签进行分词，并统计分词后各词组词频，通过对比标签记录表与词频统计表更新常用停用词表，获得供后续分词使用的自建停用词表。

2. 评价指标计算

1）标签关注度计算

首先，利用分词词库和自建停用词表对社会化标签进行自动分词，并删除去停用词后为空的记录。其次，依据自动分词结果统计各词组词频，获得词频表，词频合计为 $N$。针对某时间段下的社会化标签 $\boldsymbol{T}_a$，可按词组 $t_i$ 查询词频表获得 $n_{t_i}$；$n_{t_i}$ 除以该时间段下的标签总数可得该词组的 $f_{t_i}$。最后，依据公式计算可得 $\mathrm{TA}_{\boldsymbol{T}_a,\ \mathrm{City}_a}$，如表 5.8 所示。

**表 5.8　标签关注度计算结果（部分）**

| 序号 | 描述 | 描述分词 | TA |
|---|---|---|---|
| 2361 | 干净整洁 | ['干净', '整洁'] | −82.458 6 |
| 2223 | 季节变化诡异 | ['季节', '变化', '诡异'] | −81.550 9 |
| 2303 | 道路崎岖 | ['道路', '崎岖'] | −80.416 6 |
| 2352 | 工资水平低 | ['工资水平', '低'] | −64.820 6 |
| 2371 | 城市节奏真的很慢 | ['城市', '节奏', '很慢'] | −70.077 3 |

续表

| 序号 | 描述 | 描述分词 | TA |
| --- | --- | --- | --- |
| 2445 | 前景不错 | ['前景', '不错'] | −67.268 3 |
| 2125 | 空气潮湿，街道干净 | ['空气', '潮湿', '街道', '干净'] | −76.302 2 |
| 2071 | 发展迅速，利好政策频发 | ['发展', '利好', '政策', '频发'] | −68.002 4 |
| 2244 | 城区环境有明显改观 | ['城区', '环境', '改观'] | −74.694 2 |
| 2368 | 文化建设不错 | ['文化', '建设', '不错'] | −57.879 4 |

2）标签新颖度计算

首先，依据“时间轴”字段和自动分词结果抽取每个词组的所有出现时间，并计算每个词组的平均标记时间。其次，针对某个时间段下社会化标签 $\boldsymbol{T}_a$，按词组 $t_i$ 查询平均标记时间表计算社会化标签 $\boldsymbol{T}_a$ 的平均标记时间获得 $D_{t_i}/n_{t_i}$。最后，从自动分词后获得的数据表中抽取每个社会化标签 $\boldsymbol{T}_a$ 含有词组 $t_i$ 的数量 $n$，按公式计算可得 $\mathrm{TN}_{T_a,\ \mathrm{City}_a}$，如表 5.9 所示。

**表 5.9 标签新颖度计算结果（部分）**

| 序号 | 描述 | 描述分词 | TN |
| --- | --- | --- | --- |
| 4001 | 社会治安不错 | ['社会治安', '不错'] | 2 722.79 |
| 3862 | 消费偏高 | ['消费', '偏高'] | 2 614.67 |
| 4092 | 新型产业发展跟不上 | ['新型产业', '发展', '跟不上'] | 2 750.89 |
| 3924 | 城建是真的差 | ['城建', '差'] | 2 682.83 |
| 4020 | 菜品里醋和辣椒多 | ['菜品', '醋', '辣椒'] | 2 730.00 |
| 4141 | 军事工业 | ['军事', '工业'] | 2 751.25 |
| 3892 | 就业机会相当少 | ['就业机会', '少'] | 2 640.25 |
| 3890 | ××面食天下无敌 | ['面食', '天下无敌'] | 2 641.75 |
| 4115 | 注重人才引进 | ['注重', '人才', '引进'] | 2 758.00 |
| 4051 | 军用应该很强 | ['军用', '很强'] | 2 750.00 |

3）标签创新度计算

计算标签创新度时需要比较两个相邻时间段的社会化标签，即某时间段下标签 $\boldsymbol{T}_a$ 与前一时间段下标签 $\boldsymbol{C}_b$ 之间的文本语义相似度。因此，TIME1 时间段下所有社会化标签的创新度均无法计算（设置为 0）。获得标签 $\boldsymbol{T}_a$ 与前一时间段下所有标签的文本语义相似度后，通过求和并除以前一时间段下标签总数的方式，可求得各时间段下（TIME $N$>0）社会化标签的标签创新度，如表 5.10 所示。

表 5.10　标签创新度计算结果（部分）

| 序号 | 描述 | 描述分词 | TI |
|---|---|---|---|
| 1353 | 普通的二三线城市 | ['二三线', '城市'] | 0.039 7 |
| 1339 | 菜有点辣 | ['菜', '辣'] | 0.005 8 |
| 1330 | 橘子洲烟花很漂亮 | ['橘子洲', '烟花', '很漂亮'] | 0.014 5 |
| 1322 | 生活节奏适合生活 | ['生活节奏', '适合', '生活'] | 0.009 3 |
| 1301 | 茶颜悦色 | ['茶', '颜悦色'] | 0.000 0 |
| 1383 | 槟榔和烟 | ['槟榔', '烟'] | 0.002 7 |
| 1359 | 物价高房价便宜 | ['物价高', '房价', '便宜'] | 0.002 0 |
| 1375 | 有繁华也有安静 | ['繁华', '安静'] | 0.000 0 |
| 1323 | 人才大量外流 | ['人才', '外流'] | 0.000 0 |
| 1382 | 塑料普通话 | ['塑料', '普通话'] | 0.006 9 |

3. 热点城市特征识别

1）指标数据标准化

本书采用 min-max 标准化方法将具有不同量级和不同方向的评价指标归一化处理。正向指标的数据处理方法为 $Y=(X-X\_\min)/(X\_\max-X\_\min)$，逆向指标的数据处理方法为 $Y=(X\_\max-X)/(X\_\max-X\_\min)$。其中，$Y$ 表示指标的标准化值，$X$ 表示指标的原始值，$X\_\max$ 与 $X\_\min$ 分别表示指标原始值中的最大值和最小值，如表 5.11 所示。

表 5.11　各指标数据标准化的处理结果（部分）

| 序号 | 描述 | TA_nor | TN_nor | TI_nor |
|---|---|---|---|---|
| 1 | 徐东的绿皮火车 | 0.406 7 | 0.560 4 | 1.000 0 |
| 2 | 小吃街和夜市有很多 | 0.353 8 | 0.560 4 | 0.984 2 |
| 3 | 汉阳的生活节奏最慢 | 0.450 8 | 0.560 6 | 1.000 0 |
| 4 | 发展很快 | 0.457 4 | 0.556 6 | 0.908 2 |
| 5 | 文化之类的东西挺少的 | 0.478 6 | 0.560 9 | 0.826 5 |
| 6 | 学府林立 | 0.353 8 | 0.560 7 | 1.000 0 |
| 7 | 汉口老建筑 | 0.487 7 | 0.555 1 | 0.954 8 |
| 8 | 黄鹤楼 | 0.606 2 | 0.564 9 | 0.856 8 |
| 9 | 东湖 | 0.668 5 | 0.557 1 | 0.794 4 |
| 10 | 公交车凶猛 | 0.558 4 | 0.549 3 | 0.790 0 |

2）评价指标权重确定

以不同时间段内网络用户对不同城市的整体评价为参照对象，通过对比分析确定综合指标评价模型是否获得了符合实际情况的热点城市特征。在研究过程中，标签关注度指标和标签新颖度指标对识别热点城市特征的作用程度更为突出，因此在综合指标评价模型中可以设定较大的权重。其中，标签新颖度指标由于受标签集合所处的时间阶段影响，其作用程度次于标签关注度指标。标签创新度指标虽然对识别热点城市特征具有一定作用，但不是最重要的考虑因素，且实际操作过程中受社会化标签的自然语言处理结果（人工标记结果和自动分词结果）影响较大，因此在综合指标评价模型中可以适当调低权重。本书最终将评价指标权重设定为标签关注度权重 0.45，标签新颖度权重 0.35，标签创新度权重 0.2，并由此获得完整的综合指标评价模型 $W_{T_a,\ \mathrm{City}_a}$ 的计算公式，参见式（5.12）：

$$W_{T_a,\ \mathrm{City}_a}=0.45\mathrm{TA}_{T_a,\ \mathrm{City}_a}+0.35\mathrm{TN}_{T_a,\ \mathrm{City}_a}+0.2\mathrm{TI}_{T_a,\ \mathrm{City}_a} \tag{5.12}$$

3）结果分析与解读

本书依据式（5.12）计算武汉各时间段下所有标签的 $W_{T_a,\ \mathrm{City}_a}$，并按 $W_{T_a,\ \mathrm{City}_a}$ 值降序排列选出其在各时间段下的热点城市特征 Top5，如表 5.12 所示。重复上述流程，得到中部六省省会城市在各时间段下的热点城市特征，如表 5.13 所示。

**表 5.12 某中部省会城市各时间段下的热点城市特征（Top 5）**

| TIME1 | | TIME2 | | TIME3 | |
|---|---|---|---|---|---|
| 描述 | *W* | 描述 | *W* | 描述 | *W* |
| 最好的城市 | 0.658 5 | 昙华林 | 0.678 0 | 房价高 | 0.690 7 |
| 热干面 | 0.658 3 | 东湖 | 0.654 7 | 到处挖挖挖 | 0.689 3 |
| 朋克城市 | 0.636 0 | 户部巷 | 0.652 1 | 工资高 | 0.688 7 |
| 满城挖 | 0.611 2 | 人实在是太多 | 0.650 4 | 服务意识差 | 0.682 3 |
| 公交车司机彪悍 | 0.605 1 | 大学好看 | 0.649 1 | 发展得不错 | 0.681 3 |
| TIME4 | | TIME5 | | TIME6 | |
| 描述 | *W* | 描述 | *W* | 描述 | *W* |
| 美食多 | 0.761 7 | 公交凶猛 | 0.733 3 | 昙华林 | 0.802 6 |
| 人口素质差 | 0.743 8 | 武汉大学很美 | 0.731 9 | 户部巷早餐好吃 | 0.766 9 |
| 交通差 | 0.729 9 | 东湖很美 | 0.729 6 | 江汉路有特色 | 0.752 3 |
| 本地人排外 | 0.726 7 | 只有冬夏 | 0.716 5 | 物价高，工资低 | 0.748 3 |
| 市井气息 | 0.723 4 | 武大樱花美 | 0.715 4 | 服务改进空间大 | 0.747 1 |
| TIME7 | | TIME8 | | | |
| 描述 | *W* | 描述 | *W* | | |
| 公交凶猛 | 0.785 4 | 漂移过弯 | 0.987 0 | | |
| 人很凶 | 0.777 5 | 公交凶猛 | 0.963 8 | | |
| 方言有点凶 | 0.774 7 | 美食多 | 0.853 8 | | |
| 东湖 | 0.766 7 | 会晕车 | 0.822 4 | | |
| 楚河汉街 | 0.766 7 | 服务业巨差 | 0.794 3 | | |

**表 5.13　中部六省省会城市各时间段下的热点城市特征（Top 3）**

| 时间段 | 武汉 | 长沙 | 郑州 | 南昌 | 太原 | 合肥 |
|---|---|---|---|---|---|---|
| TIME1 | 最好的城市、热干面、朋克城市 | 房价低、口音难听、四季不分明 | 接地气、专车司机服务好、服务意识很差 | 红谷滩夜景很漂亮、瓦罐汤好喝、的士拒载 | 空气不好、公共交通好、醋好 | 城市不大、城市没特色、二线城市 |
| TIME2 | 昙华林、东湖、户部巷 | 糖油粑粑、火宫殿、交通不好 | 方中山、电动车素质差、大盘鸡 | 让座风气好、春秋短冬夏长、老城乱 | 房价不高、南肖墙丸子汤、郝刚刚羊汤 | 绿化覆盖率不够高、生活环境舒适、房价不高 |
| TIME3 | 房价高、到处挖挖挖、工资高 | 糖油粑粑、窝粑粑、房价良心 | 公交发达、交通便利、火车拉来的城市 | 滕王阁、脏乱差、发展太慢 | 煤老板、醋、刀削面 | 物价便宜、科技创新水平高、房价不算高 |
| TIME4 | 美食多、人口素质差、交通差 | 糖油粑粑、窝粑粑、房价良心 | 东区建设好、公交便宜、美食多 | 人才吸引力较低、高校质量低、工资低 | 上帝炸鸡、人口不好、空气不好 | 人才流失、只有冬夏、道路越来越堵 |
| TIME5 | 公交凶猛、武汉大学很美、东湖很美 | 只有冬夏、气候无常、公交速度快 | 环境越来越差、雾霾严重、房价越来越高 | 食物没特色、瓦罐汤、拌粉 | 城建落后、山西人爱吃醋、环境不错 | 房价高、传销多、老乡鸡 |
| TIME6 | 昙华林、户部巷早餐好吃、江汉路有特色 | 糖油粑粑、车辆乱停、长沙妹子热情 | 美食多、房价高、经济不发达 | 人口素质低、快速发展、风景环境好 | 醋、煤、太原人保守 | 冬天超级冷、工资低、环境改善 |
| TIME7 | 公交凶猛、人很凶、方言很凶 | 房价低、空气质量不好、有文化底蕴 | 批发市场乱、火车站特别乱、高楼少 | 医教不行、老城区比较乱、江西人勤劳 | 很穷、发展快、教育发展不行 | 城市没特色、创新高地、文化底蕴少 |
| TIME8 | 漂移过弯、公交凶猛、美食多 | 菜很辣、冬冷夏热、塑料普通话 | 雾霾严重、胡辣汤、烩面 | 冬冷夏热、红谷滩不错、人口素质低 | 冬天雾霾严重、公交体系好、太原博物馆有意思 | 房价高、物价高、工资低 |

以武汉热点城市特征为例，在 8 个时间段内主要分布着“城市文化”“城市交通”“城市发展”“城市环境”4 个方面的城市特征描述。其中，公众对城市交通和城市环境的描述在所有时间段内基本没有太大变化，“司机脾气急躁”“交通拥堵”“晕车”等描述反映了公众对城市交通的整体印象；“九省通衢”“便利”等描述反映了武汉重要的交通枢纽地位，以及城市内多元化的交通工具给公众出行带来的便利。在 TIME6 时间段内（2015.07~2015.12）首次出现了“光谷特别拥堵”的城市交通描述，这可能与光谷地区开始大力修建地铁线路引起的交通拥堵有关；在 2014~2015 年，公众对城市环境的描述主要集中在“冬冷夏热”，尤其是“热”“火炉”成为武汉气候的代表性描述。自 2016 年起，武汉热点城市特征中出现了“雾霾”“暴雨”“潮湿”等新描述，究其原因是雾霾导致空气质量变差，天空呈现灰蒙蒙景象，而潮湿环境和炎热天气组合成的“湿热”气候使得整个城市环境变得更加复杂。

此外，公众对武汉城市文化和城市发展的描述也随着时间推进呈现出一定变化。例如，在城市文化方面，2014~2015 年公众对武汉城市文化的描述主要体现在“黄鹤楼”“户部巷”等历史文化，“涂鸦”“VOX LiveHouse”等朋克文化，“热干面”“小龙虾”等美食文化方面；但2017~2018年则更倾向于旅游文化，“东湖”“樱花”“轮渡”“夜景”“长江大桥”等城市特征也均成为新晋热点城市特征。在城市发展方面，“满城挖”和“修路”一直是公众对武汉城市发展的主要描述，但武汉也在教育和经济方面出现了较为严重的人才流失问题。自2016年起，“武汉每天不一样”成为武汉新的城市宣传语，并由此带来了“经济改善”“人口增多”“商圈扩大”“大学生留汉”等积极的社会影响。通过以上分析可以发现，尽管一座城市在不同时期内的热点城市特征具有部分相似性，但会随着时代背景变化而呈现出一定差异。这些差异会在计算结果中展现出来，这也在一定程度上说明了爆发词检测方法的必要性。

# 第 6 章　基于演化分析的动态城市画像研究

城市画像作为公众认知的透视镜，其解析的数据资源具有类型多样、动态可变等特点。通过从更长时段考察城市画像演进过程，可显示不同时间范围下的城市行为特征，从而感知城市发展规律。由此，本章设计了城市画像动态演化分析研究框架，如图 6.1 所示，拟综合网络分析、文本挖掘等方法，以城市旅游业为城市画像揭示分面，从社交媒介中的游记文本资源中提取显现城市演化路径的演化变量，并引入时间维度分析，最终勾勒出城市旅游画像演化路径，进而为城市的治理与建设提出相应的对策与建议。

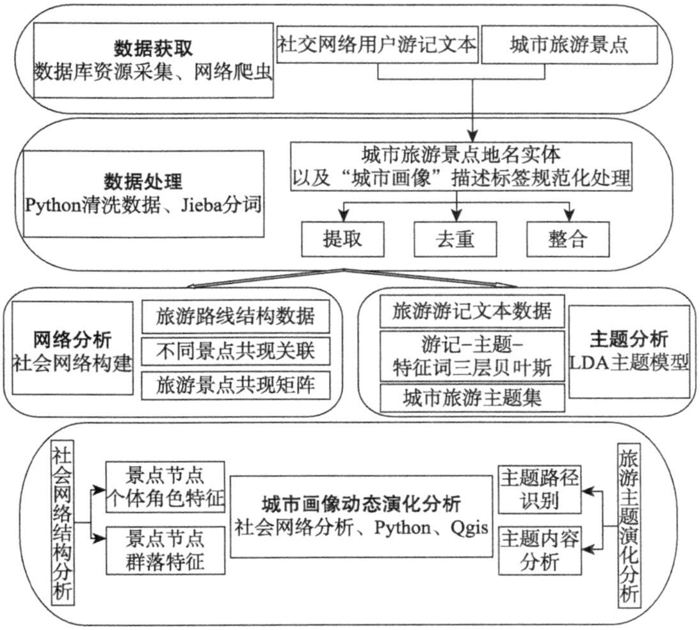


图 6.1　城市画像动态演化分析总体研究框架（一）

# 6.1　基于旅游路线的城市画像网络结构发现

## 6.1.1　城市旅游画像网络结构分析流程

本节针对从在线旅游平台的游记文本中挖掘到的游客旅游路线，设计了如图 6.2 所示的城市画像动态演化分析总体研究框架。

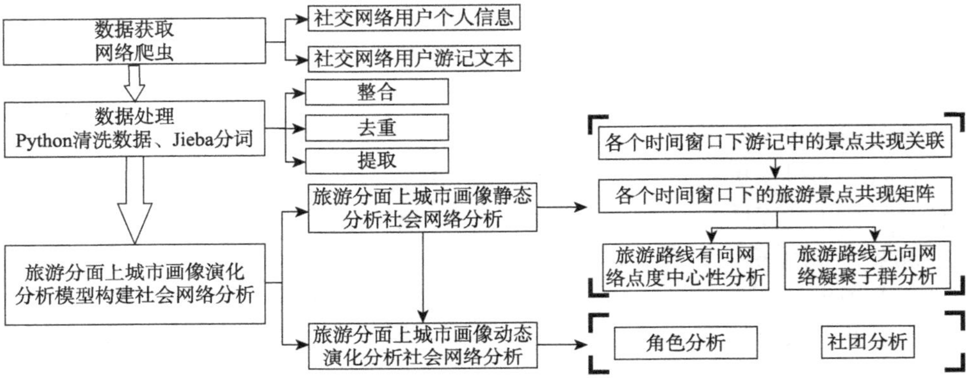


图 6.2　城市画像动态演化分析总体研究框架（二）

该部分主要包括三个部分：①城市旅游分面数据获取：确定旅游研究分面，而后选取适当的数据源，采集分析数据。其基础数据主要由在线旅游社交平台中中国香港地区的游记文本以及游记分享用户的个人信息两方面构成。②城市旅游分面数据处理：对收集的数据进行清洗、补全及去除数据噪声等操作，对数据进行属性提取及规范化描述等预处理，构建本次城市画像研究的数据库。③城市画像演化分析模型构建：从静态、动态两个维度对旅游分面上的城市旅游路线网络结构特征进行探究，其中动态分析以静态画像度量指标为基础，首先对各个时间窗口内的旅游路线有向及无向网络分别进行点度中心性分析及凝聚子群分析，而后进一步理解与明确时间轴线上旅游节点显示出的角色特征及节点自身与节点之间所形成的社团特征。

## 6.1.2　城市画像网络结构分析

### 1. 旅游路线加权网络构建

以某一时间窗口内的数据集为例，在游记文本 $m$ 中包含旅游路线 $m_1$，$m_1$ 涉及

A、B、C、D、E 五个景点，且五个景点内存在游客游览的先后顺序：A、C、D、E、B，则可提取节点A、B、C、D、E，提取关系A-C、C-D、D-E、E-B，随后依次对该时间切片下的游记文本执行相同的数据处理步骤，并对最终结果进行合并统计，如在该时间窗口内的游记文档集中，A-C 的路线出现了 $n$ 次，则赋予 A-C 的链接 $n$ 的权重，但因节点共现存在方向性问题，因此 A-C 该边的权重可能与 C-A 不同。

我们借助 Bibexcel 工具完成上述操作，得到各个时间段内的一模数据，即参与连接的不同节点以及节点之间的共现频次。而后利用 UCINET 软件中的 NetDraw 分别生成旅游路线有向/无向网络图。

2. 旅游路线网络中的节点类型分析

基于社会网络分析相关理论得知点度中心度可以用来衡量节点在整体网络中占据的重要位置，其计算公式具体如式（6.1）所示：

$$C_D(v) = \deg(v) \tag{6.1}$$

点度中心度越高表明节点在网络中处于主导地位，与其他节点的联系也更为频繁。对于有向加权网络而言，点度中心度分析可细化为点入中心度与点出中心度两部分。综合链接权值以及链接方向两个方面，解析旅游路线有向加权网络中节点类型，并为时间轴线上节点角色特征的明确奠定研究基础。

依据旅游路线有向加权网络中点入/出度的差异，定义出如表 6.1 所示的四种具有不同中心性特征的节点类型，当前网络节点平均点度中心性值作为节点出入度高低水平划分的阈值。

**表 6.1　不同类型节点的特征**

| 类型 | 特征 |
|---|---|
| A 类节点 | 出度与入度都很高，是网络中的热门景点，对其他旅游节点具有一定的辐射作用 |
| B 类节点 | 高出度、低入度，该类节点在网络中扮演发送者的角色，更有可能为旅游路线中的起点 |
| C 类节点 | 低出度、高入度，该类节点在网络中扮演接受者的角色，更有可能为旅游路线中的终点 |
| D 类节点 | 出度与入度都很低，在网络中处于边缘位置，游客到访量不高 |

3. 旅游路线网络中的凝聚子群分析

网络结构中凝聚子群分析本质是基于某一确定指标的节点聚类，而后进行网络中不同派系自身以及各个派系之间的关系研究。

计算凝聚子群的方法有两类：一类是以“距离”来计算，通过限定子群中的可达的节点之间的“距离”而得到不同的凝聚子群；另一类是以“度数”来计算，通过限定子群的每个节点的“领点”个数而得到不同的凝聚子群。

本节拟借鉴上文中所提及的以“度数”确定凝聚子群分析的方法，以旅游路线无向加权网络为研究对象，剖析游客路线的组成特征，测度旅游景点之间的辐射力度。而后，在此基础之上，引入时间维度分析，以有效描述社群旅游路线网络中的社团演进过程。

## 6.2 基于游记文本的城市旅游画像主题发现

### 6.2.1 城市旅游画像主题分析流程

本节关注从在线旅游平台游记文本中挖掘得到的游客感知的城市旅游主题，以此设计了如图 6.3 所示的城市旅游画像主题发现的研究路线。

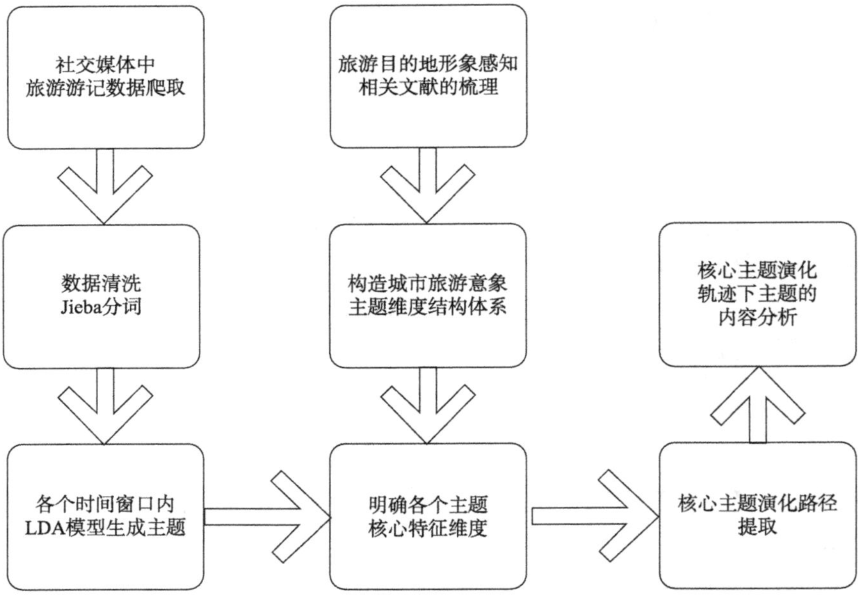


图 6.3　公众视域下城市画像主题研究框架

如图 6.3 所示，该部分将按照以下三步来构建城市旅游画像主题分析模型。

（1）借助 LDA 模型的城市旅游画像主题生成：以预处理后各个时间窗口内的游记文本为研究样本，借助LDA模型进行主题提取工作，从大量文本中聚类若干旅游分面上的城市画像相关主题。

（2）城市旅游画像主题描述维度框架的拟定：参照文献调研结果，综合本研究目的等因素以明确旅游分面上城市画像主题感知维度层次框架。

（3）核心主题演化路径挖掘：根据各个月份的主题-特征向量，利用主题余弦相似度的关联规则，确定核心演化路径，以探寻城市旅游画像主题演化规律。

### 6.2.2　城市旅游画像网络主题分析

1. 旅游分面上多维度城市画像主题描述体系构建

通过文献资料收集与分析，梳理已有的围绕旅游目的地感知、城市旅游主题等的相关研究成果，如表 6.2 所示。

**表 6.2　围绕旅游目的地感知、城市旅游主题等的相关研究成果**

| 作者 | 特征维度选取 |
| --- | --- |
| 林奇（1990） | 道路；边缘；区域；节点；标志物 |
| 李茜等（2013） | 旅游氛围（气候、价格、市民素质……）；旅游传播（旅游口号、历史文化……）；旅游基础设施（交通方式、城市环境……）；旅游资源（景点内涵、资源丰富……）；旅游服务（景点讲解、纪念品） |
| 陆易（2018） | 游客基本特征（兴趣偏好、地点偏好……）；认知形象（吃、住、行……）；情感感知（资源环境、景观特色……）；总体感知（满意度、重游意愿） |
| 马天和屈册（2014） | 地域条件（天气、空气质量……）；文化（人文素质、民风……）；社会环境（市容市貌、治安条件……）；旅游吸引物（自然风光、历史遗迹）；旅游配套设施与服务（住宿、食物……） |
| 张文和顿雪霏（2010） | 赴台游客基本特征（旅游次数、停留天数……）；认知形象（自然与人文景点、旅游设施与服务……）；情感形象（愉快；激动）；重游意向 |
| Gallarza 等（2002） | 景观环境；自然状况；文化吸引；夜间娱乐；购物设施；信息指引；体育设施…… |
| 陈建明（2007） | 规划布局；特色建筑；生态环境；经济发展服务接待；气候条件；历史文化；通信设施；旅游咨询；景色优美；节庆活动；旅游商品…… |
| 韦晨（2017） | 旅游吸引物（自然景观、风味美食……）；旅游设施与服务（市内交通、购物……）；旅游环境（价格水平、卫生状况……） |

由表 6.2 统计结果可知，出于不同研究目的需要，学者对于旅游目的地形象感知维度拟定存在一定的差异。不过这一点又是可以理解的，因为完全列举出形象感知要素及其组合是非常困难，也是没有意义的。因此，将借鉴已有的类目体系，并综合本次实际情况进行调整，以此构造基于香港旅游的多维度城市画像主题描述体系，如表 6.3 所示。

**表 6.3　多维度城市画像主题描述体系**

| 一级指标 | 二级指标 | 特征示例词 |
| --- | --- | --- |
| 旅游娱乐 A | 特色美食 $A_1$ | 甜品、茶餐厅、生蚝、牛腩 |
| | 购物商场 $A_2$ | 面膜、海港城、青衣城、护肤品 |

续表

| 一级指标 | 二级指标 | 特征示例词 |
|---|---|---|
| 旅游娱乐 A | 节事活动 $A_3$ | 庆典、万圣节、舞火龙、新春 |
| 旅游游览 B | 自然风光 $B_1$ | 大屿山、海滨、麦理浩径、日落 |
| | 人文景观 $B_2$ | 渔村、教堂、博物馆、香港大学 |
| | 现代城市景观 $B_3$ | 中环半山扶梯、旺角、尖沙咀 |
| | 主题乐园 $B_4$ | 香港迪士尼乐园、香港海洋公园 |
| 旅游环境 C | 气候环境 $C_1$ | 小雨、天气、热、太阳 |
| | 生态环境 $C_2$ | 牛、清新、松叶、小溪、野猪 |
| | 景区秩序 $C_3$ | 排队、工作人员、服务态度 |
| 旅游服务 D | 酒店 $D_1$ | 住宿、半岛酒店、旅舍、民宿 |
| | 旅行社 $D_2$ | 旅行团、导游 |
| 旅游交通 E | 本地交通 $E_1$ | 天星小龙、缆车、地铁 |
| | 城市对外交通 $E_2$ | 飞机、高铁、航空公司、机场 |
| 城市氛围 F | 城市治安 $F_1$ | 社区服务、政府、交通警察 |
| | 市容市貌 $F_2$ | 干净、著名、繁华 |
| | 市民素质 $F_3$ | 居民、素质、本地人 |
| 其他 G | 通行证、行程安排等 | 通行证、港币、流量、网络 |

表 6.3 特征维度一共 7 个一级维度以及 18 个二级维度，特征示例词是指用来表述对应主题维度的词语。

2. 旅游分面上城市画像主题挖掘实现机制确立

1）基于 LDA 模型的主题演化分析方式选择

借助LDA模型，采用离散分析方法开展城市画像主题动态演化分析。首先依据文本的时间属性信息将其离散到时间序列中的时间窗口内，然后针对各个时间窗口内的文本集合进行处理，以此追踪主题的演化路径。

2）各时间窗口内的主题发现

在 Python 环境下利用 Jieba 将游记转换为文档-词矩阵，运用 Gensim 工具包进行主题建模。在主题模型训练过程中，依据困惑值确定需要预先设定的主题数 $k$，困惑值最小，模型性能最好。在明确最优主题数的基础之上生成最终主题模型，并输出主题-词矩阵，为后续开展的基于主题特征维度的主题分布以及主题演化研究奠定基础。

3）时间轴线上的主题关联规则建立

目前主题之间的演化关系常用研究方法包括直接关联法、相似度阈值法、距离阈值法等，我们汲取相关学者研究经验，依照以下步骤以明确主题之间的关联关系。

（1）相似度计算。

我们选择计算邻近时间窗口之间的余弦相似度来衡量主题之间的关联强度，具体计算方式详见式（6.2），表 6.4 对式（6.2）涉及的字符含义进行了补充解释。

$$\operatorname{sim}\left(T_i^t, T_i^{t+1}\right)=\frac{\sum_{k=1}^{n} p_k\left(T_i^t\right) \times p_k\left(T_i^{t+1}\right)}{\sqrt{\sum_{k=1}^{n} p_k^2\left(T_i^t\right)} \times \sqrt{\sum_{k=1}^{n} p_k^2\left(T_i^{t+1}\right)}} \tag{6.2}$$

**表 6.4　主题相似度计算公式变量解释**

| 字符 | 含义 |
| --- | --- |
| $T_i^t$ | 时间窗口 $t$ 下的主题 |
| $T_i^{t+1}$ | 时间窗口 $t$+1 下的主题 |
| $P_k\left(T_i^t\right)$ | $T_i^t$ 对应的主题-特征矩阵中的概率值 |
| $P_k\left(T_i^{t+1}\right)$ | $T_i^{t+1}$ 对应的主题-特征矩阵中的概率值 |

（2）主题关联构建。

将相邻时间窗口内的关联主题按照相似度大小进行排序，相似度最大的 $T_{i+1}$ 视为该主题 $T_i$ 的后向主题，$T_i$ 为 $T_{i+1}$ 的前向主题。一个主题至少拥有一个后向主题；一个主题同时为多个主题的后向主题。

通过各个时间段内主题相似度的排序，展开主题关联强弱的过滤，最终排序结果服务于核心主题演化路径的确定。

## 6.3　城市旅游画像演化研究实例

### 6.3.1　实验准备

1. 研究目的地选择

在“一带一路”倡议及粤港澳大湾区建设上升为国家战略等政策环境之下，内地与港澳旅游业迈上了一个全新的台阶。旅游业也一直被香港特区政府定位为要积极稳固的四大中心之一，而广深港高铁线路的正式运营也将为香港旅游业的发展带来机遇与挑战。

所以通过系统的旅游数据分析将有助于把握香港旅游业发展趋势，以使各大旅游景区灵活应对旅游高峰期，从而提升其游客接待服务能力。同时也将为建立一个多方位、高效率的香港旅游发展模式打下坚实理论基础。因此，选取中国香港作为旅游目的地，展开城市画像动态演化研究。

2. 数据采集与处理

1）数据采集

本实例研究分两次展开，但都选择马蜂窝、携程等在线旅游平台作为研究样本来源网站，以“中国香港”为检索关键词在平台社区板块进行搜索，每条记录包括用户 ID、出行时间、游玩时间、同行成员及游记文本等 7 个字段。由于文本自身包含的信息量大，存在一定的数据噪声，同时关联的用户信息较为丰富，为了便于后期数据分析工作，每次实验均依据实验目的对收集到的原始数据进行清洗、去重与结构化处理等操作。经过数据统计分析，前后两次实验共计得到有效记录 3 105 条。其中本团队从游记文本集合中获取的可进行分析的旅游路线记录总计 792 条；可用于主题挖掘的记录为 2 943 条，且 80%以上游记文本长度大于 500 字，相较于针对某一景点或旅游产品的评价短文本而言，其属于长文本，满足 LDA 主题模型对于数据样本的基础要求。

2）时间窗口划分

由于两次实验并不是同时进行的，且是从两个不同层面揭示游记文本数据中隐含的城市画像演化规律，因此对于游记数据库中的文本利用程度、时间跨度等方面有所不同。但两次实验统一时间划分方式，均以月份作为时间划分单位，对游记总集进行切割，以此方便后续串联各月份数据分析结果以拟探寻不同时间段内城市旅游画像演化路径，表 6.5 与表 6.6 统计梳理了两个实验中各个时间窗口内的实验数据类型及数量。

**表 6.5 不同时间窗口城市旅游画像网络结构演化探究的实验数据数量梳理**

| 时间窗口 | 游记数量 | 时间窗口 | 游记数量 |
|---|---|---|---|
| 2018.10 | 52 | 2019.5 | 74 |
| 2018.11 | 41 | 2019.6 | 67 |
| 2018.12 | 68 | 2019.7 | 62 |
| 2019.1 | 48 | 2019.8 | 42 |
| 2019.2 | 85 | 2019.9 | 47 |
| 2019.3 | 62 | 2019.10 | 65 |
| 2019.4 | 79 | | |

**表 6.6　不同时间窗口城市旅游画像主题演化探究的实验数据数量梳理**

| 时间窗口 | 游记数量 | 时间窗口 | 游记数量 |
|---|---|---|---|
| 2019.1 | 163 | 2019.7 | 233 |
| 2019.2 | 444 | 2019.8 | 93 |
| 2019.3 | 469 | 2019.9 | 77 |
| 2019.4 | 440 | 2019.10 | 89 |
| 2019.5 | 444 | 2019.11 | 40 |
| 2019.6 | 402 | 2019.12 | 49 |

### 6.3.2　时间维度下的城市旅游画像结构演化研究

1. 景点个体角色识别

1）有向网络下的节点静态类型分析

对照表 6.1 的划分标准，区分不同时间窗口内节点类型，从而探析网络节点静态特征。以 2018 年 10 月的旅游路线有向加权网络为例，利用 UCINET 计算得知，该时间切片下网络点入中心度以及点出中心度的平均值均为 43.1，以此得到节点类型结果如下。

A 类型占整个网络的 25.0%，具体包括中环街区、铜锣湾、尖沙咀、彩虹邨等 9 个节点。这些节点的点入/出中心度都很高，与网络中的其他节点联系更为频繁，占据该网络比较核心的位置。

B 类型占整个网络的 8.3%，具体包括重庆大厦、迪士尼乐园及油麻地，此类节点具有高出度、低入度的特点，作用类似“门户旅游节点”，它们更有可能成为游客多景点旅游路线的起点。作为游客对该城市的“第一印象”，这些旅游节点也将影响游客对于整个旅游路线或者城市印象的判断。

C 类型占整个网络的 16.7%，具体包括大馆、石澳、西环等 6 个节点，其点出中心度较高，点入中心度较低，其在旅游网络中的实际功能可类比于“终点旅游地”，即游客即将返程时的最后一个目的景点，一般情况下，该类节点需要实现离境功能；并且在多景点旅游路线中，大多被安排在主要目的地之后。

D 类型占整个网络的 50.0%，具体包括香港大学、深水埗、弥敦道等 18 个节点，点入中心度及点出中心度都较低，它们与网络其他节点之间的联系稀疏，处于该网络的边缘位置。

2）有向网络下的节点动态角色分析

重复上述小节中对于节点静态类型分析的步骤，并梳理各个时段分析结果，最终得到旅游节点总集以及各个节点的类型变化序列，所有节点类型随时间的演变过程如图 6.4 所示。其中每一行从左向右依次表示 1~13 个时间窗口，不同的颜色代表不同的节点类型。由于存在节点仅在个别月份中出现，如维多利亚公园仅在 2019 年 2 月时出现，为了更为直观地展示节点类型的整个变化过程，将其在其他未出现月份中的类型统一设定为表 6.1 中的类型 D，即低入度、低出度的边缘节点。

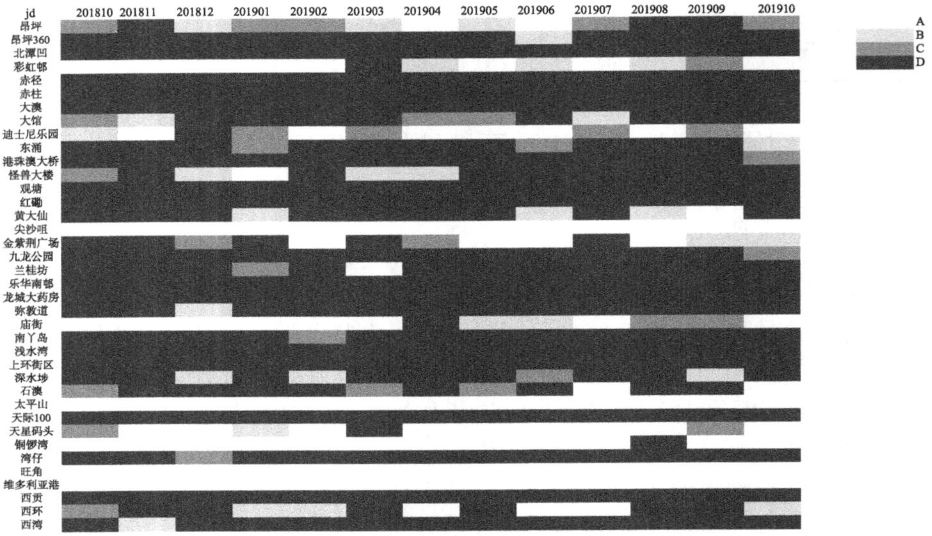


图 6.4 节点类型演变图（部分）

由图 6.4 可知，一些节点在整段时间内基本呈现出某一种单一类型，节点类型特征稳定；一些节点在多种类型中交替出现，在整个时间段内可能拥有 2~4 种节点类型，具有多变性，其中部分节点的类型主要在 B 与 C 间切换，是拥有特定旅游功能的节点；其他节点角色变化特征表现为突变型，即在某一时间点变为另一种类型。依照上述节点的类型变化态势，结合不同类型节点的特征，可明确节点时序角色细分为三类。

（1）核心业务节点。

这些节点几乎在整个时间段内都表现为高入度、高出度，如彩虹邨、尖沙咀、中环街区、太平山等，它们始终排在前列，这说明它们是整个旅游网络中的高访问量景点，承担着重要的旅游业务，对促进香港旅游业的发展发挥着重要作用。

（2）形态多变节点。

该类节点往往在某一或某些时间点类型会发生改变，在 13 个时间窗口内呈现出多样化的节点特征，如黄大仙，在 2019 年 1 月、6 月、8 月及 9 月节点类型发生短暂突变，其他时间点上长期表现为不活跃节点，同类节点包括西湾、深水埗、石澳等。

（3）长期冷门节点。

该类节点在 13 个时间窗口内出入度始终比较低，是香港旅游业中的长期冷门景点，如观塘、长洲岛、塔门岛等。一方面，该类节点可能缺乏吸引游客驻足观光的亮点；另一方面，也提示香港相关旅游部门需要对该类旅游景点的旅游服务类型重新定位。

从整体上来看，随着时间的推移，景点的旅游功能呈现出多极化发展的趋势，其中第三类角色节点与第二类节点在数量方面具有显著优势，遥遥领先于表现次之的第一类角色节点。对不同类型角色的节点数量进行具体统计，结果如表 6.7 所示。

**表 6.7　旅游节点角色统计表**

| 节点角色 | 数量 |
|---|---|
| 长期冷门旅游节点 | 33 |
| 多变类旅游节点 | 32 |
| 主要承担旅游业务节点 | 7 |

根据表 6.7 可知，长期以来，三类节点的占比约为 4.7：4.6：1，呈现出类似“二八定律”的景点热度分布规律，即第一类核心景点受到大多数旅游者喜爱，但在整个香港旅游业中的占比仅为 20%。它们在其中发挥着巨大的作用，不仅这些核心节点之间联系紧密，而且把另外 80%的其他旅游节点连接起来。

2. 景点群落特征分析

1）无向网络下的静态凝聚子群分析

仍以 2018 年 10 月数据为例，依据 6.1.2 节中论述的网络群体特征揭示方法展开对单一时间窗口内旅游路线无向加权网络的凝聚子群分析，聚类结果如表 6.8 所示。

**表 6.8　2018 年 10 月旅游路线网络派系分析（部分）**

| 派系 | 规模 | 成员 |
|---|---|---|
| 1 | 18 | 昂坪 彩虹邨 大馆 东涌 兰桂坊 庙街 石澳 太平山 铜锣湾 湾仔 旺角 西贡 西环 香港大学 香港动植物园 油麻地 中环街区 重庆大厦 |
| 2 | 16 | 昂坪 彩虹邨 大馆 庙街 石澳 太平山 天星码头 铜锣湾 湾仔 旺角 西环 香港大学 香港动植物园 油麻地 中环街区 重庆大厦 |
| 3 | 19 | 彩虹邨 怪兽大楼 尖沙咀 弥敦道 庙街 上环街区 深水埗 石澳 太平山 天星码头 铜锣湾 湾仔 旺角 西环 香港大学 油麻地 中环半山扶梯 中环街区 重庆大厦 |
| 4 | 17 | 昂坪 彩虹邨 怪兽大楼 尖沙咀 庙街 深水埗 石澳 太平山 天星码头 铜锣湾 湾仔 旺角 西环 香港大学 油麻地 中环街区 重庆大厦 |

续表

| 派系 | 规模 | 成员 |
| --- | --- | --- |
| 5 | 15 | 昂坪 彩虹邨 东涌 庙街 深水埗 石澳 太平山 铜锣湾 湾仔 旺角 西环 香港大学 油麻地 中环街区 重庆大厦 |
| 6 | 15 | 昂坪 彩虹邨 大馆 迪士尼乐园 庙街 石澳 太平山 天星码头 铜锣湾 湾仔 旺角 香港大学 香港动植物园 油麻地 中环街区 |

该时间窗口内，共有 68 个派系，派系成员最多高达 19，最少低至 7；66.2% 的派系含有 13 个以上的成员，其中成员数为 15 的派系最多，约占 35.6%，这表明该网络派系规模具有一定的层次结构，但总体来说，派系规模分布较为均匀。

此外，大多旅游节点都同时分属于不同的派系，派系之间存在显著的成员重叠现象，如“昂坪”节点共计出现在 36 个派系中。因此，为了研究各个派系以及节点自身组织特征，将依据成员–派系重叠矩阵整理出与每一节点联系最为频繁的组织形式，并按照节点共现次数进行排列，生成如下派系成员共现统计表（去掉西贡节点，因其仅在一个派系中出现）。

由表 6.9 分析可知：①各个节点可能由于存在某种稳定的组织结构，从而表现出普遍的派系成员重叠现象。收集各个节点的频繁组合形式，可更进一步探究节点组织时序结构特征。②彩虹邨–太平山–庙街；石澳–铜锣湾–旺角–太平山；油麻地–彩虹邨–中环街区–旺角–庙街为该月份的热门景点组合方式，拥有较高的旅游人气。

**表 6.9 派系成员共现统计表（部分）**

| 节点 | 关系节点 | 共现次数 |
| --- | --- | --- |
| 彩虹邨 | 太平山；庙街 | 58 |
| 石澳 | 铜锣湾；旺角；太平山 | 58 |
| 油麻地 | 彩虹邨；中环街区；旺角；庙街 | 39 |
| 昂坪 | 太平山 | 36 |
| 香港大学 | 石澳；太平山；铜锣湾；旺角 | 34 |
| 天星码头 | 彩虹邨 | 33 |
| 维多利亚港 | 旺角；太平山 | 31 |
| 中环半山扶梯 | 彩虹邨；中环街区；旺角；铜锣湾 | 27 |
| 重庆大厦 | 中环半山扶梯；昂坪 | 27 |

2）无向网络下的动态群体特征揭示

综合整理依照上述分析步骤得到的各个月份凝聚子群结果，以探究旅游路线网络中社团的时序特征。其中，度量旅游路线规模的相关指标如图 6.5 所示。

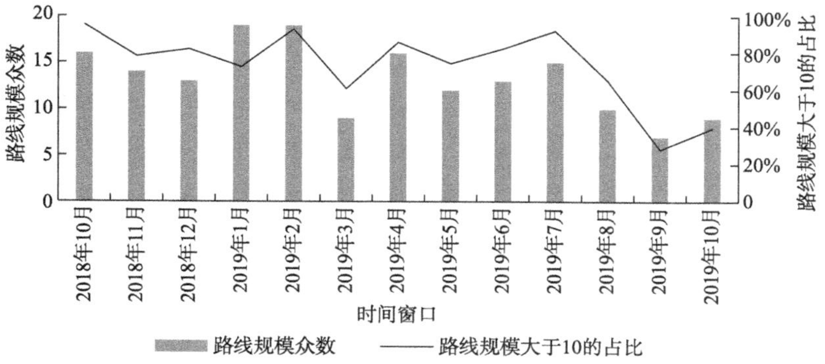


图 6.5　旅游路线规模

从图 6.5 可得绝大多数来港旅游规模（即旅游路线所包含的景点数目）大于 10，并且过半时间窗口内的路线众数为 12 以上。一般而言，一个旅游景点的旅游时间为 1.5~3 小时，由此可推算游客平均每天可游览 5~8 个景点，游客来港旅游大多为 2~4 天，留港时间较短，短期旅游倾向更为突出。

其中，2019 年 1 月及 2 月旅游路线包含的景点众数最高，为 19，留港时长大多为 2~4 天；而 2019 年 9 月众数最低，为 7，留港时长大多为 1~2 天。景点众数的波动范围为[7,19]，波动幅度大，但留港天数却保持相对稳定，游客偏好在香港停留 1~4 天，进一步说明香港适于短期游。

此外，统计各个月份中派系重叠数据，得到整个研究时间段内的热门旅游子集，具体结果如表 6.10 所示。

**表 6.10　热门旅游路线**

| 时间 | 路线 |
|---|---|
| 2018 年 10 月 | 彩虹邨—太平山—庙街 |
| 2018 年 11 月 | 太平山—维多利亚港 |
| 2018 年 12 月 | 尖沙咀—维多利亚港—中环街区—太平山 |
| 2019 年 1 月 | 太平山—维多利亚港—中环街区—中环摩天轮 |
| 2019 年 2 月 | 维多利亚港—尖沙咀—星光大道 |
| 2019 年 3 月 | 铜锣湾—维多利亚港—太平山 |
| 2019 年 4 月 | 尖沙咀—维多利亚港 |
| 2019 年 5 月 | 尖沙咀—维多利亚港 |
| 2019 年 6 月 | 维多利亚港—中环街区—西环 |
| 2019 年 7 月 | 尖沙咀—星光大道—维多利亚港 |
| 2019 年 8 月 | 天星码头—太平山—尖沙咀 |
| 2019 年 9 月 | 尖沙咀—太平山—维多利亚港 |
| 2019 年 10 月 | 尖沙咀—维多利亚港—中环街区 |

虽然各个月份热门路线构成存在一定的差异，但是已经形成几个具有明显旅游优势的核心景点子群，其中尖沙咀—维多利亚港是最高频的热门旅游路线子集，一共出现在 6 个月份中，表明该子集在整个网络中一直占据着重要地位。同时也侧面说明香港旅游线路较为固化，旅游业发展较为成熟，亟待拓展更多旅游发展的增产点。就各个热门路线分布的地理区域而言，所包含的景点近乎都地处油尖旺及香港岛等繁荣地带，即对香港来说，其旅游热点与城市本土市民的活动中心产生交集。

而后，统计各个月份中的节点最高频连接组合，可揭示以当前研究节点为中心的组织结构的演化特征。在这里以“昂坪”节点为例，该节点组织结构演化图如图 6.6 所示（阿拉伯数字代表时间窗口，用图标形状区分节点，用颜色深浅表示同一旅游景点与昂坪旅游节点共现的频次高低）。

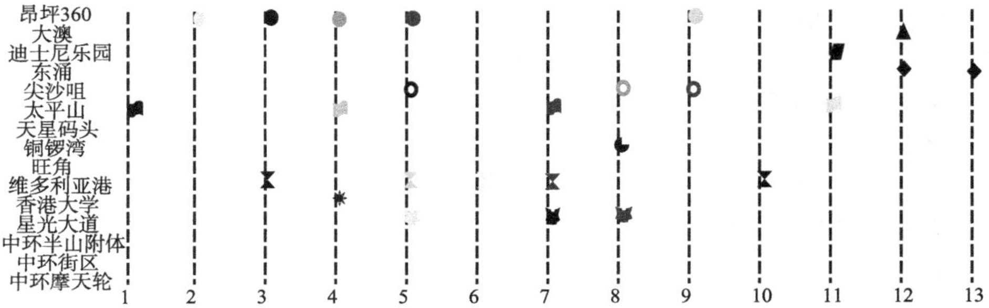


图 6.6 “昂坪”组织结构演化图

从整体上来看，这 13 个月中与昂坪产生较高组织关联的不重复节点共 15 个，就其组织规模而言，在 13 个月中有所起伏，在 2018 年 10 月、11 月，2019 年 3 月、7 月，与昂坪最紧密相连的旅游景点有且仅有一个，2018 年 10 月为太平山，11 月为昂坪 360，后两个月均为维多利亚港，且共现频次相近；在大多数月份中组织规模变化趋于平缓，在 3 到 5 之间产生波动，说明一般情况下，昂坪已与 3 到 5 个节点形成关系密切的小群体。同时，对比 13 个时间窗口内的组织成员（表 6.11）可以看出，在时间推移的过程中，以昂坪为核心，昂坪 360、太平山、维多利亚港及星光大道为稳定成员的小团体已初见雏形。在该团体内，各个节点与昂坪之间关系均保持紧密。表 6.11 列出了其他节点在时间轴线上所产生的稳定小团体（其中昂坪 360 与昂坪为大屿山地区的两个旅游景点）。

**表 6.11 各个节点的社团结构（部分）**

| 组织核心 | 组织成员 | 组织规模 |
| --- | --- | --- |
| 昂坪 | 昂坪 360；太平山；维多利亚港；星光大道 | 5 |
| 昂坪 360 | 昂坪 | 2 |

续表

| 组织核心 | 组织成员 | 组织规模 |
|---|---|---|
| 北潭凹 | 西贡；咸田湾 | 3 |
| 彩虹邨 | 尖沙咀；中环街区 | 3 |
| 赤径 | 西贡；咸田湾；西湾 | 4 |
| 赤柱 | 尖沙咀；维多利亚港；浅水湾 | 4 |
| 大澳 | 昂坪 | 2 |
| 大馆 | 太平山；维多利亚港；中环街区；旺角 | 5 |
| 迪士尼乐园 | 尖沙咀；太平山；维多利亚港 | 4 |
| 东涌 | 尖沙咀 | 2 |
| 怪兽大楼 | 彩虹邨；维多利亚港；中环街区 | 4 |
| 红磡 | 铜锣湾；油麻地；尖沙咀；维多利亚港；中环街区 | 6 |
| 黄大仙 | 维多利亚港 | 2 |
| 尖沙咀 | 维多利亚港 | 2 |
| 金紫荆广场 | 维多利亚港 | 2 |
| 九龙公园 | 尖沙咀；太平山；维多利亚港；星光大道 | 5 |
| 兰桂坊 | 尖沙咀；太平山；维多利亚港；中环街区；旺角 | 6 |
| 浪茄湾 | 西贡 | 2 |
| 乐华南邨 | 彩虹邨；太平山；旺角 | 4 |
| 弥敦道 | 尖沙咀；维多利亚港 | 3 |

在当前研究网络中，无论是前面所论述的关于该地热门景点，还是相对而言地处香港旅游业边缘地带的景点，都各自形成了比较固定的社团结构。尖沙咀，一直占据着香港旅游业的核心位置，与网络中其他景点之间联系密切，但其中更为频繁与突出的亲密关系是尖沙咀—维多利亚港；而对于诸如赤径这一类的冷门景点，虽然其在旅游路线网络中与其他景点节点联系稀疏，仅仅零星地与少部分景点相关联，但是这些稀疏关系中也体现出了一定的稳固性与强关联，在时间演化中，形成了以其为核心，由西贡、咸田湾及西湾共同组成的小团体。

通过对以单个节点为核心的组织结构的演化分析，一定程度上弥补了对旅游路线网络中边缘节点的分析，但同时也进一步表明香港旅游产业内部组织结构稳定。

### 6.3.3 时间维度下的城市旅游画像主题演化分析

1. 城市旅游画像演化路径获取

对照 6.2.2 节中多维度城市画像主题描述体系，对主题下的特征词进行类目划分。这里以2019年1月数据为例，当主题数$k$=5时，模型困惑值最小，由此得到该LDA模型下生成的5个主题。综合研究的实验结果以及学者过往研究经验（韦晨，2017），选择各个主题下概率较大的前100个特征词进行特征维度划分，以分别计算各个主题中的特征词在不同维度下的累计概率。各主题特征词所属维度划分如表6.12所示，各主题在不同维度下的累计概率如表6.13所示。由于部分特征词无法划分到更为精细化的二级指标类目，将其分类类目定留在所属一级指标内，划分时不再往下细化展开。例如，特征词“交通”所属维度为E，即旅游交通；特征词“风景”所属维度为B，即旅游游览。

**表6.12 各主题特征词所属维度划分**

| topic 1 | 概率 | 所属维度 | topic 2 | 概率 | 所属维度 | topic 3 | 概率 | 所属维度 | topic 4 | 概率 | 所属维度 | topic 5 | 概率 | 所属维度 |
|---|---|---|---|---|---|---|---|---|---|---|---|---|---|---|
| 香港海洋公园 | 0.013 | $B_4$ | 沙茶面 | 0.003 | $A_1$ | 油麻地 | 0.002 | $B_3$ | 大澳 | 0.019 | $B_2$ | 酒店 | 0.019 | $D_1$ |
| 酒店 | 0.005 | $D_1$ | 酒店 | 0.009 | $D_1$ | 旅舍 | 0.002 | $B_1$ | 挪亚方舟 | 0.010 | $B_4$ | 迪斯尼 | 0.010 | $B_4$ |
| 味道 | 0.004 | $A_1$ | 机场 | 0.008 | $E_2$ | 麦理浩 | 0.008 | $B_1$ | 餐厅 | 0.008 | $A_1$ | 山顶 | 0.008 | $B_3$ |
| 维多利亚港 | 0.003 | $B_3$ | 码头 | 0.008 | $E_1$ | 码头 | 0.006 | $E_1$ | 当代艺术中心 | 0.008 | $B_4$ | 地铁 | 0.008 | $E_1$ |
| 海洋公园 | 0.003 | $B_4$ | 维多利亚港 | 0.006 | $B_3$ | 装备 | 0.006 | G | 城市规划 | 0.007 | $F_2$ | 港币 | 0.007 | G |
| 甜品 | 0.003 | $A_1$ | 长洲岛 | 0.006 | $B_1$ | 西贡 | 0.004 | $B_1$ | 粥 | 0.007 | $A_1$ | 中环 | 0.007 | $B_3$ |
| 拉面 | 0.003 | $A_1$ | 旺角 | 0.005 | $B_2$ | 水库 | 0.004 | $B_2$ | 小朋友 | 0.007 | G | 机场 | 0.007 | $E_2$ |

**表6.13 各主题在不同维度下的累计概率**

| 主题 | 旅游娱乐 | 旅游游览 | 旅游环境 | 旅游服务 | 旅游交通 | 城市氛围 | 其他 |
|---|---|---|---|---|---|---|---|
| topic 1 | 0.153 | 0.175 | 0.003 | 0.005 | 0.126 | 0.001 | 0.156 |
| topic 2 | 0.159 | 0.217 | 0.098 | 0.010 | 0.190 | 0.002 | 0.153 |
| topic 3 | 0.089 | 0.157 | 0.127 | 0.002 | 0.143 | 0.000 | 0.164 |
| topic 4 | 0.296 | 0.310 | 0.008 | 0.000 | 0.209 | 0.011 | 0.272 |
| topic 5 | 0.191 | 0.312 | 0.001 | 0.008 | 0.296 | 0.152 | 0.290 |

然后，运用某一时间窗口内的主题特征分析方式处理每个月份的游记数据，并将游客对于城市旅游主题的感知差异抽象为主题-特征向量的表现形式，如$T_1=\{(V_1,P_1),(V_2,P_2),(V_3,P_3),\cdots,(V_7,P_7)\}$。其中，$V_1$为$T_1$中的特征词所属维度，$P_1$为该维度下特征词的累计概率值，由此生成12个相互独立的主题-特征向量。

结合6.2.2节中提及的关于主题关联关系挖掘方法，从中抽取强关联关系，接着依据主题相似度均值从中过滤部分主题关联关系，剩下的为城市旅游画像主题核心演化路径的待选集合。表6.14是从整体主题演化关系中截取出来的部分主题相似计算结果（Pre-Theme 表示前向主题，Next-Theme 表示后向主题；波浪线标识的为经过上述方式过滤后保留的主题）。

**表 6.14　主题关联关系计算（部分）**

| Pre-Theme | Theme | Sim | Theme | Next-Theme | Sim |
|---|---|---|---|---|---|
| 1-topic1 | 2-topic6 | 0.959 5 | 2-topic1 | 3-topic10 | 0.967 6 |
| 1-topic2 | 2-topic3 | 0.954 6 | 2-topic2 | 3-topic10 | 0.986 7 |
| 1-topic3 | 2-topic3 | 0.986 1 | 2-topic3 | 3-topic23 | 0.981 5 |
| 1-topic4 | 2-topic3 | 0.951 7 | 2-topic4 | 3-topic26 | 0.987 3 |
| 1-topic5 | 2-topic4 | 0.981 0 | 2-topic5 | 3-topic11 | 0.981 8 |
| | | | 2-topic6 | 3-topic4 | 0.997 0 |
| | | | 2-topic7 | 3-topic1 | 0.986 8 |
| | | | | | |
| Average | | 0.966 5 | Average | | 0.984 1 |

综合表 6.14 与其他月份的分析数据得知，各个主题可能具有新生、成长及消亡三种状态：①新生：当前主题仅拥有后向关联主题，如 2-topic2；②成长：当前主题拥有前向与后向主题，如 2-topic4；③消亡：当前主题仅拥有前向主题，如 2-topic3。

而在整个研究时间段内，主题演化关系可能存在继承、合并两种情况，如图 6.7 所示。

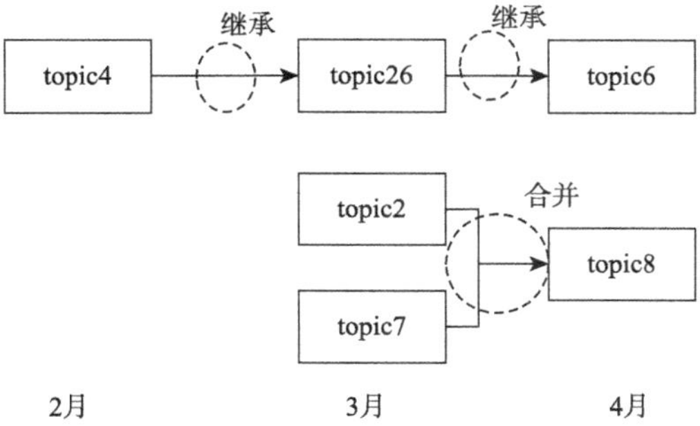


图 6.7　主题之间的关联类型

其中，主题之间的继承是指：前主题为上一时段内的某单一主题的延续；而合并关系是表示当前主题与上一时段内的两个或两个以上的主题具有相关联关系。

与其他类似研究不同，由于本节中对于主题相似度的精确值为小数点后 4 位数，因此主题之间仅存在合并关系，尚未呈现出明显的分裂关系。

综合上述三种主题状态以及两种可能的关联类型（梁晨晨和李仁杰，2020；

颜端武等，2019），对于核心主题演化路径的确定方式，本节将具有新生特征且连续演化两个月以上的（即继承、合并或分裂）关系定义为城市旅游画像演化核心路线。

由此，在 2019 年 1~12 月共挖掘得到 5 条核心演化路径。其中的一条演化路线如图 6.8 所示，该路径涉及 13 个相关主题，2 月的 topic2 在 4 个月的时间推移中，与其他的 11 个主题相互作用，最终融合为 2019 年 6 月的 topic5，该路径中共包含继承及合并两种主题演化关系类型，演化结构并不复杂。

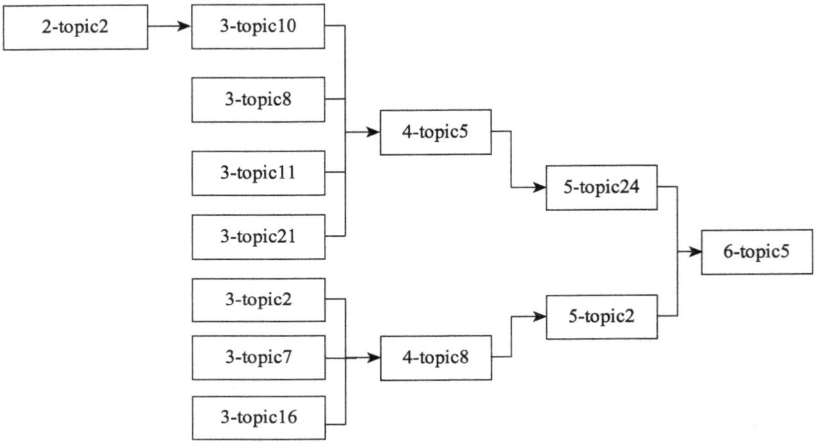


图 6.8　城市旅游画像核心演化路线（部分）

2. 核心演化路径中的主题内容分析

为探求主题演化特征与规律，综合核心演化轨迹中各主题的特征词分类结果，从特征词所属一级与二级维度出发，更为精细地描绘游客感知的城市旅游画像演化脉络。

1）一级维度的主题特征演化分析

这里以图 6.8 所示的核心主题演化路径为例，表 6.15 为该路径下的 13 个主题所属一级维度的概率变化表（其中添加波浪线标识的为各主题所属一级主导维度下的累计概率值）。该主题演化路径中，游客主要关注“旅游游览”“旅游娱乐”“旅游环境”这三个方面。在主题演化历程的第一阶段，主题 2-topic2 是以“旅游娱乐”为主导维度的主题；“旅游环境”仅在第二阶段出现一次；而“旅游游览”则是占据着核心地位的感知维度，分布于近乎 3/4 的演化轴线上。该维度共涉及 9 个关联主题，以 3-topic8、3-topic11 最具有代表性。这也表明城市赋有的景点形象为外来游客认识与记忆城市的关键分面。

**表 6.15　第一条核心主题演化路径下的主题所属一级维度的概率统计**

| 所属阶段 | 主题 | 旅游娱乐 | 旅游游览 | 旅游环境 | 旅游服务 | 旅游交通 | 城市氛围 | 其他 |
|---|---|---|---|---|---|---|---|---|
| 1 | 2-topic2 | 0.030 | 0.100 | 0.018 | 0.001 | 0.010 | 0.002 | 0.006 |
| 2 | 3-topic10 | 0.045 | 0.207 | 0.053 | 0.000 | 0.040 | 0.004 | 0.033 |
| | 3-topic8 | 0.008 | 0.196 | 0.077 | 0.000 | 0.055 | 0.000 | 0.028 |
| | 3-topic11 | 0.014 | 0.175 | 0.004 | 0.000 | 0.006 | 0.014 | 0.011 |
| | 3-topic21 | 0.027 | 0.136 | 0.008 | 0.004 | 0.038 | 0.004 | 0.001 |
| | 3-topic2 | 0.037 | 0.064 | 0.021 | 0.012 | 0.031 | 0.005 | 0.030 |
| | 3-topic7 | 0.038 | 0.083 | 0.017 | 0.022 | 0.025 | 0.002 | 0.018 |
| | 3-topic16 | 0.041 | 0.084 | 0.011 | 0.035 | 0.010 | 0.000 | 0.026 |
| 3 | 4-topic5 | 0.017 | 0.127 | 0.032 | 0.005 | 0.028 | 0.001 | 0.012 |
| | 4-topic8 | 0.035 | 0.137 | 0.017 | 0.033 | 0.044 | 0.002 | 0.053 |
| 4 | 6-topic5 | 0.015 | 0.130 | 0.005 | 0.019 | 0.020 | 0.000 | 0.029 |

通过对 5 条演化路径分析的综合可以发现以下规律：①相较于具有周期性特征的旅游淡热季，当细化到外来人员对于一个城市的旅游形象感知时，可以发现城市旅游画像演化过程中并未呈现出明显的周期性规律。但是，公众通过旅游的方式得到的城市印象主题感知维度却有显著的主次之分。②公众对于城市旅游画像感知以“旅游游览”“旅游娱乐”“旅游交通”为重点。其中，旅游游览往往总领主题演化的整体发展方向，旅游娱乐主要分布于演化轴线的前期与末期，而旅游交通则更多地分布于演化中期。此外，上述三者之间的演化关系在所有演化路径中也表现突出。一方面体现出游客对这三个方面的交叉关注；另一方面也表明，在旅游分面上，游客对于在城市内发生的行为活动以及城市自身所具有的空间与景观特征更为在意。③同时，“城市氛围”“旅游服务”是公众所感知到的城市旅游画像主题的次要维度，在多个演化阶段曾出现为 0 的特征词累计概率。不过，关注度较低并不代表可以忽略其在城市旅游业发展中发挥的重要作用。对于城市旅游业规划与发展而言，其社会环境治理以及基础服务设施的建设仍然有助于提升游客旅游体验，这已成为各界普遍认同的观点。同时，在 KANO 模型中，用户的需求可以细分为必备型、魅力型、无差异型和反向型（Kano et al., 1984）。对于香港而言，“城市氛围”“旅游服务”可能属于必备型的公众旅游需求，即这是一个旅游城市应该具有的要素，只有在城市建设中感受到这两方面的完全缺失，才会改变城市在公众心中的印象。但是需要指出的是，这一结论仍需进一步的社会调研工作加以佐证。

2）二级维度的主题特征演化分析

基于上述内容对于核心主题演化路径中主题所属一级主次维度的挖掘结果，

下面针对这三个主要维度展开更为细致和精确的二级特征维度分析。

（1）旅游游览。

旅游游览包含自然风光、人文景观、现代城市景观及主题乐园 4 个二级指标，其在 5 条演化路径中一直属于核心感知主题。具体而言，主要从“主题乐园”“自然风光”“现代城市景观”这 3 个视角表现了二级维度下游客对于香港旅游画像的感知框架。

第一，主题乐园。3-topic10、4-topic8、6-topic5 是贡献率最高的相关主题，3 个主题借助特征词“迪士尼乐园”“香港海洋公园”“挪亚方舟”直接的场馆名称，并结合“米奇”“旋转木马”“企鹅乐园”等项目描述以及“小朋友”“宝贝”等人物描写，使得温馨、欢乐的游乐氛围与主题乐园融为一体。

第二，自然风光。4-topic10、6-topic1、5-topic17 是自然景观感知的主要主题，重点刻画游客对香港自然风景的美好体验。三个主题都直接或隐含表达山与水是游客来港拥抱自然的落脚点，并且充分体现了“麦理浩径线”是香港重要旅游资源组合线路，它将“万宜水库”“浪茄湾”“西贡”等地，结合“徒步”这一新式旅游释压方式呈现给更多的潜在游客。

第三，现代城市景观。该维度涉及 40 个主题，其中以 5-topic18、6-topic3、7-topic8、10-topic1 最具代表性。直接或间接描述香港中西区及油尖旺区的城市景点，特征词包括“乐华南邨”“彩虹邨”等具有特色风格的城市建筑；“维多利亚港”“太平山顶”等领略香港最美夜景的打卡点；“油麻地”“庙街”等蕴含地道香港风情与风味的街道，精细刻画了充满“文艺气息”“江湖气”等氛围要素的多元繁华现代城市画面。

此外，在这五条核心演化路径中，第一条与第二条的主题二级聚集维度分别为“主题乐园”“自然风光”，其他三条均以“现代城市景观”为主导维度，该分析结果也与学者通过实证研究得出的结论“游客对于香港景点的感知大多集中体现在现代都市景观”在一定程度上保持一致（张丹，2019），共同体现出游客对香港的繁华及独有城市情怀的一种向往与喜爱。

（2）旅游交通。

旅游交通一级维度下包括城市本地交通与城市对外交通这两个二级指标。交通是顺利出行、愉快旅行的充分必要条件，因此其核心程度仅次于旅游游览。从各条演化路径中包含的主题可以得知，相较于如何抵达目的地的交通方式与渠道的选择，游客更加注重当地交通的实际便利性。

在城市对外交通中，飞机更为普遍，而随着广深港高速铁路香港段的开通，动车出行也逐渐成为更多游客抵港的选择。

至于城市本地交通，通过主题包含的特征词可以看出“地铁”“天星小轮”“巴士”是具有游客共性的当地出行选择。香港地铁其站点富有复古感，且体现不同文化路线的装修风格，使得地铁对于外来游客而言，成了兼具出行与游览二重功效的交通方式。“天星小轮”与“巴士”对于游客而言，都具有相似的旅游体验。“天星小轮”是旅客游览维多利亚港最质优价廉的渡海交通工具，而香港独有的巴士——“叮叮车”也是游客体验香港文化的娱乐方式。从上述分析可以看出，香港本地交通不同于其他城市，其具有个性化的城市风格，已经成为游客对香港旅游画像感知的一个重要节点。

（3）旅游娱乐。

旅游娱乐是除去景点游览之外的，游客在港所能感知与体验的其他旅游事物与活动，由城市旅游画像演化路径分析中可知，旅游娱乐为主导维度的主题通常出现在主题演化轴线的前期与末期，一定程度上表明旅游娱乐在香港旅游吸引力方面发挥着不容小觑的作用。从该维度所包含特色美食、购物商场、节事活动这 3 个二级指标出发，以此明晰游客对香港旅游娱乐的感知内容。

第一，从特色美食容纳的特征词中可以看出，游客对香港美食的印象以“翠华餐厅”“华嫂冰室”“澳洲牛奶公司”“添好运点心专门店”“池记”等店铺为代表，以“车仔面”“鱼蛋”“双皮奶”“菠萝包”“叉烧包”“猪扒饭”等菜品为特色，从侧面体现出茶餐厅在香港饮食文化中的独特地位。

第二，至于购物商场，相关主题中的高频特征词包括“化妆品”“面膜”“护肤品”“香水”等详细的购物产品；“青衣城”“海港城”“东荟城”等大型商场为中心内部空间描述词；“折扣”“便宜”“价格”“性价比”等消费心理描述词，折射出游客来港购物的热情，与香港一直以来的“购物天堂”的美誉呈现出极好的耦合。

第三，节事活动是节庆、事件等精心策划的各种活动的简称，相关资料显示香港有年宵花市、舞龙舞狮、音乐节等多种多样的节庆样式。但在 5 条演化路径中，可以清晰地发现，其热度与特色美食、购物商场之间有明显的差异，仅在为数不多的主题内有所体现，如 4-topic6、7-topic12 等，且包含的特征词则更多聚焦于有着浓厚节日氛围的“新春”“庆典”“万圣节”“舞火龙”等直接感知体验描述词，衬托出节日庆典对于来港游客而言的特殊文化意义与价值。

根据以上分析，外来人员对香港旅游画像感知在时间上并没有波动性的变化规律，但是在各个维度上却分别有着较为稳定的标志性意象载体。由此推测出，游客对于未来各主题特征维度的感知趋势，在不出意外的情况下仍会保留着一直以来的中心与热点。

# 第7章　基于标签语义挖掘的城市画像情感分析

城市画像在演进的整个过程中，往往会出现不同的主题，这取决于公众在不同时期所重点关注的城市事件。由于公众在城市主题下的情感表达会直接影响该主题下事件的传播速度和走向，因而需要针对城市主题及其对应的情感进行深入挖掘。及时追踪与预测城市画像主题下公众情感极性、情感强度的演化过程和演化趋势，能够帮助城市管理者避免极端情绪化现象，收集公众的合理建议，实现有效的城市治理。基于此，本章构建了城市画像视角下的公众情感演化模型，如图 7.1 所示。以该模型为线索，本章将探讨城市画像主题提取、城市画像情感计算、城市画像情感演化与预测方法，并以我国中部六省省会城市为实例，具体阐释该模型的应用过程。

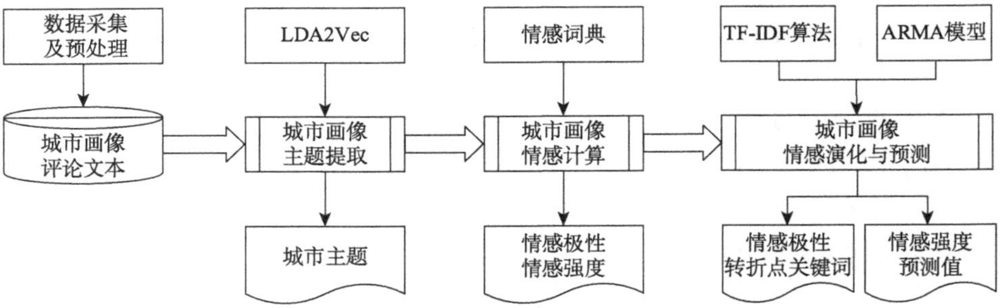


图 7.1　城市画像视角下的公众情感演化模型

## 7.1　基于 LDA2Vec 的城市画像主题提取

LDA2Vec 是一种融合 LDA 与 Word2Vec 的文本主题提取方法，它在高维语义向量空间投射单词、主题和文档。其中，每个文档向量被视为单个向量，由于每个文档都有独立的长度，因此利用文档向量除以文档包含的单词数来保证相同比例的测量。在构建主题向量时，提取每个主题中高概率单词的子集来表示主题，并将它们的概率调整为单词的权重，从而体现不同的词对该主题的不同贡献。最后通过测量每个文档与各个主题间的欧几里得距离得到文档的距离分布。通过 LDA2Vec 不仅可以依据 LDA 获得文本和主题间的关系，还可以依据 Word2Vec 获得文本上下文间的关系。鉴于不同主题具有不同的词概率分布、上下文语义和语法关系，因此将 LDA2Vec 运用到城市画像主题聚类时，可以在提取城市画像主题的过程中发现更潜在的城市联系，以此辅助城市舆情监控和城市发展决策。

具体来说，给出一组文档 $D=\{d_1,d_2,\cdots,d_n\}$，其词汇表由 $\{w_1,w_2,\cdots,w_N\}$ 共 $N$ 个单词构成。LDA 训练文档 $D$ 并输出文档的潜在主题 $\{t_1,t_2,\cdots,t_T\}$ 和每个主题 $t_i$ 下的单词概率，即主题 $t_i$ 下第 $j$ 个单词的概率表示为 $\theta_{i_j}$。Word2Vec 训练文档 $D$ 并将词汇表中的每个单词向量化为具有固定长度的向量 $\{\boldsymbol{v}(w_1),\boldsymbol{v}(w_2),\cdots,\boldsymbol{v}(w_N)\}$。为了生成主题向量 $\boldsymbol{v}(t_i)$，按照主题 $t_i$ 中单词概率的高低进行排序并选择主题 $t_i$ 中概率排名最高的 $h$ 个单词，同时对 $t_i$ 中主题词做归一化处理，将单词概率重新调整为式（7.1）中的权重。在式（7.2）中，通过计算 $h$ 个单词向量及其权重的乘积求和得到主题向量 $\boldsymbol{v}(t_i)$。

$$w_{i_j}=\frac{\theta_{i_j}}{\sum_{n=1}^{h}\theta_{i_n}} \tag{7.1}$$

$$\boldsymbol{v}(t_i)=\sum_{n=1}^{h}w_{i_n}\times\boldsymbol{v}(w_{i_n}) \tag{7.2}$$

接着计算文档向量如式（7.3）所示，$c$ 为文档中单词的数量：

$$\boldsymbol{v}(d_i)=\frac{\sum_{n=1}^{c}\boldsymbol{v}(w_{i_n})}{c} \tag{7.3}$$

因此，每个文档可以用文档到语义空间中所有主题的距离分布来表示，利用语义向量空间中的余弦相似度测量文档和主题之间的相似度，并选择具有最小余弦距离的主题作为文档的主题，其距离计算公式如式（7.4）所示：

$$\text{distance}(\boldsymbol{v}(d_i),\boldsymbol{v}(t_i))=|\boldsymbol{v}(d_i)-\boldsymbol{v}(t_i)|=\frac{\boldsymbol{v}(d_i)\cdot\boldsymbol{v}(t_i)}{\|\boldsymbol{v}(d_i)\|\|\boldsymbol{v}(t_i)\|} \tag{7.4}$$

新定义的向量不再稀疏，它将风险分配给向量中的所有元素 $\text{dist}_{ij}$，也包含了更多用以区分于其他文档的信息。LDA 中主题概率分布仍然保存在 LDA2Vec 生成的空间内，这些主题将更接近特定的文档。此外，由于涉及很多单词级信息，因而会发现更多相关的重要主题。这样通过LDA2Vec主题聚类最终提取出城市画像主题。

## 7.2 城市画像主题的情感计算

本书基于细粒度的七元情感分类确定城市画像主题下的公众情感类别，并选取城市特征描述文本中的特征词、情感词、程度副词和否定词等要素综合计算公众情感强度（Strapparava and Mihalcea，2008）。同时，依据大连理工情感词汇本体库、互联网短文本常用副词（韩忠明等，2012）、HowNet中人工抽取的否定词表进行匹配。

在传统情感倾向性分析中，否定词往往表达了反转的情感极性。然而在七元情感分类中，否定词对情感极性的影响比简单的极性反转更为复杂。本书为了明确否定词的修饰作用，在王铁套等（2012）构建的否定词表的基础上，加入城市画像描述文本中特有的否定词语料，并参考否定词修饰后的情感迁移（杜振雷，2013），最终得到否定词修饰后的情感转换表，如表 7.1 所示。此外，本书定义当出现偶数个否定词修饰情感词时，情感词的类别和强度不做调整。当出现奇数个否定词修饰情感词时，会减弱该情感词的情感强度（郑丽娟等，2014），其情感修正公式参见式（7.5）（安璐和吴林，2017）：

$$\varphi(w_i)=\frac{1}{2}\sqrt{s(w_i)} \tag{7.5}$$

其中，$\varphi(w_i)$表示否定词修饰后的情感词强度值，$s(w_i)$为情感词$w_i$的初始情感强度值。

**表 7.1 否定词修饰后的情感转换**

| 初始情感类别 | 否定词修饰后的情感类别 |
|---|---|
| 乐 | 哀 |
| 哀 | a×乐 |
| 好 | 恶 |
| 恶 | b×好 |
| 怒 | 无 |
| 惧 | 无 |
| 惊 | 无 |

根据汉语的语言特点和城市画像描述文本中情感词的统计，正向情感词被否定词修饰后，情感趋向于负向情感；负向情感词被否定词修饰后，情感趋向于无情感或稍微倾向于正向情感。因此，$a$、$b$ 是[0,1]的实数，表示情感强度减弱。通过实验将文本中初始情感类别为“哀”和“恶”的情感词提取出来，利用式（7.5）计算出否定词修饰后的情感强度，再将其与情感类别为“乐”和“好”的情感反义词的情感强度进行比较，测定得出：当 $a=0.1$、$b=0.2$ 时，情感识别准确率最高。

除了否定词的修饰作用，程度副词对情感词也会产生加强或减弱的影响。本书参考了程度副词表（韩忠明等，2012）并结合实际文本语料对其进行扩充，得到由 119 个常用副词构成的程度副词表，如表 7.2 所示。

**表 7.2　程度副词表**

| 强度 | 程度副词 | 个数 |
|---|---|---|
| 2.0 | 百分之百、倍加、备至、非常、极度、极端…… | 38 |
| 1.8 | 越、越发、愈发、愈加、过度、过分、过火…… | 29 |
| 1.5 | 不过、不少、不胜、多加、多么、分外、格外…… | 13 |
| 1.2 | 大不了、多、更、更加、更进一步、更为、还要…… | 12 |
| 0.8 | 略、略加、略略、略微、略为、蛮、稍、稍稍…… | 15 |
| 0.5 | 半点、不大、不丁点儿、不甚、不怎么、丝毫…… | 12 |

经过程度副词修饰后的情感词会产生一个新的情感强度，其计算公式参见式（7.6）：

$$\psi\left(w_i\right)=\text{value}_{\text{adv}}\times s\left(w_i\right) \tag{7.6}$$

其中，$\text{value}_{\text{adv}}$ 表示程度副词 adv 的修饰强度。

通过对同一条文本中具有相同情感类别的情感词进行求和运算，得到该文本中各类情感的情感强度，情感类别 $K\in\{乐,哀,好,恶,怒,惧,惊\}$。文本情感词的计算公式参见式（7.7）：

$$\text{value}\left(E_k\right)=\sum_{i=0}^{x} f\left(w_i\right) \tag{7.7}$$

其中，$\text{value}\left(E_k\right)$ 表示文本包含的某种情感类别的情感强度值，$f\left(w_i\right)$ 为情感词 $w_i$ 经过程度副词和否定词修饰后得到的新的情感值，$x$ 为同一条文本中同一类情感特征的数量之和。当某种情感类别的强度值达到所有情感强度的最大值时，该情感类别代表公众对城市画像主题的情感。

## 7.3 城市画像主题的情感演化

随着时间的推移和城市的发展，城市画像主题下公众的情感演化往往伴随着情感极性和情感强度的变化，引起情感变化的原因与该主题下某些事件的发生相关，而公众情感的改变也会影响这些事件的传播和走向。因此，分析城市画像主题下公众的情感演化规律，并预测未来时间下公众情感序列，对于控制城市舆情和提高城市形象具有重要意义。

在公众情感极性发生变化时，可以将其视为情感极性转折点，根据转折点能够得到转折前后的两个情感极性及其对应的时间窗口。在确定情感极性转折点后，可以利用相邻时间窗口内的关键词来表示该转折点，以此探究情感极性发生变化的原因。TF-IDF 算法（路永和和李焰锋，2013）能够有效地表示一个特征词在文本中区分文本属性的重要程度，因而利用TF-IDF算法能识别并提取情感转折点相邻两个时间窗口内的关键词，这些情感转折点的关键词对于识别临界点附近的重要事件，探究事件发生的原因、影响和发展趋势具有重要作用，为舆论的引导工作提供了支持。此外，极性转变前该情感极性持续时间的长短可以表示该事件对公众情感的影响程度。

公众情感演化除了包括情感极性的转变，还伴随着各类情感的情感强度变化，情感强度的演变是一个连续的过程。目前关于城市舆情热点的跟踪与预测研究大多基于时间序列模型，如一元线性回归模型、ARIMA 模型、灰色模型等。ARIMA 模型是一种具有代表性的时间序列模型，该模型简单，只需要内生变量而不需要借助其他外生变量。本书在 ARIMA 模型（刘雯等，2013）的基础上，构建城市画像视角下的公众情感强度时序分析方程，并对未来的公众情感强度进行预测。在 ARIMA$(p,d,q)$模型中，AR 为自回归，$p$ 为自回归项，MA 为移动平均，$q$ 为移动平均项数，$d$ 为时间序列平稳时所作的差分次数。在构建模型前，需要利用自相关系数和偏自相关系数判断序列是否平稳，并通过差分方法使非平稳的时间序列变为平稳，进而构建 ARIMA 模型。如果 $d$=0，则说明该时间序列平稳，不需要使用差分方法，所构建的模型为 ARMA 模型。本书采用 TF-IDF 算法提取情感极性转折点相邻时间窗口内的文本关键词，判断和识别引起情感转折的原因，并构建 ARMA 模型预测不同情感类别的情感强度趋势，以此探究城市画像主题下公众的情感演化与预测过程。

## 7.4 城市画像视角下的公众情感演化研究实例

本节通过一个实例来说明城市画像情感分析的具体过程。以我国中部六省省会城市为例，根据所构建的公众情感演化模型，按照 7.1、7.2、7.3 节所述的城市画像主题提取、情感计算和情感演化方法，识别和判断引起公众情感极性发生变化的城市事件，并对其进行预测。

### 7.4.1 数据收集与预处理

本实例的数据集来源于知乎问答平台，以“武汉印象”作为关键词，提取 2014.01.01~2018.12.31 时间内所有相关的问答内容，并设置时间窗口大小为 6 个月，将数据集划分到 10 个时间窗口。由于大数据环境下知乎具有社会化媒体的特殊性，平台上问答数据的质量参差不齐，这会影响主题聚类和情感分析的结果，因此需要对获取的知乎问答数据进行数据处理。数据清洗规则如下：

（1）删除与目标内容无关的数据内容；

（2）删除因评论而重复爬取的数据内容，只存取其中一条；

（3）改正数据内容中的错别字、出现的乱码等。

利用 Python 编程调用搜狗细胞词库中有关武汉的“城市信息精选词库”对清洗后的数据进行分词，这些词库包含武汉特有的地名、公交、购物、餐饮等各方面信息，有助于提升分词效果。

### 7.4.2 城市画像主题分布

已有研究（Giffinger and Gudrun，2010）把城市画像构成要素主要划分为六类，包括智慧经济、智慧居民、智慧治理、智慧移动、智慧环境及智慧生活。它们分别反映了与城市相关的产业、教育、电子政务、物流和基础设施建设、交通出行、生活安全与质量等城市画像主题（Lombardi et al.，2012）。本书利用 LDA2Vec 对各个时间窗口下的文本进行主题聚类，得到不同时间窗口下的城市画像主题及其主题词。在数据来源、数据量级和时间范围的限制下，仅提取到四个公众所关注的城市画像主题，即在 2014.01.01~2018.12.31 整个时间段内，主要分布着“城市文化”“城市交通”“城市发展”“城市环境”四个主题，不同时间窗口下各个主题及其对应的主题特征词如表 7.3 所示。

**表 7.3 城市画像文本主题分布（部分）**

| 时间 | 主题编号 | 主题 | 主题特征词（部分） |
|---|---|---|---|
| 2016.01~2016.06 | topic5-1 | 城市文化 | 樱花 昙华林 东湖 周黑鸭 鸭脖 |
| | topic5-2 | 城市交通 | 公交车 出租车 堵 交通 拥挤 |
| | topic5-3 | 城市发展 | 房价 工资 年轻人 大学生 满城挖 |
| | topic5-4 | 城市环境 | 夏天 热 空气 雾霾 看海 |
| 2016.07~2016.12 | topic6-1 | 城市文化 | 素质 长江大桥 风景 轮渡 莲藕 |
| | topic6-2 | 城市交通 | 司机 暴躁 九省通衢 堵车 严重 |
| | topic6-3 | 城市发展 | 建设 变化 道路 经济 改善 |
| | topic6-4 | 城市环境 | 冬冷夏热 霾 灰尘 空气 糟糕 |
| 2017.01~2017.06 | topic7-1 | 城市文化 | 美食 热干面 东湖 武汉大学 码头文化 |
| | topic7-2 | 城市交通 | 交通 拥堵 便利 公交车 开车 |
| | topic7-3 | 城市发展 | 市井气息 人多 外地人 就业 商业 |
| | topic7-4 | 城市环境 | 夏天 热 冬天 暴雨 潮湿 |
| 2017.07~2017.12 | topic8-1 | 城市文化 | 长江大桥 夜景 建筑 黄鹤楼 热干面 |
| | topic8-2 | 城市交通 | 司机 脾气 光谷 拥堵 混乱 |
| | topic8-3 | 城市发展 | 满城挖 每天 不一样 房价 工资 |
| | topic8-4 | 城市环境 | 夏天 雨季 热 天气 灰蒙蒙 |
| 2018.01~2018.06 | topic9-1 | 城市文化 | 过早 热干面 豆皮 人情味 生活气息 |
| | topic9-2 | 城市交通 | 公交车 超速 凶猛 过山车 晕车 |
| | topic9-3 | 城市发展 | 道路 施工 建设 发展 迅速 |
| | topic9-4 | 城市环境 | 冬天 夏天 气候 恶劣 变化 |
| 2018.07~2018.12 | topic10-1 | 城市文化 | 过早 热干面 豆皮 市井 历史 |
| | topic10-2 | 城市交通 | 出租车 过山车 超速 晕车 拥堵 |
| | topic10-3 | 城市发展 | 修路 便利 教育 军运会 宜居 |
| | topic10-4 | 城市环境 | 气候 冬冷夏热 空气 差 湿气 |

以城市文化和城市发展为例，在城市文化方面，2014~2015 年公众对城市文化的描述主要体现在历史文化方面，如黄鹤楼、武汉大学、湖北省博物馆等；美食文化方面，如热干面、小龙虾等；朋克文化方面，如涂鸦、VOX LiveHouse 等。2016~2017 年城市文化更倾向于旅游文化，东湖磨山园区、长江大桥风景区都成了旅游热点主题词。此外，“周黑鸭”“鸭脖”“莲藕”等武汉特色美食也占据了美食文化的主导地位。自 2018 年起，过早文化成了武汉城市文化的热点，“热干面”“豆皮”“生活气息”反映出过早文化中的传统美食和该文化所带来的生活、人情、市井的气息。在城市发展进程中，“满城挖”和“修路”是公众对整个城市发展的主要画像描述，2014~2015 年公众关注焦点集中在经济、教育、民生三大领域，其中人才流失严重是阻碍城市发展的重大问题。从 2016 年起，城市建设所带来的积极影响成为该主题的重要内容，在经济上，经济得到改善、商圈不断扩大；在就业上，就业机会增多、留汉就业的大学生也越来越多；

在生活上，便民惠民措施逐步开展。然而，城市的快速发展也带来了房价迅速上涨、城建范围进一步扩大等问题。

### 7.4.3　城市画像主题情感计算

本书对各个时间窗口下城市画像主题对应的评论文本进行情感计算，得到公众情感演化过程，如图 7.2 和图 7.3 所示。从情感类型和情感强度的整体演化过程分析，在四个城市主题下“好”和“恶”是两种主导情感，表明公众对城市的评论描述出现明显的情感集聚现象。“好”是城市画像描述中最重要的情感类型，表达出公众对城市一直保持着喜欢、喜好、期待等积极情感。尤其在城市文化和城市发展主题上，“好”一直保持着显著的最大情感强度，表明公众不仅对武汉的历史、旅游、美食文化等具有强烈的喜好，而且对武汉现在与未来的发展状况持有乐观积极的态度。

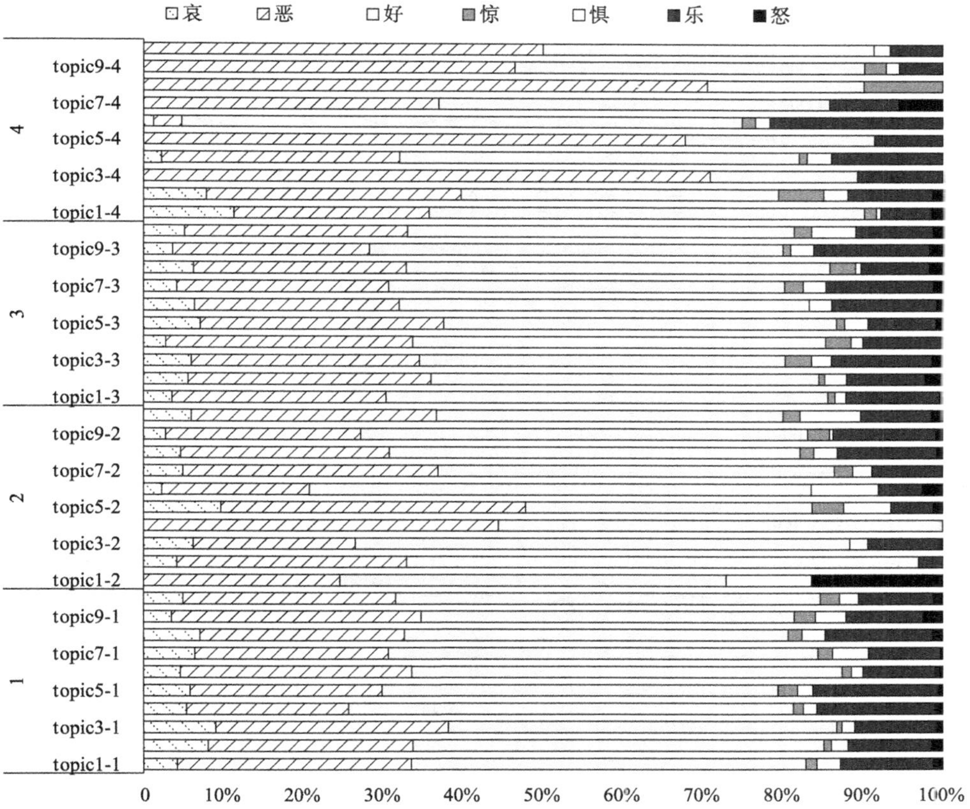


图 7.2　各时间窗口下不同主题对应的情感类型和情感强度

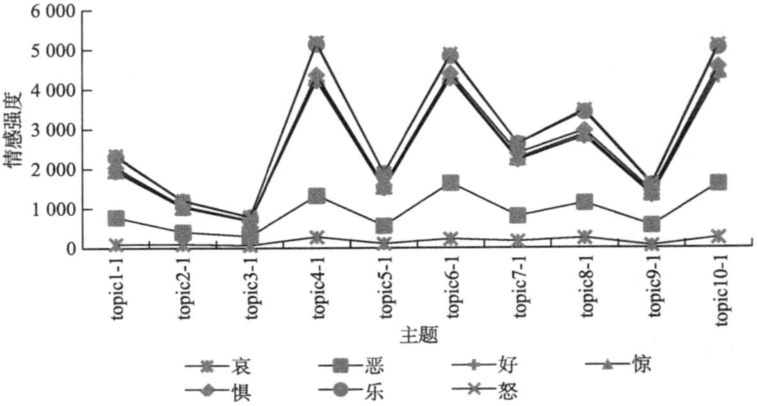


（a）主题 1

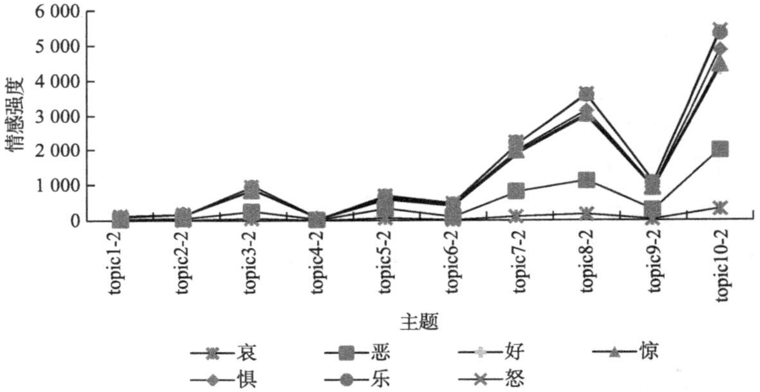


（b）主题 2

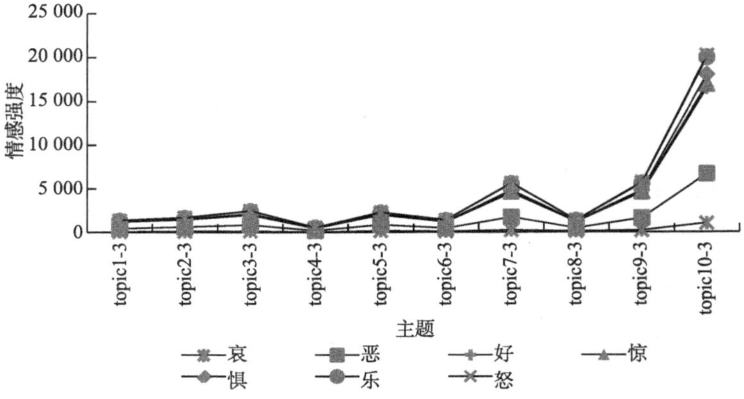


（c）主题 3

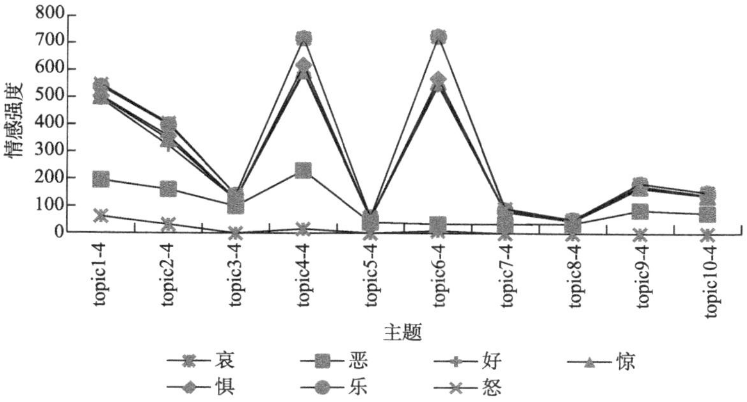


（d）主题 4

图 7.3　主题情感演化曲线

公众对城市交通和城市环境的情感较为复杂，以城市交通主题为例，根据图 7.3 主题情感演化曲线进行具体分析，尽管“好”是主要的情感类别之一，但在前期（topic1-2、topic2-2）“恶”“惧”“怒”三种负面情感更加突出，其中“惧”和“怒”的情感强度达到了该情感类别在整个演化周期中的最高值，表达了公众对交通拥堵、司机性格暴躁、车速快等现象的愤怒与憎恶。到了中期（topic4-2、topic5-2），公众“恶”的情感超过了“好”的情感，从侧面反映出城市交通问题没有得到合理解决，使得公众不满的情感达到了最高值。后期（topic7-2 及以后）公众情感有所改善，逐渐集中于“好”。此外，“惧”的情感在整个时间段内都保持一定比例，反映出公众对恶劣交通现象的恐惧与害怕的心理。

因此，通过分析城市画像主题在不同阶段下的公众情感演化，为城市治理与城市发展带来了新的视角。从整个情感演化过程来看，在城市问题发生初期，相关管理部门应当迅速公开事件的起因及其制定的方针对策，使得信息及时地传递给公众，以避免引发不良舆论和负面情感。同时利用社交媒体上的公众评论分析其情感构成，观测各类情感的波动情况，并寻找引起情感波动的原因，从而通过意见领袖、媒体报道等方式引导公众的舆论与情感，避免不良影响的扩大。在城市问题发展到中期时，问题改善与否是影响公众情感的最重要因素，因此实时跟进报道问题治理的最新措施、成果与未来走向是化解负面情感的主要方式。此外，设立部门倾听公众的意见并给予反馈，可以让公众积极理性地参与到城市治理中，将其情感向正面情感迁移。在后期阶段，管理部门可以通过社交媒体、广播新闻或者新闻发布会的方式对问题从出现到治理的整个过程进行总结，增强其在公众心中的公信力。

### 7.4.4 情感极性转折点及关键词

在城市交通和城市环境两个主题中出现了公众情感极性的转变，“好”和“恶”交替成为公众的主要情感。情感极性的变化往往是由主题下的某些事件所引起的，及时识别其中的重要事件对于引导舆论具有积极作用。本书利用 TF-IDF 算法提取时间窗口内的高频词语，并对这些高频词语进行关键词识别，最终得到各个情感极性转折点的关键词，如表 7.4 所示。根据表 7.4 可以看出城市交通出现两次情感极性的转变，而城市环境较为复杂，出现了多次情感极性变化。以城市交通为例，在 topic5-2（主题 2 的第 5 个时间窗口）中使用 TF-IDF 提取的文本关键词依次为“司机、绕路、堵车、严重、光谷、不礼让”，通过在数据中进行验证，发现在该时间窗口内出现多条“光谷附近超级堵”“光谷堵车十分严重”“司机绕路耽误上班时间”“司机开车凶猛，不礼让行人”的文本，这说明光谷交通状况和司机态度是引起公众情感极性由“好”变为“恶”的两大重要原因。根据 2016 年武汉交通白皮书，光谷商圈成为全市道路最拥堵的商圈榜首，时速为 17~25 千米/小时，拥堵指数在 1.5 到 1.9 之间，是武汉市十大交通事故高发路段，而司机驾驶态度多年来一直引起公众的强烈不满。topic6-2 中的文本关键词依次是“公交、地铁、便宜、交通、枢纽、便利”，表明交通出行的价格和便利程度成为情感极性从“恶”回到“好”的原因。与“地铁速度快、安全、便利”“地铁票和公交票都很便宜”“武汉是重要的交通枢纽”有关的文本大量出现，这反映了公众对未来便利的交通充满期待与乐观。

**表 7.4 转折点文本关键词**

| 主题编号 | 情感极性临界点类型 | 关键词 |
|---|---|---|
| topic5-2 | 好→恶 | 司机 绕路 堵车 严重 光谷 不礼让 |
| topic6-2 | 恶→好 | 公交 地铁 便宜 交通 枢纽 便利 |
| topic3-4 | 好→恶 | 冬冷 夏热 雾霾 四季 随机 播放 |
| topic4-4 | 恶→好 | 天气 阴晴 不定 脏乱 街道 改善 |
| topic5-4 | 好→恶 | 气候 多变 很热 火炉 雾霾 脏话 |
| topic6-4 | 恶→好 | 风景 落雁岛 环境 美 大江 大湖 |
| topic8-4 | 好→恶 | 雨 多 灰尘 湿热 看海 石楠花 |

### 7.4.5 城市画像主题情感预测

本书利用 R 软件对公众情感值时间序列进行建模分析，情感值时间序列建模需要以一定规模的数据量为基础，因此以每 2 个月为时间窗口进行划分，共得到

30 个时间窗口，利用前 29 个时间窗口内的数据进行建模与预测，最后 1 个时间窗口内的数据进行结果验证。以城市文化中“好”和“恶”两类主要情感的情感值时间序列为例构建 ARIMA 模型，首先通过自相关系数和偏自相关系数判断序列的平稳性，如果是非平稳序列，可以利用差分转化为平稳序列。经过 ADF 单位根检验，得到两类情感的情感值时间序列都是平稳的，即 $d=0$，因此采用 ARMA 模型进行预测。然后对构建的 ARMA 模型进行残差白噪声检验，得到的 $P$ 值均大于 5%，说明残差是白噪声，即模型设定合理。最终建立时间序列模型并得到预测结果，如表 7.5 所示，其中 $\alpha$ 为常数项，$\varepsilon_t$ 为随机产生的均值为 0、方差为 $\sigma^2$ 的正态分布随机数。

**表 7.5　情感值时间序列建模及预测**

| 序列名称 | 估计方程 | 预测值 | 实际值 |
| --- | --- | --- | --- |
| “好”情感值时间序列 | $\text{like}(t)=\alpha+\varepsilon_t$ | 1 841 | 1 897 |
| “恶”情感值时间序列 | $\text{unlike}(t)=\alpha+\varepsilon_t$ | 872 | 972 |

依据所建立的时间序列模型对 2018 年 11~12 月城市画像下公众情感值进行预测，得到“好”和“恶”情感预测值分别为 1 841 和 872，对比实际值 1 897 和 972 可知，“好”的预测值和真实值非常接近，准确率达 97%，“恶”的预测值和真实值较为接近，准确率达 90%。因此，可以利用时间序列的建模方法预测城市画像主题下公众的情感趋势。

# 第 8 章　基于标签语义挖掘的城市社群发现

随着城市建设工作的推进，城市社群开始被视为资源与空间互动下的社会产物（Lindenberg，1997；Piselli，2007），与此同时，各界人士也逐渐发现城市之间的界限并非像主观判定的那样清晰。但目前世界各地兴起的城市社群规划项目仍是基于自上而下的行政构架，将城市社群默认为地域邻近下的天然产物，缺乏对城市之间潜在关系的深度挖掘。因此，本章将介绍基于标签语义挖掘的城市社群发现方法，以城市特征之间的共现关系所构建的城市网络为基础，发掘城市之间的潜在关联及其社群结构。

## 8.1　融合主题聚类与情感强度的城市特征识别

### 1. 基于主题聚类的城市属性提取

LDA 是基于“文档-主题-单词”的三层贝叶斯模型。利用 LDA 获取城市特征属性时，文档对应为标签集合，主题对应为城市特征属性，单词对应为标签分词后生成的词组。在获取城市特征属性时，假定标签集合中存在 $k$ 个主题，这些主题揭示标签集合所描述城市的城市特征属性。首先，预处理标签分词产生的词组，将“城市-标签-词组”间的三元关系转化为“城市-词组”间的二元关系，并构建城市特征属性矩阵 $\boldsymbol{M}(i,j)$。矩阵元素 $m_{ij}$ 表示城市 $r_i$ 拥有词组 $c_i$ 的次数。其次，计算城市特征矩阵，实现基于 LDA 主题聚类的城市特征属性提取。主题数 $k$ 作为必要输入量揭示不同城市拥有的城市特征属性数量，其取值由 LDA 算法中的困惑度决定。最后，利用 LDA 获得“词组-主题”的概率分布，即词组 $c_i$ 在主题 $\mathrm{TP}_k$ 下的分布概率 $P_{ik}$。当概率 $P_{ik}$ 达到某一阈值 $\alpha$ 时，可以归纳

出主题 $\mathrm{TP}_k$ 描述的城市特征属性 $s_i=\left\{\mathrm{tp}_a,\mathrm{tp}_b,\cdots,\mathrm{tp}_z\right\}$。此时，若用特征项 $\left(\mathrm{tp}_k,c_i\right)$ 表示词组 $c_i$ 归属的城市特征属性 $\mathrm{tp}_k$，则特征项 $\left(\mathrm{tp}_k,r_i\right)$ 表示城市 $r_i$ 拥有的城市特征属性 $\mathrm{tp}_k$。

2. 基于情感强度分析的城市属性赋值

情感强度计算是通过对标签集合进行文本倾向性分析，以此获得城市特征属性的社会公众情感态度。在城市特征属性赋值时，将词语极性分为褒义、贬义和中性三类，初始极性强度分别设置为{−2,−1}、{0}和{1,2}，并选取标签集合中描述城市特征属性的情感词、程度副词和否定词综合计算社会公众的情感强度。为明确否定词的修饰作用，在已有否定词表的基础上加入标签集合中特有的否定词语料，并考虑否定词产生的情感迁移现象。当偶数个否定词出现时，情感词的类别和强度不做调整；当奇数个否定词出现时，情感词的类别和强度进行相反操作。与此同时，为衡量不同程度副词对情感强度计算结果产生的影响，通过借鉴现有词表获取不同程度副词的修饰强度，以此计算经过程度副词修饰后的综合情感强度。基于此，通过提取描述不同城市各个城市特征属性的标签集合，依据上述方法计算社会公众的情感强度，最终实现对不同城市的城市特征属性的赋值。

## 8.2　基于城市特征共现关系的城市网络构建

1. 共现网络的相关概念

共现特征这一概念最早来源于复杂网络研究中的词共现网络研究。词共现网络，实际上可以理解为一个三元带权图 $G=\langle V,E,P\rangle$，即 2 点 1 边 1 权值。例如，在某篇文档的主题词共现网络中，若主题词 $e_1$ 和 $e_2$ 同时出现在文档 $v_i$ 中，则 $p_{1,2}$ 表示主题词 $e_1$ 和 $e_2$ 在网络 $G$ 中的关联权值，即主题词 $e_1$ 和 $e_2$ 在文档 $v_i$ 中的共同出现次数。类比词共现网络中的数据处理方法，这里将文档视为描述城市特征的标签集合，将文档中的主题词视为城市拥有的城市特征。如果相同情感强度的城市特征共同出现在不同城市中，则认为这些城市之间存在关联关系。

2. 城市网络的构建

城市网络的构建主要基于上述分析，利用 2 模网络 $G=\langle R,S,P\rangle$ 刻画城市间的关联关系。$R$ 表示城市集合；$S$ 表示城市特征集合，由城市特征属性 $s_i$ 及其情感强度$\sigma s_i$构成，对于任何城市$r_i$均被标记多个城市特征$\langle s_i, \sigma s_i \rangle$；$P$表示城市之间因城市特征共现而产生的关联权值，由共现关系产生的多条连边$p_{r_i,r_j}s_i$及其对应的边权值$w_{r_i,r_j}s_i$计算获得。共现关系是指城市$r_i$和$r_j$在城市特征属性$s_i$下具有相同的情感强度$\sigma s_i$。如果两座城市之间拥有的城市特征共现关系越多，那么它们在城市网络中存在的节点连边就越多，也表明它们在城市网络中存在的关联关系越多。由此，城市之间因拥有相同情感强度的城市特征属性而被连接起来，城市网络中节点之间的链接关系也引入了社会公众对城市状况的综合评价。

本书为进一步表征城市网络中各城市节点在微观上具有的城市特征属性，定义矩阵$\boldsymbol{A}$表示城市$r_i$与城市特征属性$s_i$之间的从属关系。如果城市$r_i$具有城市特征属性$s_i$，则矩阵元素$a_{rs}=e_i$；如果城市$r_i$不具有城市特征属性$s_i$，则矩阵元素$a_{rs}=0$。此外，为刻画城市之间的关联关系，利用矩阵$\boldsymbol{A}$进一步处理表示二模网络的矩阵数据，将其转化为可以表示一模网络的二值矩阵$\boldsymbol{B}$，即$\boldsymbol{B}=\boldsymbol{A}\boldsymbol{A}^{\mathrm{T}}$。矩阵$\boldsymbol{B}$的对角线元素存储了不同城市拥有城市特征的数量，用以揭示城市拥有城市特征的多样化程度；非对角线元素存储了对应两座城市拥有相同城市特征的数量，用以测度两座城市之间的关联关系。基于以上操作，通过对矩阵$\boldsymbol{B}$进行多维尺度分析和系统聚类分析，能够发现具有相似城市特征的城市集合。

## 8.3 基于网络局部聚类的城市社群发现

在城市网络中城市社群是具有重叠特性的网络结构，单个城市节点可以隶属于不同的城市社群。所以在设计城市社群发现算法时需要兼顾两个方面：其一，城市社群内部节点之间的关联关系较为紧密，确保社群成员具有相似情感强度的城市特征；其二，城市社群内部节点之间的语义信息较为一致，保证社群成员具有相似社会认知的城市描述。

为避免预先设定城市社群数量，实现城市社群发现算法的无监督化，在8.2节城市网络构建论述的基础之上，增加了从网络拓扑关系和节点语义信息两个方面来度量化城市之间的亲疏程度，并利用网络局部聚类方法在城市网络中挖掘具有较强独立性的城市社群。

### 1. 城市亲疏测度

城市之间的亲疏程度主要依据城市网络中的节点关联权重和节点语义信息来

进行测算。城市节点 $r_i$ 和 $r_j$ 间的关联权重 $p_{ij}$ 等于它们之间所有边权值 $w_{r_i,r_j}s_i$ 之和，而节点间语义信息相似度计算需要实现节点语义信息的空间量化映射。本书从描述城市 $r_i$ 的标签集合 $v_i$ 中提取 $n$ 个特征词作为该座城市的语义向量基。如果向量 $\varphi_i$ 表示词组 $c_i$ 的语义坐标，那么城市 $r_i$ 的语义坐标 $m_{r_i}$ 通过描述它的 $n$ 个特征词的语义坐标表示。城市节点间的语义信息相似度可以通过它们的语义坐标来度量，可将其看作城市节点间的语义信息在语义空间中的概率分布差异。本书选择余弦相似度计算城市节点 $r_i$ 和 $r_j$ 间的语义信息相似度 $h_{ij}$，其计算公式参见式（8.1）：

$$h_{ij} = \cos\left(m_{r_i}, m_{r_j}\right) \tag{8.1}$$

基于此，城市 $r_i$ 和 $r_j$ 间的亲疏程度 $\Theta_{ij}$ 等于它们在城市网络中的节点关联权重 $p_{ij}$ 与节点语义信息相似度 $h_{ij}$ 之间的乘积，参见式（8.2）：

$$\Theta_{ij} = h_{ij} \cdot p_{ij} \tag{8.2}$$

2. 城市社群挖掘

由于城市网络中的城市社群规模远小于整体网络规模，因此城市社群划分结果对网络整体结构的依赖性较小，可以利用局部聚类方法挖掘城市社群。本书在 fitness 模型（Lancichinetti et al.，2009）的基础上，根据城市节点之间的亲疏程度，构造城市社群结构模型 $\mathrm{SF}_C$，其表示形式参见式（8.3）：

$$\mathrm{SF}_C = \frac{\mathrm{SR}_{\mathrm{in}}^C}{\left(\mathrm{SR}_{\mathrm{in}}^C + \mathrm{SR}_{\mathrm{out}}^C\right)^{\omega}} \tag{8.3}$$

其中，$\omega$ 表示城市社群规模的控制参数；$\mathrm{SR}_{\mathrm{in}}^C = \sum_{i=1}^{|C|}\sum_{j=1}^{|C|}\Theta_{ij}$，表示城市社群 $C$ 的内部度数，等于城市社群 $C$ 中的城市节点之间的连接度数总和，且 $r_i \in C$，$r_j \in C$；$\mathrm{SR}_{\mathrm{out}}^C = \sum_{i=1}^{|C|}\sum_{j=1}^{|G|}\Theta_{ij}$，表示城市社群 $C$ 的外部度数，等于城市社群 $C$ 中城市节点与其他城市社群 $G$ 中城市节点的连接度数总和，且 $r_i \in C$，$r_j \in G$。由此，假设 $C'$ 为与城市社群 $C$ 直接相邻的城市节点集合。如果某城市节点 $r_i \in C'$，那么城市节点 $r_i$ 相对于城市社群 $C$ 的聚合度如式（8.4）：

$$\mathrm{SF}_C^i = \mathrm{SF}_{C+\{r_i\}} - \mathrm{SF}_C \tag{8.4}$$

其中，$C+\{r_i\}$ 表示城市节点 $r_i$ 加入城市社群 $C$ 后形成的新社群。如果某城市节点 $r_i \in C$，那么城市节点 $r_i$ 相对于城市社群 $C$ 的聚合度参见式（8.5）：

$$\mathrm{SF}_C^i = \mathrm{SF}_C - \mathrm{SF}_{C-\{r_i\}} \tag{8.5}$$

其中，$C-\{r_i\}$表示城市节点$r_i$离开城市社群$C$后形成的新社群。通过以上分析，城市社群划分方法的具体步骤如下：①城市社群的初始选择。随机选择某个未被划分的城市节点$r_i$，以该城市节点作为初始城市社群$C=\{r_i\}$，并将与$C$直接相邻的城市节点加入$C'$。②城市社群的局部扩散。按照式（8.4）计算$C'$中与$C$中聚合度最大的城市节点$r_j\left(\mathrm{SF}_C^j=\max\left(\mathrm{SF}_C^{C'}\right)\right)$，若$\mathrm{SF}_C^j<0$则转入步骤④，否则将$r_j$加入$C$并更新$C'$转入步骤③。③城市社群的内部调整。按照式（8.5）计算$C$中内聚合度最小的城市节点$r_t\left(\mathrm{SF}_C^t=\min\left(\mathrm{SF}_C^{C'}\right)\right)$，若$\mathrm{SF}_C^t<0$则将$r_j$从$C$中移除并更新$C'$转入步骤③，否则转入步骤②。④城市社群的稳定过程。将$C$中城市节点划分到同一城市社群，若此时存在未被划分的城市节点则转入步骤①，否则结束。

## 8.4 基于标签语义关联的城市社群发现研究实例

1. 案例背景介绍

知乎平台包含大量社会公众描述城市特征的话题。这些话题涉及社会公众对各座城市在政治、经济、文化、环境等多方面的特征描述，能够反映社会公众对各座城市的整体认知，满足数据全面性的要求；另外，与其他平台相比，知乎平台中的用户评论多是网络用户对某座城市的客观评价，更符合数据客观性上的要求。

2. 城市数据获取

通过访问知乎平台，抓取其中关于我国32座省会城市主要特征的用户问答内容。然后借助分词词库（搜狗细胞词库）和自建停用词表从用户问答内容中抽取社会化标签，并利用文本空间向量存储社会化标签。为满足城市社群发现过程中的数据处理要求，本书依据数据预处理规则对原始标签进行数据清洗，通过词汇标准化处理和标签过滤获取描述各座城市主要特征的社会化标签集合。

3. 城市数据处理

本书按照8.1节至8.3节所述的研究方法设计案例研究流程，依次进行城市特征属性提取、城市特征情感计算、城市关系网络构建、城市亲疏程度计算、城市重叠社群划分5个步骤，如图8.1所示。

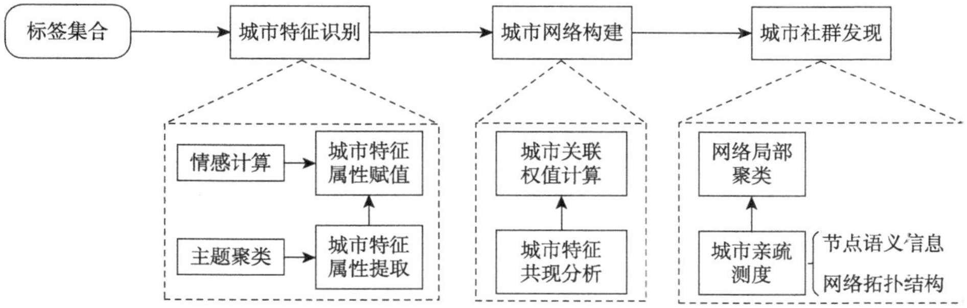


图 8.1　基于标签语义关联的城市社群发现过程

（1）城市特征属性提取。本书利用 Python 语言提供的 Gensim 工具包实现基于 LDA 主题模型的城市特征属性提取，利用 Topic Coherence 函数获取最优主题数，进而构建揭示不同城市对应城市特征属性的矩阵 $\boldsymbol{M}(i,j)$。经过对 LDA 主题模型反复训练 2 000 次后，Topic Coherence 函数计算结果表明当 $k$=15 时主题聚类效果最佳。表 8.1 展示了描述某座城市的标签集合经过 LDA 主题聚类后获得的部分主题。每个主题包含了词和词在该主题下的分布概率。这些主题在不同程度上揭示了该座城市是否拥有某些城市特征属性。由此，最终将城市特征属性划分为城市环境、人文印象、经济政治、城市旅游、高等教育、特色美食、城市交通 7 个方面。

**表 8.1　某座城市的城市特征主题聚类结果（部分）**

| 主题 1 | | 主题 2 | | 主题 3 | | 主题 4 | | 主题 5 | |
|---|---|---|---|---|---|---|---|---|---|
| 本地人 | 0.046 | 美食 | 0.095 | 大学 | 0.062 | 交通 | 0.035 | 海鲜 | 0.110 |
| 美 | 0.020 | 开心 | 0.029 | 国际 | 0.022 | 台风 | 0.033 | 茶 | 0.030 |
| 旅游 | 0.019 | 贵 | 0.029 | 定居 | 0.020 | 教育 | 0.025 | 很少 | 0.020 |
| 收入 | 0.010 | 落后 | 0.015 | 干净 | 0.017 | 公交 | 0.016 | 棒 | 0.019 |
| 穿着 | 0.009 | 看见 | 0.014 | 假日海滩 | 0.008 | 机会 | 0.009 | 内地 | 0.018 |
| 厉害 | 0.009 | 商场 | 0.010 | 结束 | 0.008 | 市区 | 0.008 | 开发 | 0.011 |
| 逛街 | 0.005 | 一线城市 | 0.008 | 概念 | 0.007 | 海南大学 | 0.008 | 相对 | 0.010 |
| 经营 | 0.005 | 因素 | 0.007 | 海南省 | 0.007 | 距离 | 0.008 | 具体 | 0.009 |
| 主题 6 | | 主题 7 | | 主题 8 | | 主题 9 | | 主题 10 | |
| 海甸岛 | 0.019 | 海南 | 0.354 | 电动车 | 0.006 | 市场 | 0.032 | 好多 | 0.034 |
| 消费 | 0.019 | 双创 | 0.024 | 海口市 | 0.006 | 补充 | 0.027 | 年轻人 | 0.015 |
| 人才 | 0.011 | 认识 | 0.011 | 天空 | 0.004 | 印象 | 0.021 | 建设 | 0.011 |
| 吸引 | 0.008 | 历史 | 0.010 | 高铁 | 0.003 | 方便 | 0.019 | 建筑 | 0.008 |
| 椰子树 | 0.008 | 陵水 | 0.010 | 严重 | 0.002 | 舒服 | 0.018 | 热带 | 0.007 |
| 海风 | 0.008 | 留在 | 0.008 | 休闲 | 0.002 | 差 | 0.016 | 霾 | 0.007 |

续表

| 主题 6 | | 主题 7 | | 主题 8 | | 主题 9 | | 主题 10 | |
|---|---|---|---|---|---|---|---|---|---|
| 政治 | 0.008 | 国内 | 0.005 | 综合 | 0.002 | 养老 | 0.014 | 条件 | 0.006 |
| 莫名其妙 | 0.007 | 嫩 | 0.005 | 桌子 | 0.001 | 满足 | 0.013 | 人少 | 0.006 |

（2）城市特征情感计算。基于情感词典获取各座城市关于上述 7 类城市特征属性的社会公众情感倾向，并依据否定词和程度副词综合计算不同城市对应城市特征属性的社会公众情感强度。表 8.2 展示了部分城市拥有的城市特征属性及其情感强度。以北京市为例，社会公众对北京市关于城市环境、人文印象、城市旅游、特色美食、城市交通 5 个方面的城市特征有明显的情感倾向，但对北京市关于经济政治和高等教育 2 个方面的城市特征没有明显的情感倾向。具体而言，社会公众对北京市的城市旅游和特色美食具有较高的正面评价；对北京市的城市环境和人文印象具有轻微的正面评价；对北京市的城市交通具有一定程度的负向评价。

**表 8.2　各城市拥有的城市特征属性及其情感强度计算结果（部分）**

| 城市 | 城市环境 | 人文印象 | 经济政治 | 城市旅游 | 高等教育 | 特色美食 | 城市交通 |
|---|---|---|---|---|---|---|---|
| 北京 | 0.067 7 | 0.059 9 | | 0.652 4 | | 0.634 1 | −0.217 6 |
| 郑州 | −0.380 7 | 0.364 4 | 0.671 1 | | | 0.595 0 | 0.468 0 |
| 长沙 | | −0.009 4 | | 0.715 2 | | 0.543 8 | 0.446 8 |
| 成都 | | 1.034 4 | | 1.106 2 | | 1.139 8 | |
| 石家庄 | −0.067 0 | −0.033 1 | 0.451 0 | | | | 0.344 9 |
| 福州 | 0.132 6 | 0.634 6 | | 0.608 4 | | | 0.538 1 |
| 广州 | 0.685 4 | 0.621 7 | | | | 0.640 0 | |
| 西安 | −0.194 0 | 0.389 0 | 0.685 3 | 0.715 4 | | 0.643 8 | |
| 哈尔滨 | 0.408 1 | 0.493 6 | | | | 0.753 2 | |
| 天津 | −0.030 7 | 0.267 0 | 0.322 1 | | 0.652 7 | −0.081 9 | 0.474 3 |
| … | … | … | … | … | … | … | … |

（3）城市关系网络构建。根据不同城市在各城市特征属性下的情感强度计算结果，将某一城市特征属性下情感强度差值在 0~0.1 的两座城市定义为彼此之间存在一种城市特征共现关系，进而确定城市之间由城市特征共现关系产生的多条连边 $p_{r_i,r_j}s_i$，并计算其对应的连边权值 $w_{r_i,r_j}s_i$。本书定义城市特征属性 $s_i$ 下城市 $r_i$ 和 $r_j$ 之间的连边权重 $w_{r_i,r_j}s_i$ 的计算公式参见式（8.6）：

$$w_{r_i,r_j}s_i = 1-10\left|\sigma s_{i,r_i} - \sigma s_{i,r_j}\right| \tag{8.6}$$

其中，$\sigma s_{i,r_i}$ 和 $\sigma s_{i,r_j}$ 分别表示城市 $r_i$ 和 $r_j$ 关于城市特征属性 $s_i$ 的社会公众情感强

度。由此，城市节点 $r_i$ 和 $r_j$ 间的关联权重 $p_{ij}$ 等于这两座城市在所有城市特征属性下的边权值 $w_{r_i,r_j}s_i$ 之和。表 8.3 展现了部分城市节点间的关联权重。

**表 8.3　城市之间的关联权重计算结果（部分）**

| 城市 | 北京 | 郑州 | 长沙 | 成都 | 石家庄 | 福州 | 广州 | 西安 | 哈尔滨 | 天津 |
|---|---|---|---|---|---|---|---|---|---|---|
| 北京 | 5.000 0 | | | | | | | | | |
| 郑州 | 0.608 2 | 5.000 0 | | | | | | | | |
| 长沙 | 0.774 2 | 1.276 4 | 4.000 0 | | | | | | | |
| 成都 | 0.000 0 | 0.000 0 | 0.000 0 | 3.000 0 | | | | | | |
| 石家庄 | 0.070 3 | 0.000 0 | 0.763 6 | 0.000 0 | 4.000 0 | | | | | |
| 福州 | 0.910 4 | 0.298 5 | 0.086 8 | 0.000 0 | 0.000 0 | 4.000 0 | | | | |
| 广州 | 0.944 1 | 0.552 4 | 0.040 6 | 0.000 0 | 0.000 0 | 0.871 8 | 3.000 0 | | | |
| 西安 | 1.272 4 | 2.122 2 | 0.998 4 | 0.000 0 | 0.000 0 | 0.000 0 | 0.958 8 | 5.000 0 | | |
| 哈尔滨 | 0.000 0 | 0.000 0 | 0.000 0 | 0.000 0 | 0.000 0 | 0.000 0 | 0.000 0 | 0.000 0 | 3.000 0 | |
| 天津 | 0.015 6 | 0.963 7 | 0.725 1 | 0.000 0 | 0.637 1 | 0.361 7 | 0.000 0 | 0.000 0 | 0.000 0 | 6.000 0 |
| … | … | … | … | … | … | … | … | … | … | … |

（4）城市亲疏程度计算。本案例首先利用 LDA 主题模型从标签集合中提取各城市节点的语义信息；然后利用相对熵计算节点间的语义信息相似度；最后依据式（8.2）计算不同城市节点间的亲疏程度，如表 8.4 所示。通过对比表 8.3 和表 8.4 可以发现，城市网络中城市节点间的关联权重 $P_{ij}$ 与其亲疏程度 $\Theta_{ij}$ 存在较大差异。这得益于本书基于城市节点间的关联权重 $P_{ij}$ 和语义信息相似度 $h_{ij}$ 测算城市节点间的亲疏程度。城市节点间的关联权重引入了社会公众对城市状况的综合评价，只有情感强度近似的城市之间才会在网络结构上建立连接关系；而城市之间的亲疏程度既考虑了网络的整体结构，又考虑了节点的语义信息。

**表 8.4　城市亲疏程度计算结果（部分）**

| 城市 | 北京 | 郑州 | 长沙 | 成都 | 石家庄 | 福州 | 广州 | 西安 | 哈尔滨 | 天津 |
|---|---|---|---|---|---|---|---|---|---|---|
| 北京 | 5.000 0 | | | | | | | | | |
| 郑州 | 0.216 0 | 5.000 0 | | | | | | | | |
| 长沙 | 0.217 7 | 0.490 7 | 4.000 0 | | | | | | | |
| 成都 | 0.000 0 | 0.000 0 | 0.000 0 | 3.000 0 | | | | | | |
| 石家庄 | 0.025 1 | 0.000 0 | 0.255 3 | 0.000 0 | 4.000 0 | | | | | |
| 福州 | 0.233 7 | 0.104 5 | 0.023 0 | 0.000 0 | 0.000 0 | 4.000 0 | | | | |
| 广州 | 0.293 2 | 0.310 4 | 0.015 0 | 0.000 0 | 0.000 0 | 0.339 0 | 3.000 0 | | | |
| 西安 | 0.380 9 | 1.121 2 | 0.355 6 | 0.000 0 | 0.000 0 | 0.000 0 | 0.415 7 | 5.000 0 | | |
| 哈尔滨 | 0.000 0 | 0.000 0 | 0.000 0 | 0.000 0 | 0.000 0 | 0.000 0 | 0.000 0 | 0.000 0 | 3.000 0 | |
| 天津 | 0.003 7 | 0.235 5 | 0.158 4 | 0.000 0 | 0.119 5 | 0.100 2 | 0.000 0 | 0.000 0 | 0.000 0 | 6.000 0 |
| … | … | … | … | … | … | … | … | … | … | … |

（5）城市重叠社群划分。经过多次实证检验，后将规模控制参数$\omega$的取值设定为$2.9 \leqslant \omega \leqslant 3.1$。当$\omega > 3.1$时，城市网络中已无明显的城市社群结构；当$\omega < 2.9$时，城市网络中的城市社群过于密集，无法发现各个城市社群的主要特性。

依据上述方法，最终在我国32座省会城市之中挖掘出9个具有较强独立性的城市社群，并发现7座不属于任何城市社群的游离城市节点。与此同时，按照式（8.4）和式（8.5）计算出了不同城市对各城市社群的聚合度，如表8.5所示。

**表8.5 基于城市网络局部聚类的城市社群划分结果**

| 城市社群 | 城市节点及其社群聚合度 |
|---|---|
| 城市社群1 | 南宁（3.18）；呼和浩特（1.93）；重庆（1.74）；济南（1.76）；西安（1.69）；天津（1.58）；郑州（1.60）；太原（1.49）；乌鲁木齐（1.15）；长沙（1.13）；海口（0.87）；北京（0.80）；石家庄（0.14）；上海（0.34）；拉萨（0.04） |
| 城市社群2 | 银川（74.63）；西宁（72.78）；昆明（2.79） |
| 城市社群3 | 成都（∞） |
| 城市社群4 | 西安（4.27）；长沙（2.55）；济南（2.53）；海口（2.49）；兰州（2.07）；呼和浩特（2.00）；沈阳（1.83）；乌鲁木齐（1.74）；石家庄（0.94）；拉萨（0.19） |
| 城市社群5 | 郑州（3.40）；太原（2.87）；合肥（2.46）；海口（1.96）；沈阳（1.87）；呼和浩特（1.54）；乌鲁木齐（1.06）；上海（0.81）；兰州（0.77）；拉萨（0.13） |
| 城市社群6 | 乌鲁木齐（2.31）；呼和浩特（2.11）；拉萨（0.47） |
| 城市社群7 | 合肥（2.69）；西安（2.59）；沈阳（2.52）；太原（2.38）；乌鲁木齐（2.11）；郑州（1.92）；南昌（1.79）；天津（1.77）；济南（1.62）；兰州（1.41）；长沙（0.94）；上海（0.54）；石家庄（0.44）；拉萨（0.37） |
| 城市社群8 | 南宁（6.20）；郑州（4.64）；合肥（4.41）；武汉（3.94）；重庆（3.60）；太原（3.57）；济南（3.57）；兰州（3.25）；北京（2.55）；呼和浩特（2.39）；天津（2.01）；南昌（1.26）；拉萨（0.38） |
| 城市社群9 | 西安（2.77）；郑州（2.60）；南宁（2.45）；海口（1.74）；长沙（1.31）；北京（0.95）；石家庄（0.81）；上海（0.69）；台北（0.27） |
| 游离城市 | 贵阳；哈尔滨；南京；长春；福州；杭州；广州 |

4. 结果分析与讨论

通过深入分析上述城市社群，发现它们具有较为显著的内部特征：①城市社群1中城市在城市环境、人文印象方面低于平均水平，但在经济政治、城市交通方面评价较高；②城市社群2以银川、西宁为核心，在特色美食方面特征突出，在城市环境、人文印象方面表现优异；③城市社群3仅由成都构成，在人文印象、城市旅游、特色美食方面评价颇高，没有城市能够与之媲美；④城市社群4以西安、长沙、济南为代表，在经济政治、城市旅游方面具有较高评价，虽然重庆在经济政治、城市旅游方面也具有较高评价，但它与城市社群4中城市的语义相似度较低，由此表明其城市特征的评价内容不同；⑤城市社群5以郑州、太原、合肥为代表，在经济政治、城市交通方面评价较高，但在城市旅游方面无明显情感倾向；⑥城市社群 6 均由西部地区城市组成，在城市环境、经济政治方面均有正面评价，并且成员之间的语义信息相似度较高；⑦城市社群 7 中城市在经济政治方面的社会评价高于平均水平，并在人文印象方面也具有较高评价；⑧城市社群 8 以南宁、郑州、合肥、武汉为核心，在高等教育、城市交通方面评价较高；⑨城市社群 9 中城市在城市环境方面评价较低，但在经济政治和特色美食方面评价较高。

与此同时，还发现游离城市与其他城市之间的语义相似度较低，由此表明它们在各方面均具有鲜明特征。例如，杭州在城市环境、人文印象和城市交通方面评价很高，但其社会公众评价内容与其他城市之间存在较大差异。此外，基于标签语义的城市社群划分方法从线上社会认知视角出发，得到的城市社群划分结果与地理区域和行政架构有一定差异。为了支撑线下基于行政构架的城市社群划分方法，依据本案例中的城市社群划分方法还发现了以下 3 点隐含特征。

（1）并非所有地域邻近城市在其城市特征上均具有较高相似性。例如，昆明与拉萨、成都、贵阳之间均未形成城市社群，但郑州与太原、合肥、武汉之间均有很强关联。这表明虽然地域邻近能够促进更频繁的城市交流和人口流动，但这并不是导致城市之间特征相似的充要条件。本章节介绍的方法摆脱了地域限制，能够发现社会认知视角下具有相似城市特征的城市关联。例如，石家庄和海口同属于城市社群 1、4、9，均在城市环境、人文印象方面具有负面评价，在经济政治、城市交通方面具有正面评价。

（2）社会认知的城市社群呈现一定区域性。例如，城市社群 2 和 6 均由西部地区城市组成，城市社群 5 和 8 均由中部地区城市主导。究其原因可知，西部地区城市在城市环境、人文印象、特色美食方面通常拥有正面评价，但在高等教育和城市交通方面通常少有正面评价；而中部地区城市在城市交通、经济政治方面通常获得高度正面评价。由此表明，在国家行政架构的约束和区域发展政策的推动作用下，我国西部地区和中部地区形成了区域之间各异、区域内部相对统一的城市特征，而东部地区和东北地区则并非如此。

（3）城市特色的辨识度与城市定位的明确性存在地域差异。西部地区城市的城市特色辨识度普遍较低。例如，拉萨被同时划分到 6 个城市社群，且均处于社群边缘地位。这表明拉萨尚未形成较为明确的城市定位。同样，乌鲁木齐和呼和浩特被同时划分到 5 个城市社群，并且仅在城市社群 6 中占据核心地位。这表明这两座城市尽管具有相对明确的城市定位，但城市特色的辨识度不高。与此相反，游离城市绝大多数位于东部沿海地区，从这些城市的城市政策和政府文件中可以发现，它们均拥有明确的城市定位和突出的城市特色。

# 第9章　面向城市地名实体的路线推荐服务研究

数据是信息的载体，信息是隐藏在数据中的规律。大数据时代，数据类型和模态更为多样，但不是所有数据都是供普通人来阅读和理解的，有些资源所描述的符号内容只有具备特定领域知识的专家或专门的机器才能理解。在移动智能环境下，由移动智能设备感知的来自 GPS 定位系统和通信信号塔的地理坐标数据就属于该类数据。地理坐标数据实际上是地理空间行为数据的呈现形式，其语义转化是数据向信息转化的重要过程。地理数据的语义转化，一方面将有助于增强普通用户对潜在信息的理解，另一方面也可以深化对用户行为偏好的挖掘。

为了有效发掘地理实体潜在语义关系，本章重点阐述基于关联数据的地理坐标数据语义转化，并提出基于城市地名实体双向链接分析的路线推荐方法，最后结合相关案例进行具体分析。

## 9.1　面向城市地名实体的关联数据构建

面向城市地名实体的关联数据构建过程由 RDF（resource description framework，资源描述框架）数据模型和地理空间本体构建组成。

### 1. RDF 数据模型

RDF 数据模型将确定地理实体术语并构建地理实体关系图谱；地理空间本体能够对地理数据涉及的空间特征进行语义关系的明确表达。RDF 数据模型是关联数据的基础，该模型中各数据元素存在关联，提供合并各种来源数据所需的通用框架。通过 URI 命名实体、谓词和某些客体（三元组）的形式实现地理实体相互连接以形成图谱。针对地理实体关联数据所用术语，结合 Geonames（全球地理数据库）构建具有区域性、功能性以及富含人文信息的地理实体 RDF 数据模型。

2. 地理空间本体

地理本体是哲学本体和信息本体技术的发展，地理本体具有信息本体属性特征的同时，还具有地理信息所特有的空间特征。本体语言对地理本体形式化的描述有利于机器的理解和地理本体模型的逻辑推理。该模型将按照语义元数据格式对地理实体进行本体构建，并以 RDF 三元组形式实现机器理解地理坐标数据在空间层面上的语义关联。由于地理本体需要描述地理信息的空间特征，因此地理本体不仅包含属性关系还包含空间关系。同时，构建本体时主要考虑三种空间关系：①行政等级；②拓扑关系；③位置关系。行政等级是指地理位置在行政区域方面的空间等级关系；拓扑关系是指地理信息所具有的相邻、连接、相离、相交等空间关系；位置关系指相对位置关系，包括方位等。本书在地理实体 RDF 数据模型的基础上，结合地理空间特征构建语义本体模型，如图 9.1 所示。

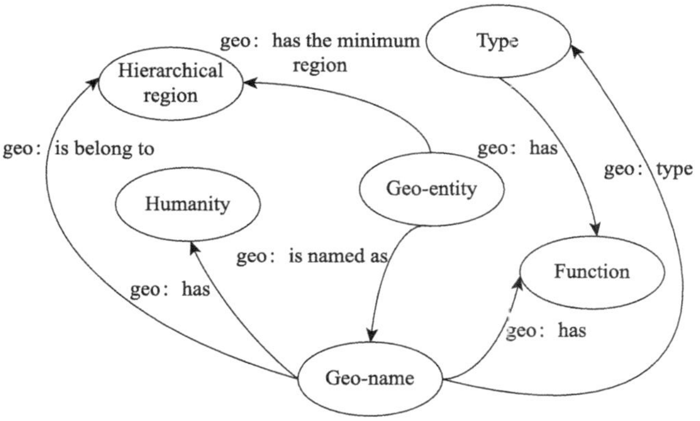


图 9.1　地理坐标数据语义本体模型

地理坐标语义本体是地理本体的一种特殊形式，由概念或类、地理关系、函数、公理和实例构成，本书称之为地理空间本体。本模型是对地理坐标数据反地理编码后的初始语义地理信息以及识别的地理实体进行本体元素抽取、提炼、构建关联关系，其中相关元素的含义如表 9.1 所示。

**表 9.1　地理坐标数据语义本体模型元素含义**

| 元素 | 含义 |
|---|---|
| Geo-entity | 地理坐标数据反地理编码后的初始语义地理信息 |
| Geo-name | 从初始语义地理信息中地理实体识别出的地理位置名称 |
| Humanity | 通过关联其他关联数据（如 DBpedia）表达的地理位置人文信息 |

续表

| 元素 | 含义 |
| --- | --- |
| Function | 该地理位置实体所具有的社会功能，如教育、购物等 |
| Hierarchical region | 地理位置所属的行政级别区域，最小具体到村、街道 |
| Type | 地理位置所附有的社会角色，如学校、广场、商场等 |

# 9.2 基于关联数据的地理坐标数据语义转化模型

## 9.2.1 地理坐标数据的语义转化模型构建

地理语义信息网作为新型地理信息组织方式，将助力于智慧中国、智慧城市的构建以满足地理信息服务智能化需求。地理坐标数据蕴含地理语义信息，需借助语义关联技术揭示语义关系，深入解读相应地点语义信息。目前，地理坐标数据主要来源于 GPS 和移动设备信号塔所确定的经纬度数据。地理坐标数据的语义转化主要由地理坐标数据预处理、关联数据构建及语义转化三个重要部分组成，该模型的构建流程如图 9.2 所示。

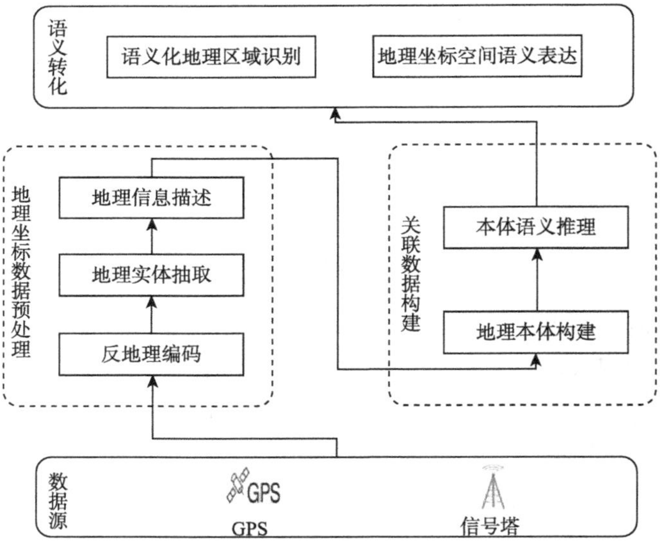


图 9.2 地理坐标数据语义转化模型

地理坐标数据预处理是指利用反地理编码技术进行地理实体抽取，并针对相应的语义地理实体进行地理信息描述；关联数据构建包括地理本体构建和本体语义推理两个部分，利用空间本体构建地理坐标数据的空间语义关联关系，推理地理数据间隐含的语义关系，实现地理数据在空间层面的语义关联；语义转化过程需考虑用户行为的区域性，以及行为目的指向性特点，语义化地理区域识别使得语义转化过程不仅描述单一地理位置的语义信息，而且表达地理坐标数据的空间关系。

### 9.2.2　应用实例

本节将利用采集到的用户行为记录数据，按照 9.2.1 节所述的语义转化模型，结合 9.1 节介绍的关联数据构建方法，构建地理空间信息关联数据库，并借助该关联数据库对用户行为坐标数据进行语义转化。

1. 数据来源

本案例的数据是通过开源情境数据采集软件 AWARE，采集到的某高校 20 位志愿者从 2016 年 10 月 15 日至 10 月 30 日的行为记录。本案例旨在探索地理坐标数据语义转化过程中地理信息语义的充分表达，以便发现用户行为意图和偏好。将 20 位用户移动智能手机中的 locations.db 数据库导出，进行初步数据整理，共抽取 13 余万条连续的地理坐标数据。locations.db 数据库树形结构如图 9.3 所示，其中包括 android_metadata、locations、sqlite_sequence 数据库表，locations 表中记录了时间戳（timestamp）、用户 ID（device_id）、经度（double_latitude）、纬度（double_longitude）等，具体数据格式如图 9.4 所示。

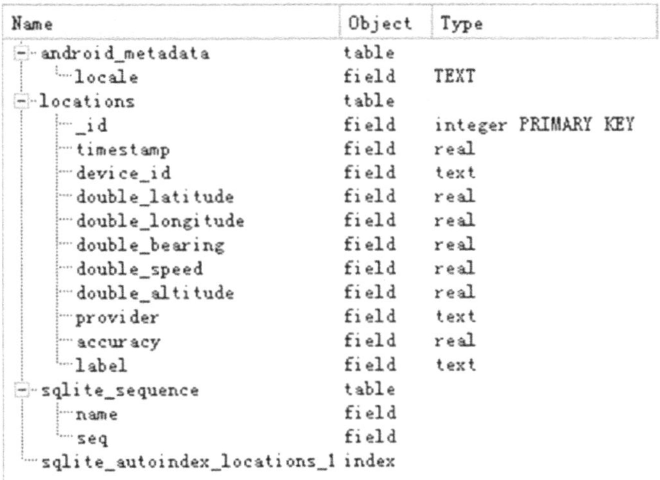


图 9.3　locations.db 数据库树形结构

| _id | timestamp | device_id | double_latitude | double_longitude | | | | provider |
|---|---|---|---|---|---|---|---|---|
| 853 | 1475631068753.0 | e1ae49d9-383c-48 | 29.292024 | 110.480752 | ) | ) | ) | network |
| 854 | 1475631071014.0 | e1ae49d9-383c-48 | 29.353909 | 110.531418 | ) | ) | ) | network |
| 855 | 1475631578506.0 | e1ae49d9-383c-48 | 29.353103 | 110.532969 | ) | ) | ) | network |
| 856 | 1475634911276.0 | e1ae49d9-383c-48 | 29.362102 | 110.488852 | ) | ) | ) | network |
| 857 | 1475634934125.0 | e1ae49d9-383c-48 | 29.362102 | 110.488852 | ) | ) | ) | network |
| 858 | 1475642405129.0 | e1ae49d9-383c-48 | 29.375075 | 110.482814 | ) | ) | ) | network |
| 859 | 1475642419971.0 | e1ae49d9-383c-48 | 29.375075 | 110.482814 | ) | ) | ) | network |
| 860 | 1475642420114.0 | e1ae49d9-383c-48 | 29.375075 | 110.482814 | ) | ) | ) | network |
| 861 | 1475642467811.0 | e1ae49d9-383c-48 | 29.375075 | 110.482814 | ) | ) | ) | network |
| 862 | 1475642560711.0 | e1ae49d9-383c-48 | 29.37475372 | 110.4857373 | ) | ) | ) | gps |
| 863 | 1475642561136.0 | e1ae49d9-383c-48 | 29.37475372 | 110.4857373 | ) | ) | ) | gps |
| 864 | 1475642561208.0 | e1ae49d9-383c-48 | 29.37475372 | 110.4857373 | ) | ) | ) | gps |
| 865 | 1475642561325.0 | e1ae49d9-383c-48 | 29.37475372 | 110.4857373 | ) | ) | ) | gps |

图 9.4 locations 地理坐标数据表

2. 地理坐标数据预处理

依据 9.2.1 节中的数据预处理程序，对 20 位用户的地理坐标行为数据进行预处理，获取包含用户编码（user_id）、经度（double_latitude）、纬度（double_longitude）、语义地址（address）、地理实体名称（geo_entity）的地理坐标数据-实体名称映射表，如表 9.2 所示（以 359**998 用户为例）。

**表 9.2 地理坐标数据-实体名称映射表**

| 用户编码 | 经度 | 纬度 | 语义地址 | 地理实体名称 |
|---|---|---|---|---|
| 359**998 | 30.525 872 | 114.356 08 | 湖北省武汉市洪山区珞狮路 140 黎明苑教师小区内，宝岛眼镜（珞狮路店）西 91 米 | 宝岛眼镜（珞狮路店） |
| 359**998 | 30.521 341 | 114.358 59 | 湖北省武汉市洪山区广场东一路武汉理工大学汽车构造认识实验室西北 95 米 | 武汉理工大学汽车构造认识实验室 |
| 359**998 | 30.521 947 | 114.358 21 | 湖北省武汉市洪山区二环线辅路马房山中学东南 54 米 | 马房山中学 |
| 359**998 | 30.521 336 | 114.358 58 | 湖北省武汉市洪山区广场东一路武汉理工大学汽车电器和新能源实验实训室西北 95 米 | 武汉理工大学汽车电器和新能源实验实训室 |
| 359**998 | 30.519 604 | 114.358 617 | 湖北省武汉市洪山区珞桂路洪山区社会组织孵化基地东南 50 米 | 洪山区社会组织孵化基地 |
| 359**998 | 30.520 769 | 114.358 659 | 湖北省武汉市洪山区珞桂路武汉理工大学汽车维修实习实验室西 80 米 | 武汉理工大学汽车维修实习实验室 |
| 359**998 | 30.521 323 | 114.358 57 | 湖北省武汉市洪山区广场东一路武汉理工大学汽车电器和新能源实验实训室西北 96 米 | 武汉理工大学汽车电器和新能源实验实训室 |
| 359**998 | 30.520 977 | 114.358 324 | 湖北省武汉市洪山区珞桂路马房山教师小区东北 76 米 | 马房山教师小区 |

续表

| 用户编码 | 经度 | 纬度 | 语义地址 | 地理实体名称 |
|---|---|---|---|---|
| 359**998 | 30.521 545 | 114.359 494 | 湖北省武汉市洪山区广场东一路武汉理工大学汽车工程学院-高性能计算中心附近 6 米 | 武汉理工大学汽车工程学院-高性能计算中心 |
| …… | | | | |
| 359**998 | 26.867 241 | 112.627 227 | 湖南省衡阳市雁峰区蒸阳南路湖南省核工业地质局 306 大队西 249 米 | 湖南省核工业地质局 306 大队 |
| 359**998 | 26.867 377 | 112.625 149 | 湖南省衡阳市雁峰区林科路市中南科技学校东 223 米 | 中南科技学校 |
| 359**998 | 27.153 809 | 112.270 623 | 湖南省衡阳市衡阳县碟子塘东南 296 米 | 碟子塘 |
| …… | | | | |

3. 地理空间本体构建

本书从空间信息和文本信息两个角度构建地理坐标数据语义化本体。地理本体是本体的特定应用领域，这里采用自动和半自动方法构建地理空间本体，主要内容包括确定概念实体、概念特征以及概念间的关系，地理信息概念间的关系主要考虑空间关系和属性关系。地理空间本体构建主要依赖于数据预处理阶段的地理实体识别抽取，以及依照地理坐标数据语义本体模型所描述的地理属性关系、地理实体自身所具有的空间关系。这里采用 Protégé 文本编辑器，依据识别的地理实体以及地理空间关系，并参照地理坐标数据语义本体模型，对特定区域用户行为坐标数据进行语义化本体构建，如图 9.5 所示。

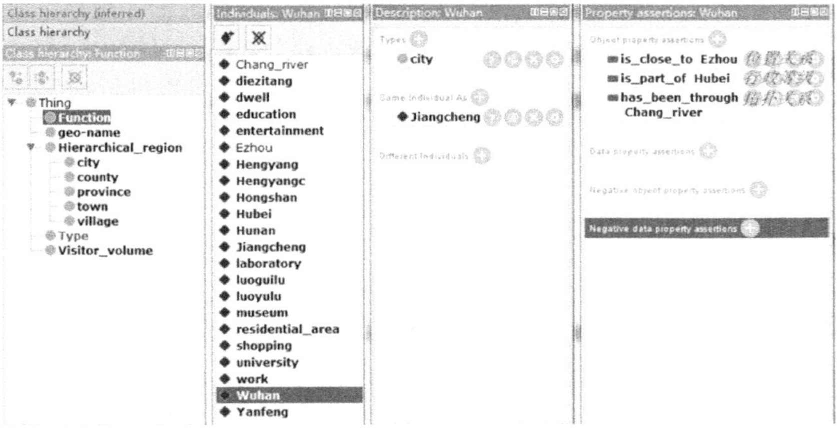


图 9.5　地理空间本体实例

目前，表达地理本体空间关系的主要方法为 OWL（ontology web language，网络本体语言）建模语言，其中 is_close_to 表达位置关系中的邻近；拓展关系中的 is_isolated_with 表示相离，has_been_thrtough 表示横穿；is_part_of 表示行政等级关系。根据 RDF 数据模型，通过地理空间本体构建，明确表达地理对象间的语义关系，并以 OWL 建模语言形式存储，如图 9.6 所示。

```
<owl:NamedIndividual rdf:about="&untitled-ontology-35;
                                武汉理工大学汽车维修实习实验室">
    <rdf:type rdf:resource="&untitled-ontology-35;geo-name"/>
    <has_function_of rdf:resource="&untitled-ontology-35;学习"/>
    <has_type_of rdf:resource="&untitled-ontology-35;实验室"/>
    <is_part_of rdf:resource="&untitled-ontology-35;洪山区"/>
    <lies_in rdf:resource="&untitled-ontology-35;珞桂路"/>
    <is_close_to rdf:resource="&untitled-ontology-35;马房山教师小区"/>
</owl:NamedIndividual>

<owl:NamedIndividual rdf:about="&untitled-ontology-35;宝岛眼镜店">
    <rdf:type rdf:resource="&untitled-ontology-35;geo-name"/>
    <has_type_of rdf:resource="&untitled-ontology-35;商店"/>
    <is_part_of rdf:resource="&untitled-ontology-35;洪山区"/>
    <has_function_of rdf:resource="&untitled-ontology-35;购物"/>
    <is_isolated_with rdf:resource="&untitled-ontology-35;马房山中学"/>
</owl:NamedIndividual>
```

图 9.6 OWL 文件片段

4. 地理坐标数据语义转化

地理坐标语义转化是利用地理语义关系对用户行为地理坐标数据进行地理空间关系构建以及用户行为意图理解。地理坐标数据语义转化过程中需考虑用户行为区域性问题，用户行为的区域性特点影响用户行为规律分析。本案例以编号为 359**998 的用户行为坐标数据（表 9.2），借助所构建的地理关联数据库，对该用户行为进行语义描述。研究发现，该用户的行为具有明显的区域性，通过对地理行政关系树遍历可以得出，该用户活动区域主要分为“武汉洪山”和“湖南衡阳”，针对用户“武汉洪山”坐标行为数据的语义转化可以进行抽象描述，如图 9.7 所示。

语义转化过程中语义粒度的大小是根据研究需求和研究对象设定的。该案例的研究对象为在校大学生，此类研究对象活动范围较小，行为具有区域性，因此研究设定较小的语义粒度。图 9.7 中的抽象语义描述可以对用户的整体学校生活习惯以及行为偏好进行宏观的描述。正如图 9.7 所示，转化之后的抽象描述不仅表达了用户的行为习惯，而且保留了地理数据的空间关系，这有利于在用户认知范围内快速理解地理坐标数据隐含的语义内容。

另外，本案例验证了地理坐标数据语义转化模型的可行性和有效性。从地理坐标数据语义转化抽象描述过程可知，地理坐标数据语义转化模型能为用户行为相似度计算、用户行为偏好挖掘、地理空间资源优化匹配、用户行为意图理解提供技术支持，同时拓宽了用户行为研究的维度，提升了地理空间信息在用户行为研究领域的效应。

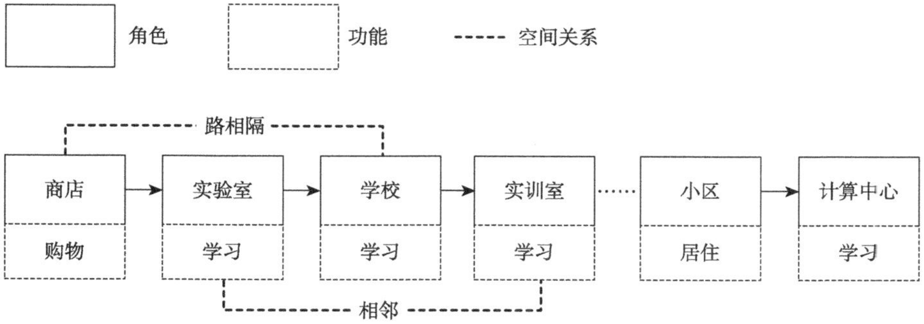


图 9.7　用户行为地理坐标数据语义转化抽象描述

# 9.3　基于城市地名实体双向链接分析的路线推荐过程

城市地名实体既是城市数据画像的重要标记，又是线路推荐研究的主要观测点。结合当前线路推荐算法及效果评价的研究成果，本节以特定场景下不同地名实体形成的有向加权网络为基础数据源，循环计算不同轨迹链隶属于各个地名实体对应理想集的链入链出值，进而在通过布尔逻辑和位置限定运算符表达用户查询需求的基础之上，融合模糊检索算法，实现用户查询与轨迹链的精确匹配。

## 9.3.1　路线推荐研究进展

目前国内路线推荐研究主要集中于计算机科学领域和信息资源管理领域（Adomavicius and Tuzhilin，2005），计算机领域侧重对推荐模型（曹孟毅等，2016）、推荐算法（陆国锋等，2016）、推荐方法在特定场景（尤其是移动场景）下的应用效果等（李晓旭等，2018）内容进行细化研究，而信息资源管理领域则多从地理信息分析、旅游信息资源规划、推荐系统原型设计等（佘新伟，2013）角度进行解析。相比国内，国外路线推荐研究起步更早，提出了很多经典推荐算法，国内推荐算法研究也聚焦于对这些经典算法效果和效率的改进。

将 WOS 作为资源库，对计算机科学、信息与图书馆学领域的期刊论文进行关键词分析。发现 routing、efficiency、cloud computing、recommendation systems、algorithms 等词出现频次较高，如图 9.8 所示。

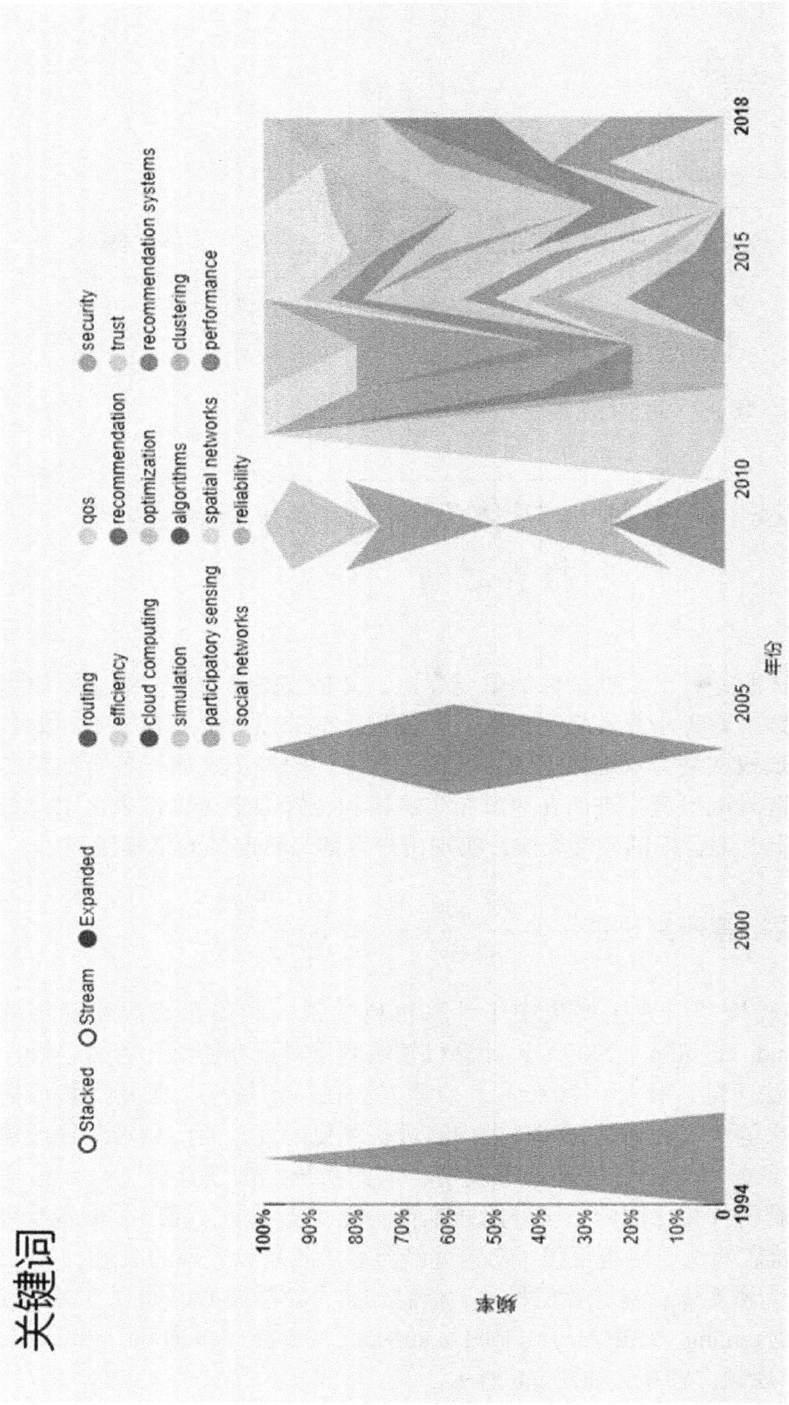


图 9.8 国外路线推荐研究关键词分布

将这些词进行大致分类，可看出国外路线推荐一方面重视融合新技术到推荐算法设计中，如 cloud computing、simulation、participatory sensing、QoS、social networks、spatial networks、clustering 等，另一方面也在积极关注技术融合与结果推荐的效果，如 efficiency、optimization、reliability、security、trust、performance 等。

纵观国内外路线推荐研究成果，大多偏重推荐过程分析，对用户需求表达及解析、多元化推荐策略设计关注不够，同时匹配过程更多采用经典的推荐算法，这些推荐算法有的是基于统计分析的推荐（如协同过滤），有的是基于语义分析的推荐（如基于内容或知识的推荐），这些推荐算法各有优劣。

### 9.3.2　路线推荐模型构建

基于城市地名实体双向链接分析的路线推荐引入了模糊集合计算逻辑，融合两类推荐算法，设计基于城市地名实体双向链接分析的路线推荐模型，模型框架如图 9.9 所示。

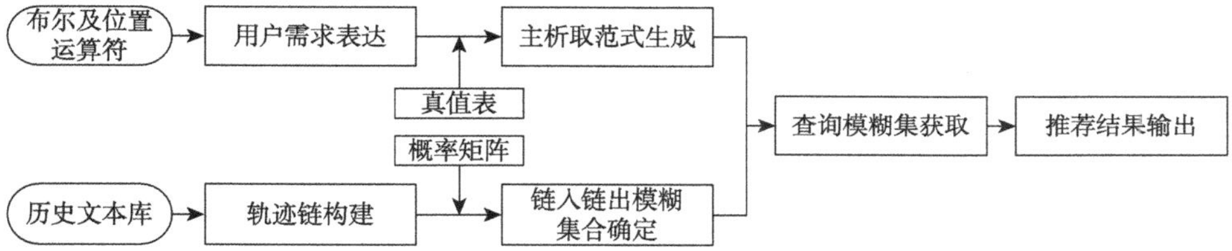


图 9.9　基于城市地名实体双向链接分析的路线推荐研究思路

从图 9.9 描绘的思路图可以看出，研究采用了信息检索模型的通用三元表达形式：查询、文档及二者匹配算法。查询部分综合考虑布尔逻辑表达和位置运算符来直接或间接设计表达式，这种处理方式既考虑到查询主体的信息检索素养，又与结构化文档对应的轨迹链形式相契合；对文档的处理是对既往文本网络化有序化的过程，涉及地名实体抽取、地名实体链接概率计算、轨迹链构建等环节；匹配算法部分引入模糊检索逻辑，将原来的信息检索问题提升为自主学习预测模型的构建问题，预测模型的基础训练集就是不断在扩展的轨迹链集合，预测模型目标解是与查询相关度最高的轨迹链集合。

基于城市地名实体双向链接分析的路线推荐研究主要包括轨迹链构建、地名实体链入链出集合计算和基于链接分析结果的推荐策略研究三部分，其中轨迹链构建为后续两部分提供了基础数据，地名实体链入链出集合计算用于测度任一轨迹链隶属于当前地名实体对应的理想集的程度，基于链接分析结果的推荐策略研究则是在充分考虑用户需求的基础之上，设计用户需求表达方式、需求与轨迹链的匹配算法和评价路线推荐效果。

1. 轨迹链构建

轨迹链构建借鉴了事件链建模思想，从文本中提取地名实体及其出现位置，序贯相连就形成了轨迹链。轨迹链的最小组成单位为由相邻地名实体构建的有向三元组，形式可以表述为（$V_m$，$V_n$，$E$），$V_m$表示前链，$V_n$表示后链，$E$ 表示 $V_m$ 指向 $V_n$的连边，$E$ 取值为 0 或 1，0 表示前后链之间存在连接关系，反之不存在连接关系。轨迹链中的最小单元允许多次重复，此时 $E$ 值则为重复连边累计之和。多个轨迹链中由某些相同地名实体连接，形成了地名实体的有向加权网络。但地名实体的加权网络与一般的节点加权网络还存着一定差别，主要体现为：①地名实体的加权网络由轨迹链拓展而来，其结构相对简单，节点数目不多，连通性一般；而一般的节点加权网络结构与具体应用场景存在紧密关系，往往较为复杂，语义关系类型更多样，连通性较好。②地名实体的加权网络是对既往非结构化文本资源网络化组织的结果，网络连接的基础建立在概率统计计算之上，因此可在某种程度上用于推理及预测，但随着历史数据的不断更新，不同时间点推理及预测结果可能存在差别；而一般的加权网络推理则基于事先定义好的语义规则（关系属性、公理、常识等）来实现，因而较为稳定。③地名实体加权网络的推理服务于推荐和预测；一般的加权网络推理则服务于知识管理（李纲和叶光辉，2014）。不同轨迹链连接后形成的组织既可以表示为网络，也可以描述为网络对应的邻接矩阵。为排除矩阵值绝对值计算对结果造成的影响和提升计算结果的收敛效率，还需对矩阵进行归一化处置，生成地名实体的概率矩阵。

2. 地名实体链入链出集合计算

地名实体链入链出集合计算以上述生成的概率矩阵为基础数据源，计算任意轨迹链隶属某个地名实体对应理想集的程度。该计算模式参考模糊集合计算逻辑（Zadeh，1965），模糊集合计算区别于简单的二值判定，认为每个轨迹链可隶属于一个及以上地名实体对应的理想集，也就是说每条轨迹链可与任意地名实体存在关联关系，只是关联程度存在一定差异，这种处理策略更符合用户进行路径选择时的心理认知，默认初始状态下地名实体之间形成了完全连通图，随着历史轨迹链集合的不断丰富，完全连通图中的某些路径由于不断被选择而得到强化，有些路径则始终处于初始状态或缓慢强化的状态。

由于地名实体之间形成的网络是有向加权网络，因此每个地名实体对应的理想集存在两个：链入理想集和链出理想集，因此对应的计算也分为链入理想集计算和链出理想集计算。前者是在 $V_n$已知的情形下，计算某一轨迹链与 $V_n$对应理想集之间的隶属程度；后者是在 $V_m$ 已知的情形下，计算某一轨迹链与 $V_m$ 对应的理想集之间的隶属程度。隶属度计算方法如下：定义与地名实体 $GE_i$ 相关的链入模糊集合为 $GS_{i+}$，定义与地名实体 $GE_i$ 相关的链出模糊集合为 $GS_{i-}$，对于任一轨迹链 $GC_j$，其隶属度值都可通过式（9.1）来计算（Ogawa et al.，1991），式（9.1）中，$\mu_{ij}$ 表示隶属度大小，$C_{ij}$ 表示概率矩阵中对应的数值。

$$\mu_{ij} = 1 - \Pi\left(1 - C_{ij}\right) \tag{9.1}$$

计算差别在于当计算 $GS_{i+}$时，选择 $GE_i$ 在概率矩阵中对应的列数值来计算；当计算 $GS_{i-}$时，选择 $GE_i$ 在概率矩阵中对应的行数值来计算。在计算中，如果 $GC_j$ 中的地名实体与 $GE_i$ 有联系，那么该轨迹链就属于与 $GE_i$ 相关联的理想集。无论何时，$GC_j$ 中只要存在一个地名实体与 $GE_i$ 有强联系（即概率矩阵中对应的数值为 1），那么 $\mu_{ij}=1$，就可以说 $GE_i$ 对于 $GC_j$ 来说是一个好的模糊索引。相反，当 $GC_j$ 中的所有地名实体都与 $GE_i$ 几乎都没有联系时，则说 $GE_i$ 对于 $GC_j$ 来说不是一个好的模糊索引。模糊匹配算法及模糊索引的设计都将极大提升推荐效率和效果。

### 3. 基于链接分析结果的推荐策略研究

基于链入链出集合计算结果，结合用户需求，可有效实现路线的推荐，目前在推荐领域应用较多的方法包括协同过滤、基于内容的推荐、基于知识的推荐、混合推荐等，其中协同过滤是应用最为广泛的推荐算法（Jannach et al.，2013），但这里采用的推荐算法是融合模糊集合计算的改进型协同过滤算法，通过算法在对基础数据进行有效组织与分类后，如何表达用户需求并实现需求与上述分类数据的匹配仍是实现路线推荐的关键部分。

（1）用户需求表达：目前用户需求表达常见方式有两种：一是用户结合自身规划，选择部分关键地名实体作为检索标识点，借助布尔运算符构建上述地名实体的逻辑表达式，该表达式被提交到前端，经过格式转换、模糊匹配、排序输出等流程实现备选路线的推荐，这种需求表达方式利于计算机处理，但对用户端压力较大，适合需求相对明确且具备一定信息组织与表达能力的用户，同时布尔逻辑表达无法实现地名实体间的排序，因此必须要结合位置运算符来限定地名实体之间的序贯关系，实现更加精准的推荐结果；二是采用自然语言方式进行表达，这种形式对用户端压力相对较小，但系统前端在原有处理流程的基础之上需要添加对自然语言文本地名实体识别及序贯关系判别的步骤。两种方式面向不同场景下的用户需求表达，但其实二者处理过程存在着较多重叠的部分，布尔逻辑表达方式可以说是自然语言表达方式的子集。

（2）模糊匹配：在用户需求表达出来后，还需要设计需求与轨迹链集合匹配的方式。匹配的第一步需要首先将用户逻辑表达式进行数学转换，采用方式为布尔逻辑运算和数学中主析取方式求解。无论哪一种方式的用户需求，最终都要在前端转换为不同地名实体的布尔逻辑表达式，该表达式通过真值表法可转换为不同地名实体形成的极小项，但由于不同地名实体之间还存在着序贯关系，因此需要将上述获取的极小项进行二次遴选，在此假定通过地名实体识别后获取的逻辑表达式为 $GE_o$ AND（$GE_p$ OR NOT $GE_Q$），$GE_o$、$GE_p$ 和 $GE_Q$ 代表被检索的地名实体，为检索式中的原子，求解该逻辑表达式的主析取范式，该主析取方式全部由极小项通过 OR 连接而成，极小项指代的是一个式子包括所有原子（含原子否定），且原子之间以 AND 相连的式子。求解步骤为：①列出检索式真值表，每个地名实体在轨迹链中存在两种状态，出现或不出现，出现表示为 1，不出现表示为 0，示例中的地名实体共计 3 个，则共计 8 种排列组合形式；②取出上述排列组合中表达式为真的记录，析取极小项；③得到的主析取范式中的极小项中的原子是无序排列的，此时还需要结合位置运算符对原子排序情况进行限定。

（3）模糊结果输出：逻辑表达式对应的模糊集合是所有与查询组件相关联的模糊集的并集，这里的查询组件为极小项，其关联的模糊集为极小项中每个地名实体对应理想集的交集，因为每个地名实体都对应链入和链出两个理想集，则在计算并集之前需要依照三种情况判别地名实体关联到哪一个理想集：如果当前地名实体通过位置运算符设定了明确的位置关系，则在前面出现的地名实体对应链出理想集，在后面出现的地名实体对应链入理想集，此时前后地名实体之间还可以有其他地名实体；如果只是通过位置运算符限定两个地名实体位置邻近，但排序没有明确要求，则需要综合链入和链出理想集来合并处理。通过上述计算和阈值设定可获取每个极小项对应的模糊集，之后取上述模糊集的并集即可得到逻辑表达式对应的模糊集。最后计算模糊集中的每个轨迹链隶属于模糊集的程度，计算公式参见式（9.2），与式（9.1）存在较大相似性，差别在于式（9.1）计算的基础数据源为概率矩阵，而式（9.2）计算的基础数据为主析取范式和通过概率矩阵求解出来的隶属度。

$$\mu_{q,j} = \mu_{\mathrm{cc}_1+\mathrm{cc}_2+\cdots+\mathrm{cc}_{n,j}} = 1 - \Pi\left(1 - \mu_{\mathrm{cc}_{i,j}}\right) \tag{9.2}$$

式（9.2）中 $\mu_{q,j}$ 表示用户查询式对应模糊集中的每条轨迹链隶属于模糊集的程度，$\mathrm{cc}_n$ 表达主析取范式的组成单元极小项，$q$ 代表主析取方式对应的逻辑表达式，$j$ 表达模糊集中的任意轨迹链。按照 $\mu_{q,j}$ 的数值大小排序输出即可得到推荐结果，而每天线路的推荐指数可与隶属度数值一致，也可以是隶属度值归一化或综合计算的结果。

# 9.4　路线推荐服务实证分析

本节将根据 9.3 节所述的路线推荐方法，以赴香港旅游游记文本为例，具体阐述基于城市地名实体双向链接分析的路线推荐服务实现过程。

1. 数据分析

香港是旅行者理想的目的地，同时伴随着文化产业的输出，香港众多地名早已成为其城市文化的重要标识，因此选取赴港旅游游记文本作为历史文本，共计 801 篇。参照 9.3 节理论分析，实证步骤依次为：

（1）对采集到的游记文本进行地名实体识别，地名实体排序按照实际旅行者参观的先后顺序，与文本对应，共计得到 801 组地名实体序列。

（2）将上述 801 组地名实体序列进行数据存储方式的转换，定义三个字段：地名实体、编号和记录号。地名实体对应每组序列中的实际名字，编号对应地名实体在当前序列中的位置，最先出现的即为 1，以此类推，记录号表达序列编号。形式如表 9.3 所示，转换后的记录数为 4 410 条，并存储到 MySQL 数据库中。

**表 9.3　地名实体序列转换示意结果**

| 地名实体 | 编号 | 记录号 |
|---|---|---|
| 深水埗 | 1 | 1 |
| 昂坪 | 1 | 1 |
| … | … | … |
| 长洲岛 | 1 | 801 |

（3）在上一个步骤中的处理只是揭示了记录号与地名实体之间的关联形式，以表 9.3 中记录号字段为连接点，借助数据查询中自身连接操作，并限定相连两个表中编号之差为 1，可得到地名实体轨迹链的基本组成单元，即链入地名实体、链出地名实体、记录号，此时记录号表示链入链出地名实体之间存在着序贯关系，但连接权重未知。

（4）以链入链出地名实体为分组变量，以记录号为计数统计字段，可获取链入链出地名实体之间的有向连接次数，生成地名实体之间的有向加权网络，该网络共计包括 32 个地名实体，630 条连边，联系权重越大线条越粗，网络结构如图 9.10 所示。

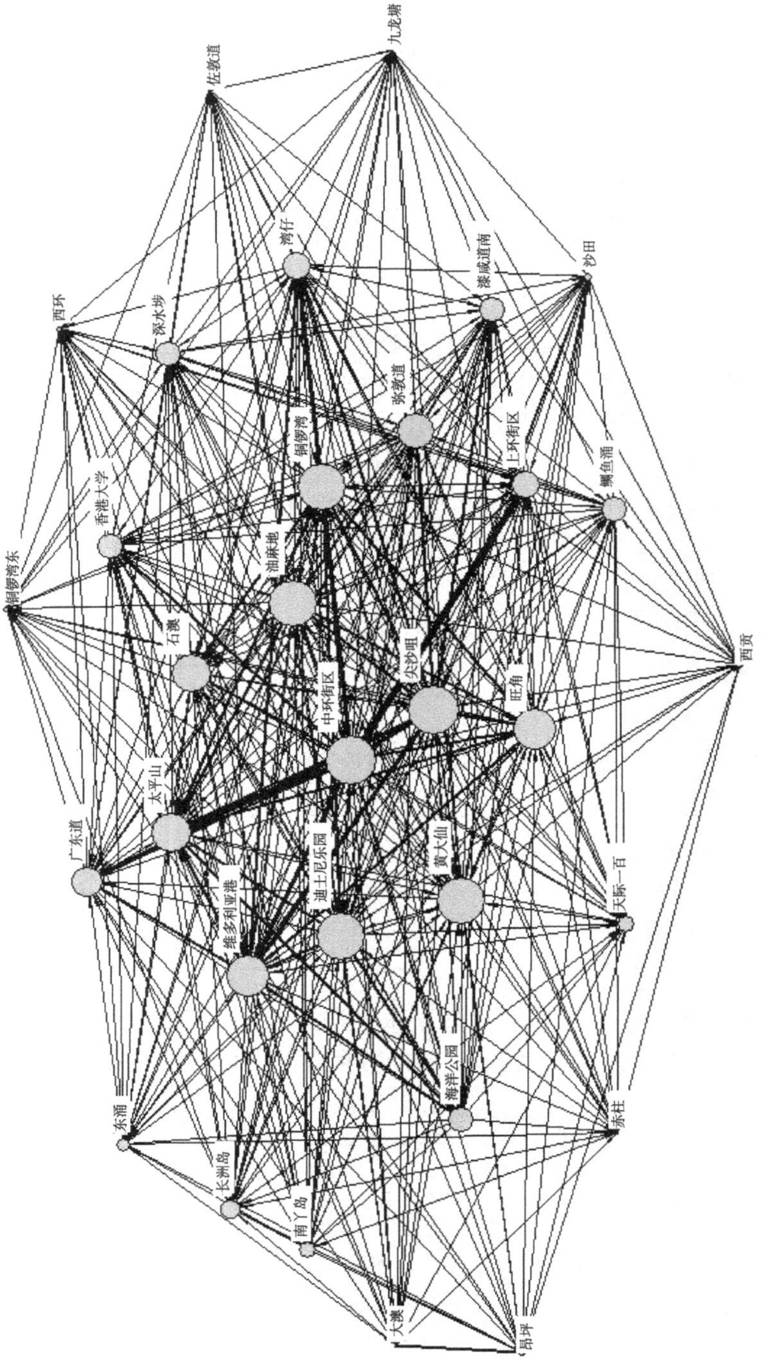


图 9.10 地名实体链接图

（5）上述有向加权网络有其对应的邻接矩阵，经过最大最小值归一化方式转换，可得到邻接矩阵对应概率矩阵，概率矩阵数值代表行地名实体链入列地名实体的概率大小。

（6）基于地名实体间的概率计算值，按照模糊集合计算逻辑，利用 Python 计算历史轨迹链隶属于任意地名实体链入和链出集合的程度大小，计算的部分核心代码如下：

```
++++++++++++++++++++++++++++++++++++++++++++++++++++++++++++++++++++++++++++++++++++++++++++
# -*- coding： utf8 -*-
import pandas as pd
list = pd.read_csv（"D：//Python/eventcon/after-prob.csv"，encoding="gbk"）
track = pd.read_csv（"D：//Python/eventcon/track.csv"，encoding="gbk"）
filename = "D：//Python/eventcon/after.txt"
s =['昂坪'，'赤柱'，'大澳'，'迪士尼乐园'，'东涌'，'广东道'，'海洋公园'，'黄大仙'，'尖沙咀'，'九龙塘'，'弥敦道'，
    '南丫岛'，'漆咸道南'，'沙田'，'上环街区'，'深水埗'，'石澳'，'太平山'，'天际一百'，'铜锣湾'，'铜锣湾东'，'湾仔'，
    '旺角'，'维多利亚港'，'西贡'，'西环'，'香港大学'，'油麻地'，'鲗鱼涌'，'长洲岛'，'中环街区'，'佐敦道']
index = 0
with open（filename，"w"）as f:
 while index < len（s）：
    spot = s[index]
    i = 1
    while i < 807：
        tr = track[track['trno']==i]
        tr2 = tr['scene']
        rs = list[list['after'] ==spot]
        rs2 = rs[['front'，'s']]
        rs3 = rs2[rs2['front'].isin（tr2）]
        re = 1-rs3['s']
        f.write（spot+'\t'+str（1-re.prod（））+'\n'）
        print（spot+str（1-re.prod（）））
        i = i + 1
```

*index = index+1*

++++++++++++++++++++++++++++++++++++++++++++++++++++++++++++++++++++++++++++++

经过两次计算，上述代码计算共输出两个文件：after.txt 和 front.txt，通过循环遍历，每个计算文件包括 32×801 条记录，32 代表地名实体的数目，801 代表轨迹链的数目，二者两两组配，共计获得 25 632 条记录，包含隶属度为 0 的记录。随着历史文档不断增多，计算及存储的工作量也会不断变大，此时可根据实际需求，设定阈值，筛除隶属度低于阈值的记录，这样在一次查询事务中，地名实体所对应的链入链出理想集规模就可根据实际情况进行调整。记录样式如表 9.4 所示。

**表 9.4　地名实体链入链出集合计算结果**

| 地名实体 | 轨迹链编号 | 链入隶属度 | 链出隶属度 |
|---|---|---|---|
| 昂坪 | 1 | 0.047 | 0.098 |
| 昂坪 | 1 | 0.064 | 0.138 |
| … | … | … | … |
| 佐敦道 | 801 | 0.013 | 0.073 |

（7）采用自然语言或预定义好的逻辑运算符表达自身查询需求，在此借鉴 Web of Science 平台提供的布尔逻辑运算符和位置限定运算符，布尔逻辑运算符优先级顺序为 NOT、AND、OR，位置限定运算符优先级顺序为 WITH/$n$、NEAR/$n$（注意 WITH/$n$ 为自定义的位置运算符，$n$ 表示地名实体之间可以间隔其他地名实体的数目），总体上位置运算符的优先级高于布尔逻辑运算符，通过括号可以改变现有的优先级顺序。在此随机选择三个地名实体即沙田、旺角和湾仔，如果组配需求为“沙田 OR 旺角 AND 湾仔”，将找到包含地名实体沙田的轨迹链或同时包含旺角和湾仔的轨迹链；但如果组配需求为“（沙田 OR 旺角）AND 湾仔”，将找到同时包含沙田和湾仔的轨迹链，或者同时包含旺角和湾仔的轨迹链。无论哪一种表达方式都对二者参观顺序没有直接要求，此时这三个地名实体不需要区分链入理想集和链入理想集，统一合并为理想集，任意轨迹链隶属于这三个地名实体对应理想集的程度为链入链出值的均值。以“沙田 OR 旺角 AND 湾仔”为例，采用真值表法计算其对应的主析取范式为（1，0，0）∨（1，0，1）∨（1，1，0）∨（1，1，1）∨（0，1，1），依次计算每个极小项对应的模糊集（设定阈值为 0.5），计算结果如表 9.5 所示。

**表 9.5　极小项对应模糊集计算结果（不考虑地名实体参观顺序）**

| 极小项 | | 地名实体对应轨迹链集合 | 极小项对应模糊集 |
|---|---|---|---|
| （1，0，0） | 沙田 | $A=\varnothing$ | $\varnothing$ |
| | 旺角 | $U-B$ | |
| | 湾仔 | $U-C$ | |
| （1，0，1） | 沙田 | $A=\varnothing$ | $\varnothing$ |
| | 旺角 | $U-B$ | |
| | 湾仔 | $C$={2，3，8，19，26，34，39，72，121，136，199，272，406，504，575，635} | |
| （1，1，0） | 沙田 | $A=\varnothing$ | $\varnothing$ |
| | 旺角 | $B$={8，26，34，39，73，88，136，199，205，216，272，349，375，406，635，640，789} | |
| | 湾仔 | $U-C$ | |
| （1，1，1） | 沙田 | $A=\varnothing$ | $\varnothing$ |
| | 旺角 | $B$={8，26，34，39，73，88，136，199，205，216，272，349，375，406，635，640，789} | |
| | 湾仔 | $C$={2，3，8，19，26，34，39，72，121，136，199，272，406，504，575，635} | |
| （0，1，1） | 沙田 | $U$ | {8，26，34，39，136，199，272，406，635} |
| | 旺角 | $B$={8，26，34，39，73，88，136，199，205，216，272，349，375，406，635，640，789} | |
| | 湾仔 | $C$={2，3，8，19，26，34，39，72，121，136，199，272，406，504，575，635} | |

注：$U$ 代表隶属度≥0.5 的轨迹链集合，$A$ 代表沙田对应的理想集，$B$ 代表旺角对应的理想集，$C$ 代表湾仔对应的理想集，−表示差集运算符号

（8）将表 9.5 中各个极小项对应的模糊集进行并集运算，即可获得用户查询需求对应的模糊集{8，26，34，39，136，199，272，406，635}，然后依次计算出该模糊集中各个轨迹链隶属于用户查询需求对应理想集的程度，如表 9.6 所示。

**表 9.6　不考虑地名实体参观顺序的线路推荐结果**

| 轨迹链编号 | 隶属度 | 轨迹链编号 | 隶属度 |
|---|---|---|---|
| 8 | 0.332 | 199 | 0.300 |
| 26 | 0.301 | 272 | 0.282 |
| 34 | 0.314 | 406 | 0.277 |
| 39 | 0.258 | 635 | 0.278 |
| 136 | 0.311 | | |

由表9.6可知，轨迹链8与用户查询需求相关性最高，但各个轨迹链与用户查询需求的相关程度的差异性不明显，用户此时可根据反馈结果修正查询式，添加位置限制符进行二次查询。

（9）如果考虑上述地名实体之间的顺序，如用户期望先参观旺角，然后再到湾仔，则补充位置运算符后的表达式为“沙田 OR 旺角 WITH 湾仔”，检索式中涉及位置限定的地名实体对应的理想集要区分链入和链出理想集，不涉及的地名实体则参照之前的处理方式。以“沙田 OR 旺角 WITH 湾仔”为例，其极小项对应的模糊集计算结果如表9.7所示。

**表 9.7　极小项对应模糊集计算结果（考虑地名实体参观顺序）**

| 极小项 | | 地名实体对应轨迹链集合 | 极小项对应模糊集 |
|---|---|---|---|
| （1，0，0） | 沙田 | $A=\varnothing$ | $\varnothing$ |
| | 旺角 | $U-B$ | |
| | 湾仔 | $U-C$ | |
| （1，0，1） | 沙田 | $A=\varnothing$ | $\varnothing$ |
| | 旺角 | $U-B$ | |
| | 湾仔 | $C=\{8, 26, 88, 199\}$ | |
| （1，1，0） | 沙田 | $A=\varnothing$ | $\varnothing$ |
| | 旺角 | $B=\{3, 8, 26, 34, 39, 73, 88, 136, 199, 205, 245, 272, 375, 406, 475, 495, 620, 635, 638, 717\}$ | |
| | 湾仔 | $U-C$ | |
| （1，1，1） | 沙田 | $A=\varnothing$ | $\varnothing$ |
| | 旺角 | $B=\{3, 8, 26, 34, 39, 73, 88, 136, 199, 205, 245, 272, 375, 406, 475, 495, 620, 635, 638, 717\}$ | |
| | 湾仔 | $C=\{8, 26, 88, 199\}$ | |
| （0，1，1） | 沙田 | $U$ | {8，26，88，199} |
| | 旺角 | $B=\{3, 8, 26, 34, 39, 73, 88, 136, 199, 205, 245, 272, 375, 406, 475, 495, 620, 635, 638, 717\}$ | |
| | 湾仔 | $C=\{8, 26, 88, 199\}$ | |

注：$U$ 代表隶属度≥0.5 的轨迹链集合，$A$ 代表沙田对应的理想集，$B$ 代表旺角对应的链出理想集，$C$ 代表湾仔对应的链入理想集，−表示差集运算符号

对表 9.7 中最后一列各个极小项对应的模糊集进行并集运算，获取修正后用户查询对应的模糊集{8，26，88，199}，集合中各轨迹链隶属于用户查询对应理想集的大小如表 9.8 所示。

表 9.8　考虑地名实体参观顺序的线路推荐结果

| 轨迹链编号 | 隶属度 | 轨迹链编号 | 隶属度 |
|---|---|---|---|
| 8 | 0.283 | 88 | 0.259 |
| 26 | 0.266 | 199 | 0.263 |

从表 9.8 结果可以看出，添加位置限制符后，线路推荐结果相较之前明显减少，但两者推荐结果存在较大重合度，如两次推荐结果都包括轨迹链 8、26 和 199，但也存在一定差异，如 88 号轨迹链在第一次推荐结果中并未出现，出现这种情况主要在于用于匹配计算的理想集及隶属度发生了一定变化：在历史轨迹链集合中，88 号轨迹链隶属于湾仔对应链出理想集的程度为 0.485，隶属于湾仔对应链入理想集的程度为 0.512，隶属于湾仔对应综合理想集的程度为 0.498，在阈值设置为 0.5 的情形下就出现了上述差异。在实际推荐系统中，第二次推荐可以在第一次推荐结果的基础上进行检索，这样就可以最大限度地消除推荐结果集上的差异。

2. 结果与讨论

综上分析可知，融合模糊逻辑的线路推荐算法与以往协同过滤算法、基于知识的推荐算法存在着较大差异，算法将用户对推荐结果的评价作为匹配算法的重要参数，在融合推荐过程中，可为用户提供更为多样性的推荐策略；同时，随着入库文本的不断增加，概率矩阵规模不断变大，轨迹链链条之间的概率更接近统计水平，稳定性也越强，基于此获取的推荐结果也将越来越准确，因为概率矩阵是地名实体大规模有向链接分析的加权结果，是反映公众认知的有效视图。

# 第 10 章　基于标签语义挖掘的“印象·城市”智慧服务平台

美国哲学家、诗人 R.W.Emerson 曾说：“城市是依靠记忆存在的。”随着时间推移，城市的每一部分、每一角落都会烙下当地的特征，转化为含有公众认知和公众情感的社会印象，进而被公众记忆。这种大众印象不仅是个人对社会环境认识的重要组成部分，同时也对城市建设起着促进作用。

“印象·城市”智慧服务平台的核心思想便是基于大众用户参与城市治理的愿望，借助社会化标签的方式，让公众自由表达对城市各个方面的直观感受，形成“城市印象”。然后，通过对“城市印象”的整合分析，得到公众关于城市的时序印象和空间印象，以及不同城市通过相似或耦合“印象”形成的关联网络。

该平台的实现有利于充分调动公众的积极性，增强政府与社会的沟通力度，辅助政府部门合理决策，从而提高城市全面感知、利用公众信息的能力，为城市的健康和谐发展奠定稳固的社会基础。

## 10.1　“印象·城市”智慧服务平台构建的必要性、可行性及创新性分析

### 1.“印象·城市”智慧服务平台构建的必要性

（1）国家方针政策指引。2014 年以来，“以人为本”的智慧城市建设理念在应对城市问题方面受到广泛关注。该理念提出智慧城市建设的关键是进一步改善城市的社会治理，探讨如何实施参与式社会治理的相关项目。在 2016 年发布的“十三五”规划中，参与式社会治理占据突出地位。根据规划，政府力求通过社会合作、公众参与和法治，发展党领导下的社会治理体系，实现政府管理、社会

规制和居民自治的良好互动。2017 年 3 月 5 日，国务院总理李克强在《政府工作报告》中提出“推动社会治理创新”的概念。具体而言，就是要改善群众自治、社区治理及社会组织的角色，保障人们的合法权益。种种迹象表明，确保地方政府让公民和各利益相关方更广泛地参与到城市社会治理中，赋予他们更多的权利，提高政府的数据收集能力和政策透明度，是当前智慧城市发展的主要趋势。在这一时代背景下，国家政策方针对公众参与城市治理的强化为构建“印象·城市”智慧服务平台提供了政策性指导。

（2）政府与公众统一的城市发展愿景。当下许多智慧城市建设项目主要关注城市的基础设施，着力通过新一代信息技术提高城市硬件的智能化程度，对于如何满足人们生活中多样化的需求，促进城市的智慧化管理和服务缺乏深刻认识。本书意识到，尽管公众系统地参与城市社会治理存在许多阻碍，但仍有越来越多的城市在实践中发现公众在社会治理上的参与能够为改善政府服务指明方向，有利于提高政府绩效，实施有效的外部监督。同时，公众参与也能促进公众意见表达，充分释放自身潜力，推动政府与公众间的对话，从而形成政府和公众统一的城市发展愿景。因此，通过获取城市印象进行公共治理，是智慧城市建设的重要途径。

2. “印象·城市”智慧服务平台构建的可行性

（1）符合公众参与意愿。公众是城市的建设者和主人公，也是城市的受益者。这些城市人希望自己所在城市变得越来越好，更加适宜生活、工作和学习。在日常生活中，有些公众是城市建设的积极者，会主动通过政府信箱、信访、电视媒介、网络留言等表达自己对城市建设的看法，其中很多都被政府部门采纳，并改善城市建设。但其他人并不是对城市建设和发展没有看法，而是隐藏在内心，或者局限于一小群人的讨论中，不愿意通过信访等复杂且严肃的方式表达。在社交媒体迅速发展的今日，绝大多数公众都活跃于网络社交平台，享受其中的轻松、便捷的沟通交流方式。所以在网络社交环境下，公众更愿意主动表达自己对城市的看法，再结合标签这种简单的方式，会吸引更多的城市人参与其中，共同构建“城市印象”。

（2）符合城市建设需要。与生活在城市中的公民脱离，城市这一概念就无从谈起。了解民生，关注民生是政府部门的基本职责，也是城市管理的内在需要。公共治理的核心就是要让广大公民参与到城市治理中来，对城市建设中存在的问题献计献策。而公众通过“印象标注”主动提供对城市的看法，无疑是政府部门的内在需要，也是城市发展的驱动力。此外，政府部门对公众印象的跟踪，有助于弥补和优化城市的治理，在解决公民关心的生活问题的同时，也提高了公民对政府的信任。所以，本平台的构建符合城市建设的需要，迎合政府部门关注民生的职责需要，易于得到政府部门支持。

（3）经济成本较低。本平台是开放式平台，通过引导公众自发进行“城市印象”的标注和收集，借助简单的方式就可以获取大量公众关于城市的印象标签，成本低廉，利用价值潜力巨大。

（4）技术可实施。本平台的实施主要通过网站平台开发的思路和技术展开，后台数据处理借助数据清洗、统计分析、情感分析等技术方法进行，实施难度中等。此外，还可通过移动设备端的接口开发来支持移动 App、微信订阅号，以方便用户随时随地关注城市变迁，表达自己的“印象”。

### 3. “印象·城市”智慧服务平台构建的创新性

（1）依据公众对城市发展现状的动态感知，形成关于城市的社会化标签集合，从不同侧面呈现了公众对城市发展现状的“智慧”，形成公众视角下的“城市印象”。这既为公众提供了一个了解城市状况、参与城市社会治理的开放平台，也为政府提供了一个监测城市病、控制舆情、辅助决策的有效工具。

（2）“印象”标签类目体系清晰，健康、教育等分类结构能够较好代表公众对城市的习惯描述方式，进一步对公众标签进行情感倾向分析，能够更细致地反映用户关于城市建设的情感态度，有助于政府部门动态监测舆情走势。

（3）基于“城市印象”，借鉴社会网络思想，通过不同分面下的标签“印象”共现关系构建城市之间的关联网络。这种基于公众印象构建形成的城市网络，区别于以往通过经济贸易等方式构建的城市网络，有助于从不同的视角分析城市联系。

（4）在对城市网络的分析中，依据Bacon指数理论及相关的社会网络分析方法，以某一选定的中心城市为基准，计算其他城市与该中心城市的亲疏程度，呈现城市之间的距离图谱，有助于发现公众眼中的城市相似关系。而通过标签语义关系的分析，有助于得出基于语义的城市内在联系，进一步应用于印象服务。

综上分析可知，借助社会化标签能够表达“城市印象”，有助于增强大众改造城市的欲望，便于从社交网络中直观、实时、低成本地获取公众的“城市印象”，帮助进行公共治理。同时，相比传统智慧城市建设思路，该平台立足公众视角，通过获取反映公众“智慧”的“城市印象”来助力智慧城市的建设，构建了一个政府与公众交流的平台，而这将为公众参与城市社会治理提供一条新的路径，同时也提供了进一步优化智慧城市建设的思路。

## 10.2　“印象・城市”智慧服务平台构建思路

“印象・城市”智慧服务平台构建的核心思想是从社交网络中获取公众描述城市特征的城市印象，分析不同城市的发展状况，挖掘城市之间的内在联系，为相似城市的发展和规划提供参考。

构建“印象・城市”智慧服务平台是一个复杂的系统性工程。它既需要考虑城市印象的处理流程（即数据需求），又需要考虑服务对象的实际需求（即系统功能）。在数据流处理方面，平台需要考虑城市印象的获取、清洗、整合、分析和结果呈现等这一整个数据处理流程。与其对应的平台构建思路就是，平台需要首先从社会化标签中提取城市印象，其次分析城市印象评估城市发展情况，然后构建城市网络挖掘城市关系，最后可视化呈现数据处理结果支持系统服务功能。在系统功能开发方面，平台需要依据系统数据的处理流程和服务对象的实际需求，落脚于城市印象及其分析结果的服务内容、服务方式、服务模式。具体而言，平台需要结合服务对象的实际需求，在数据处理流程的基础上设计合理的系统功能模块，并将这些模块关联在一起综合分析城市发展的优势、劣势、机遇和挑战，为政府部门和社会公众提供针对性的系统服务。鉴于上述思考，公众认知视角下的“印象・城市”智慧服务平台构建思路如图 10.1 所示。

图 10.1　公众认知视角下的“印象・城市”智慧服务平台构建思路

基于以上构建思路，图 10.2 从过程维度对“印象・城市”智慧服务平台的实施进行系统阐述，揭示了平台在不同阶段的具体实现步骤。

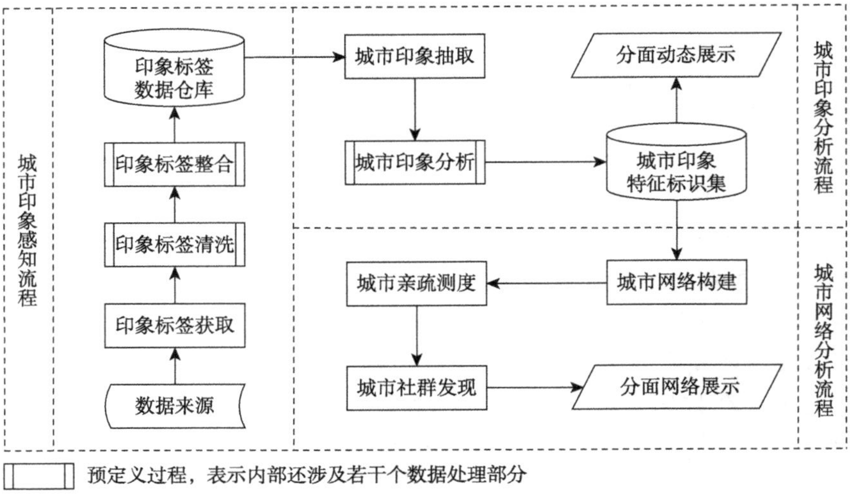


图 10.2　公众认知视角下的“印象·城市”智慧服务平台设计流程

1. 城市印象感知环节

城市印象感知环节关联到元网络分析、分类与主题分析等信息组织技术，涉及标签采集、标签清洗、标签整合等步骤，其核心环节是标签主题网络设计。现阶段印象标签的采集、清洗工作已不是难点，难度在于获取的印象标签缺乏客观知识体系的监督，存在语义分歧、表意模糊等问题。因此，城市印象感知环节的首要问题是构建面向城市印象表达的客观知识网络。标签主题网络设计是在自构造标签网络的基础上，引入领域客观知识体系来修正和细化标签间的语义关系，最大限度地消除统计相关对后续分析造成的系统性影响。

2. 城市印象分析环节

城市印象分析环节从标签主题网络中发掘并提取城市多维特征，以形成不同认知特征分类、选择及融合的范式，进而运用时序分析、情感分析等数据挖掘方法生成城市印象特征标识集。需要特别注意的是，城市印象揭示的是公众的共同认知，需要设计特征融合算法来解决认知融合过程中产生的噪声和冲突。噪声源于叠加融合过程中权重设置的不合理，需要依据特征词在个体间的分布规律来调整权重；冲突源于认知偏差所导致的词语内涵对立，需要在语义关系判定的基础上通过文本聚类选取具有代表性的城市印象。

3. 城市网络分析环节

城市网络分析环节意图建立基于公众认知驱动的城市社群发现模式。现实中城市间联系的建立与加强往往由管理部门主导，缺少有效的民意测评。城市印象反映了城市的本质特征，具有印象关联的城市之间往往在其特色显现、发展历程等方面具有相似性，通过相似或相异分析算法便可发掘城市间的潜在关系及社群结构。此外，简单依据不同印象特征词间的耦合关系进行社群发现，无法精确判别城市间关联的类型与程度，因此需要引入分面组织与分析的方法将城市印象多粒度化，进而探索不同分面下城市间的关系类型及强度。

# 10.3　“印象·城市”智慧服务平台实施方案

## 10.3.1　“印象·城市”智慧服务平台的体系架构

“印象·城市”智慧服务平台的体系架构如图 10.3 所示，共包括 4 个层级结构，分别为用户表示层、访问控制层、系统业务层和数据存储层。

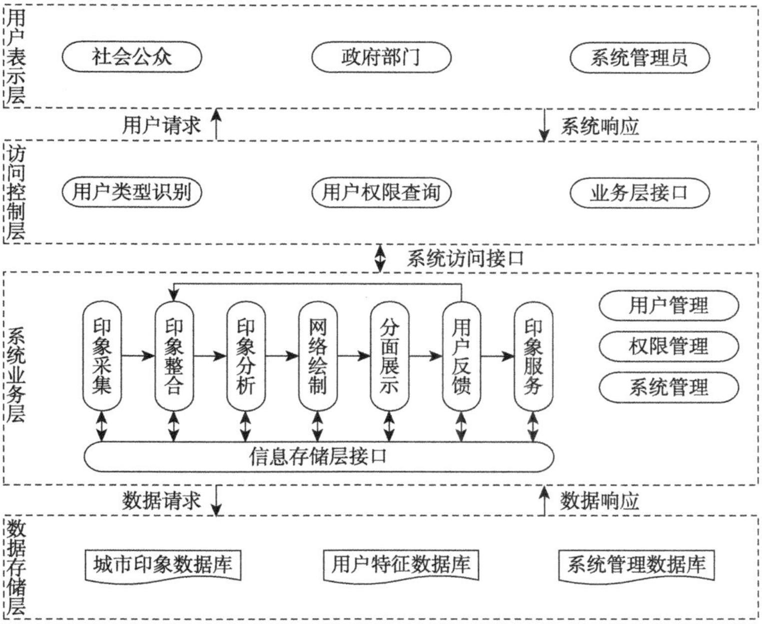


图 10.3　平台体系架构

1. 数据存储层

该层负责存储 3 大类数据：①平台采集到的与城市特征及发展动态有关的新

闻、政策、评价等信息，以及经系统处理后的城市印象及其分析结果；②平台用户的属性信息、标注行为以及与历史需求联结起来的用户画像；③平台运行管理中的日志数据。

2. 系统业务层

该层负责平台业务的运行逻辑，包括 5 个方面：①城市印象感知过程；②城市印象分析过程；③城市网络构建过程；④城市印象服务过程；⑤平台业务管理过程。

3. 访问控制层

该层负责将用户请求递交到系统业务层，通过调用系统业务层的运行逻辑将相关处理结果反馈给用户。

4. 用户表示层

该层负责为用户与平台的交互提供接口，向用户展示平台服务，接受并反馈用户请求。平台用户包括社会公众、政府部门、系统管理员。社会公众既可以通过标注社会化标签成为城市印象的贡献者，又可以通过接受平台服务成为城市印象的受惠者。政府部门既可以依据系统分析结果开展合理决策，成为城市印象的使用者，还可以通过反馈渠道成为系统平台的监督者。系统管理员负责平台运营管理、数据库备份、参数设置与维护。

### 10.3.2 “印象·城市”智慧服务平台的功能框架

“印象·城市”智慧服务平台的主要功能框架如图 10.4 所示，具体包括城市印象感知模块、城市印象分析模块、城市网络分析模块和城市印象服务模块。

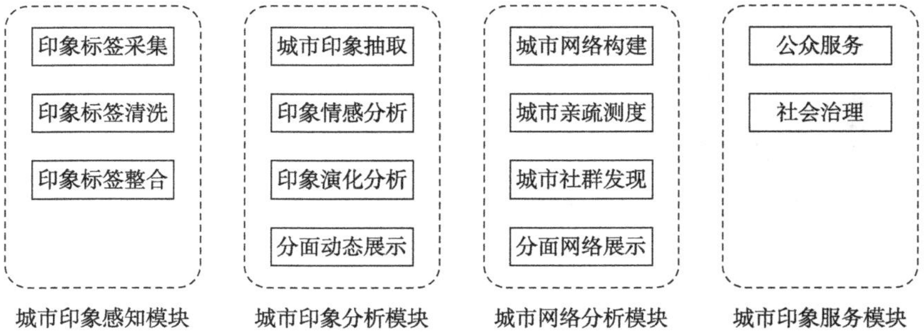


图 10.4 平台功能框架

1. 城市印象感知模块

印象标签完备性是平台构建的基础，直接影响城市印象的获取、分析和利用过程，进而决定平台服务的效果。平台从标签来源和标签处理两个方面确保印象标签的丰富性和准确性。首先，设计印象采集功能（页面），获取公众描述城市印象的社会化标签；其次，依据印象标签清洗步骤，规范化处理印象标签，提高印象标签的数据质量；最后，依据印象标签整合步骤，层次化聚类印象标签（或标签集合），形成具有印象主题的多粒度标签集合。该模块主要功能是收集公众描述城市印象的社会化标签，通过去重、合并等一系列标签清洗步骤规范标签标注格式，依据标签整合步骤形成反映城市整体印象的标签集合。

1）印象标签采集

平台通过向用户展示不同城市的城市印象，以及与城市动态相关的新闻、政策等，引导用户积极参与到平台的印象标签标注活动中，以此确保印象标签的数据来源。首先，利用网络爬虫技术和人工采集方法，获取社交网络中关于城市特征描述的社会化标签，以及相关城市的新闻、政策等信息；其次，根据用户的属性数据和行为数据，挖掘用户偏好，构建用户画像，为用户提供与其兴趣相关的城市信息，吸引用户阅读并进行标签标注；最后，整合历史标注数据，向用户提供系统处理后的城市印象及其分析结果，辅助用户标注城市印象。

2）印象标签清洗

平台借助数据清洗方法规范化处理标签，以此提高标签的数据质量，满足城市印象分析和利用过程中各类算法的要求。标签清洗从获取的印象标签出发，首先，分析原始标签存在的问题状况，制定相应的标签清洗要求；其次，针对具体的标签清洗要求，编译与之对应的标签清洗规则；最后，开展数据检测和数据修复工作，修复存在质量问题的印象标签。标签清洗的重点在于规范标签标注格式，将其定义为由描述城市印象的特征词和描述公众情感的情感词两部分构成，但情感词可以省略（如城市景观名称）。此外，标签清洗环节还包括剔除无意义及错误标签，归并、整合相同语义标签，替换、补全简写及缩写标签等。

3）印象标签整合

平台采用凝聚式层次聚类算法，层次聚类印象标签（或标签集合），生成具有“分面-亚面”结构的城市画像描述框架，并以此为基础将分散、无序的印象标签按照一定逻辑规则组织到一起，使之形成具有印象主题的多粒度标签集合，实现印象标签的层次化、有序化，以便于从多个维度处理、分析和利用印象标签，呈现不同印象主题的印象分析结果。首先，抽取印象标签中描述城市印象的特征词，利用空间向量模型存储特征词选项；其次，计算不同标签之间的文本相似度，层次聚类相似度最大的两个印象标签（或标签集合），直至满足停止规则为止；最后，采用文本主题挖掘方法，提取标签集合中的印象主题。

2. 城市印象分析模块

城市印象是公众的群体印象，而不是个体的特有印象。由于城市的复杂性和动态性，以及个体在生活经历和文化背景等方面的差异，公众描述城市印象的社会化标签会带有明显的个性化色彩，难以客观、公正地描述一座城市的整体形象。由此，平台设计城市印象抽取算法，从标签集合中抽取公众共同认知的城市印象，并通过情感倾向分析和时序演化分析，获取不同城市发展的实际情况及潜在问题。

该模块是从标签集合中抽取公众共同认知的城市印象，通过情感分析、时序分析和空间分析等一系列步骤，获取当前城市发展的实际情况，发现城市建设过程中存在的主要问题。

1）城市印象抽取

平台在实施城市印象分析步骤之前，对多粒度标签集合中的印象标签进行筛选，以此获取每座城市在多数公众心中拥有的共同心理图像。平台为避免纳入因个体差异产生的印象标签，定义了印象标签的印象权重，通过比较印象标签之间的印象权重大小，可以从印象标签集合中抽取公众共同认知的城市印象，其计算公式参见式（10.1）：

$$\mathrm{Tag}W(i,x)=n\mathrm{Tag}(i,m,x)\times\log_2\frac{\mathrm{countTag}(i)}{\mathrm{NT}_x} \tag{10.1}$$

其中，$\mathrm{countTag}(i)$ 表示印象标签 $i$ 被标注的次数；$\mathrm{NT}_x$ 表示在印象分面 $x$ 下，所有印象标签被标注的总次数；$n\mathrm{Tag}(i,m,x)$ 表示在印象分面 $x$ 下，印象标签 $i$ 所属的城市特征 $m$ 包含的所有印象标签被标注的总次数。由此，某一具体印象标签的权重从城市特征关注度和印象标签标注热度两方面衡量。具有较高权重的印象标签会被系统抽取出来作为原有印象标签集合中的城市印象。同时，抽取的城市印象依然保留印象标签整合步骤形成的印象主题和逻辑层次，具有三种不同粒度的城市印象集合，以便于从不同角度分析和利用城市印象。

2）印象情感分析

获取公众对某座城市的情感倾向，有利于政府部门掌握公众的关注动向，发现城市存在的问题，控制、引导公众舆论，维护城市的稳定。平台首先借助自然语言处理技术，提取印象标签中的情感词；然后分别计算每个情感词的情感倾向值；最后整合所有情感词的情感倾向值，得出公众对某座城市的整体情感倾向。情感词的情感倾向值需要通过计算情感词典中各词汇间的概念相似度获得。概念之间的相似度可由情感词在词典中所属概念的距离得知。平台首先将情感词表中的词语作为基准词，并赋予{−2，−1，0，+1，+2}中的情感倾向，然后计算情感词与基准词的相似度，以此得到情感词的情感倾向值，参见式（10.2）：

$$O(w)=\sum_{i=1}^{m}\left(wp_i \bullet \mathrm{sim}_w\left(kp_i,w\right)\right)-\sum_{j=1}^{n}\left(wq_j \bullet \mathrm{sim}_w\left(kq_j,w\right)\right) \tag{10.2}$$

其中，$wp_i$ 和 $wq_j$ 分别表示褒义基准词和贬义基准词的权重，$kp_i$ 表示情感倾向为+1 和+2 的基准词，$kq_j$ 表示情感倾向为−1 和−2 的基准词。若 $O(w)>0$，则 $w$ 的情感倾向为正向；若 $O(w)<0$，则 $w$ 的情感倾向为负向；若 $O(w)=0$，则 $w$ 的情感倾向为中性。与此同时，平台设定 $wp_i=\mathrm{sim}_w(kp_i,w)/\sum\mathrm{sim}_w(kp_i,w)$，$wq_j=\mathrm{sim}_w\left(kq_j,w\right)/\sum\mathrm{sim}_w\left(kq_j,w\right)$，赋予相似度越大的基准词更大的权重，从而在一定程度上提高了情感倾向计算的准确度。此外，平台设定一座城市的积极情感倾向评估值 $P_w=\sum\mathrm{fp}_{wi}/\left(\sum\mathrm{fp}_{wi}+\sum\mathrm{fn}_{wj}\right)$，消极情感倾向评估值 $N_w=\sum\mathrm{fn}_{wi}/\left(\sum\mathrm{fp}_{wi}+\sum\mathrm{fn}_{wj}\right)$。其中，$\sum\mathrm{fp}_{wi}$ 表示正向情感倾向总值，$\sum\mathrm{fn}_{wi}$ 表示负向情感倾向总值，则某座城市的整体情感倾向评估值参见式（10.3）：

$$S_w=P_w-N_w=\left(\sum_{i=1}^{M}\mathrm{fp}_{wi}-\sum_{j=1}^{N}\mathrm{fp}_{wj}\right)/\left(\sum_{i=1}^{M}\mathrm{fp}_{wi}+\sum_{j=1}^{N}\mathrm{fp}_{wj}\right) \tag{10.3}$$

3）印象演化分析

城市印象会随着时间推移不断发生变化。公众会逐渐遗忘城市过去的历史印象，反复标记持续存在的城市印象，不断注入突发的实时印象。因此对城市印象进行时序演化分析，了解一座城市实时变化的城市印象尤为必要。平台通过分析公众标注印象标签的行为特征，利用遗忘曲线和重复学习理论，设计印象遗忘和印象加强两个印象演化环节，刻画某一具体城市印象的印象权重，具体计算步骤参见式（10.4）~式（10.6）：

$$w_{d_i}^{T}=n\mathrm{Tag}\left(d_i,m,x\right)\times\log_2\frac{\mathrm{tf}\left(d_i\right)}{\sum_{s=1}^{N}\mathrm{tf}\left(d_s\right)} \tag{10.4}$$

其中，$w_{d_i}^{T}$ 表示城市印象 $d_i$ 在时间段 $T$ 内的印象权重；$\mathrm{tf}\left(d_i\right)$ 表示城市印象 $d_i$ 在时间段 $T$ 内出现的频数；$\sum_{s=1}^{N}\mathrm{tf}\left(d_s\right)$ 表示在时间段 $T$ 内，$x$ 分面下所有城市印象被标注的总次数。若城市印象 $d_i$ 在此后没有被公众继续标注，那么在到下一时间节点 $t_n$ 的过程中，公众会对城市印象 $d_i$ 存在遗忘现象，其遗忘过程的量化函数定义为式（10.5）：

$$w'_{d_i}\left(t_n\right)=w_{d_i}\left(t_{n-1}\right)\mathrm{e}^{\frac{\ln 2}{\phi_x}\left(t_n-t_{n-1}\right)} \tag{10.5}$$

其中，$w'_{d_i}(t_n)$为经过时间段$[t_n, t_{n-1}]$后，城市印象$d_i$衰减后的印象权重；$w_{d_i}(t_{n-1})$为城市印象$d_i$在$t_{n-1}$时刻的印象权重，即上一个遗忘阶段的初始值；$\phi_x$表示在$x$分面下的城市印象的半衰期，其值由公众标注城市印象的行为周期决定。由此，城市印象$d_i$在$t_n$时刻的印象权重由上一阶段（$T\in[t_n-t_{n-1}]$）的衰减剩余值和在这一阶段（$T\in[t_n-t_{n-1}]$）重复标记城市印象$d_i$的权值增加量合并而成。其计算公式参见式（10.6）：

$$w_{d_i}(t_n)=w_{d_i}^T+w_{d_i}(t_{n-1})\mathrm{e}^{\frac{\ln 2}{\phi_x}(t_n-t_{n-1})} \qquad (10.6)$$

3. 城市网络分析模块

城市印象与城市之间的内在关联蕴含了城市的本质属性。具有相似城市印象的城市之间往往在其城市特征、发展现状等方面也具有较大相似性。获取城市之间的相似程度，分析城市之间的关系，能够在一定程度上发现不同类型的城市发展规律，并为相关城市的发展提供参考。由此，平台依据城市印象分析结果，构建不同印象分面下的城市网络，计算城市之间的亲疏程度，发现具有相似城市特征的城市社群。

该模块依据各个城市拥有城市印象的相似或耦合关系，构建不同印象分面下的城市网络，通过统计测度网络结构和语义分析标签文本，计算不同城市之间的亲疏程度，以发现具有相似城市特征的城市社群。

1）城市网络构建

城市网络中各城市节点间的链接关系由城市节点所属城市的城市印象决定。城市节点内部因拥有城市印象而具有局部的语义信息。依据城市节点内部的语义信息，可以将具有相似或耦合城市印象的城市节点链接起来，构成反映城市关系的城市网络。事实上，公众认知视角下的城市印象具有多元性，不同城市节点对应的城市印象（标签）存在较大差异，如果直接依据城市印象（标签）建立城市节点之间的链接关系，必然会降低城市网络分析结果的有效性。因此，平台利用城市印象（标签）整合后形成的城市特征（集合），构建城市节点之间的语义量化映射，进而获取城市节点之间的链接关系。

以单个印象分面$x$下的$k$个城市特征（集合）作为$k$维空间向量基，构建不同印象分面下的城市网络为例。向量$\boldsymbol{B}_{i,\sim}$可表示为城市印象（标签）$i$在$k$维空间向量中的坐标，则某一城市节点$C_{x,i}$在印象分面$x$下的向量空间坐标$\boldsymbol{m}$，可通过城市节点$C_{x,i}$在印象分面$x$下所有城市印象（标签）的加权均值形式表达，参见式（10.7）：

$$\boldsymbol{m}_{C_{x,i}} = \frac{1}{N_{x,i}} \sum_{j=1}^{N_{x,i}} \boldsymbol{B}_{N_{x,i,j}} \tag{10.7}$$

其中，$N_{x,i}$表示城市节点$C_{x,i}$在印象分面$x$下的城市印象（标签）数量，$N_{x,i,j}$表示城市节点$C_{x,i}$在印象分面$x$下的第$j$个城市印象（标签）的编号。依据式（10.7）可将各座城市在不同印象分面下的城市印象量化为 $k$ 维空间向量 $\boldsymbol{m}$。与此同时，平台利用空间向量内积表示各城市节点间的语义相关性，构造城市节点语义相关性的矩阵 $\boldsymbol{E}_x$，并基于城市节点间的语义相关性，设定阈值$\sigma$获取城市节点间的链接关系。由此，依据相似或耦合城市印象构建的城市网络，在宏观上具有社会网络的链接关系属性，在微观上具有城市节点的语义信息属性。

2）城市亲疏测度

平台在构建城市网络的基础上，依据城市节点的关联权重和语义信息相似度测算城市之间的亲疏程度。城市节点间的关联权重等于它们之间所有边权值之和，而城市节点间的语义信息相似度通过它们之间的语义坐标来度量。平台选择文本余弦相似度计算城市节点间的语义信息相似度。此外，平台依据数据场模型衡量各城市节点在城市网络中的重要程度，以此挖掘中心城市节点，便于划分不同的城市社群。在城市网络中，城市节点 $G_i$ 的重要程度 $I_i$ 的计算公式参见式（10.8）：

$$I_i = \sum_{j=1}^{|G|} m_i \times m_j \exp\left(-\frac{\mathrm{dis}_{i,j}^2}{\delta^2}\right) \tag{10.8}$$

其中，$m_i \times m_j$ 表示城市节点 $G_i$ 与 $G_j$ 之间的语义信息相似度。$\mathrm{dis}_{i,j}$ 表示城市节点 $G_i$ 与 $G_j$ 之间的网络距离，即考虑关联权重的城市节点间的跳数。$\delta$ 表示影响力控制因子，依据实际情况讨论其取值。$\exp\left(-\left(\mathrm{dis}_{i,j}/\delta\right)^2\right)$ 表示城市节点 $G_i$ 与 $G_j$ 之间的距离相关性，用来平衡语义相关性和拓扑相关性。由此，任意一个城市节点在城市网络中的重要程度，由其相连的城市节点与其之间的语义相关性和网络距离决定。城市网络中重要程度较高的城市节点周围聚集着较多与其较为亲密的城市节点。

3）城市社群发现

由于城市社群是具有重叠特性的网络社区结构，单个城市节点可以隶属于不同的城市社群，因此平台利用面向重叠社区发现的标签传播算法（label propagation algorithm，LPA）挖掘潜藏在城市网络中的城市社群。该算法作为社交网络中重叠社区发现的经典算法，通过所定义的标签传播、标签接收和标签终止准则，循环异步传播及更新标签。当循环终止时，平台将具有相同城市特征的城市节点划分到同一城市社群，其大致过程可描述为：

首先，建立传播准则。城市网络中的每个城市节点都包含一个 paris（$c$，$b$）

集合。其中 $c$ 为城市特征，$b$ 为城市特征隶属度系数。函数 $b_t(c, G_i)$ 表示 $t$ 时刻城市节点 $G_i$ 中城市特征 $c$ 的城市特征隶属度数值。初始时刻城市节点 $G_i$ 的集合 $\text{paris}_i(c, b) = (i, 1)$。当城市节点 $G_i$ 收到相邻城市节点 neighbor（$G_i$）传来的印象标签时，$G_i$ 的集合 $\text{paris}_i(c, b)$ 按城市亲疏程度进行加权，并对其城市特征隶属度 $b$ 进行归一化处理，参见式（10.9）：

$$b_t(c,G_i)=\frac{\sum_{G_j\in \text{neighbor}(G_i)} b_{t-1}(c,G_j)}{\sum_{G_j\in \text{neighbor}(G_i)} \text{CNP}(G_i,G_j)} \tag{10.9}$$

其次，建立接收准则。筛选每个城市节点的 paris（$c$，$b$）集合，将所有城市特征划分到具体的城市节点。与此同时，平台以城市节点重要程度 $I$ 作为划分城市社群核心节点和边缘节点的度量，定义横断值 $v_i = I_i / \max\left\{I_1, I_2, \cdots, I_{|G|}\right\}$。城市节点 $G_i$ 仅接收城市特征隶属度系数 $b_i$ 大于 $v_i$ 的城市特征。如果城市节点 $G_i$ 的 paris（$c$，$b$）集合中所有城市特征隶属度系数均小于 $v_i$，则接收 paris（$c$，$b$）集合中城市特征隶属度系数最大的城市特征。

最后，建立终止准则。利用建立的传播准则和接收准则进行循环迭代，直至城市特征的传播结果收敛为止，最终将具有相同城市特征的城市节点划分到同一城市社群。

4. 城市印象服务模块

该模块将系统处理后的城市印象及其分析处理结果，以不同的服务方式为社会公众和政府部门提供智慧服务。

1）公众服务

公众服务主要包括城市推荐、印象交流、政务监督三种功能。平台通过分析用户的关注内容、浏览记录和使用习惯，挖掘不同用户的使用特点；并综合运用资源推荐算法，对同类用户共同关注的资源进行分析，最终为用户提供具有针对性的个性化服务。

第一个功能为城市推荐。随着移动互联网迅速普及和人们生活节奏的不断加快，公众不会花费大量时间浏览烦琐的平台信息。因此，平台根据用户属性和行为数据构建用户画像，定期向用户推送符合其兴趣的平台发布内容，并根据用户反馈调整推送方案。

第二个功能为印象交流。平台为用户提供标注印象标签的功能。用户可以及时分享平台提供的服务内容并做出相应评论。与此同时，平台搭建了不同印象主题的用户社群，不同用户之间也可以在具有共同兴趣的社群中进行主题探讨。此项功能既对平台起到了推广作用，呼吁了更多的公众使用本平台；也增加了用户的积极性，提升公众对城市印象的关注度。

第三个功能为政务监督。平台从城市印象分析结果中提取公众普遍关心、存有疑惑的城市发展状况，将相关政策的执行情况提供给政府，并将政府出台的城市发展规划、改革措施呈现给公众。此外，在某项政府决策执行后，平台会将新的公众意见反馈给政府，并依据新的城市印象评估政府决策，以此为政府与公众的互动提供全新平台。

2）社会治理

社会治理主要包括城市病诊断、舆情导控和决策辅助功能。平台深入分析公众标注的印象标签，将公众意见与讨论制定成城市分析报告提供给政府有关部门，以此生成一种面向政策制定、具有可操作性的公众意见分析方法，为政府政策制定与调整提供依据。

第一个功能为城市病诊断。平台综合分析公众描述城市印象的社会化标签，选取交通拥堵、环境恶化、人口膨胀等具体的城市病现象，在客观诊断的基础之上从公众角度出发，加入公众态度和政府治理的状态信息，针对每一类城市病深入探讨公众的表征状态，由此综合诊断城市病的重点病症，从而使治理直击病症对象，提高效率。

第二个功能为舆情导控。当负面评价超过阈值或其变化趋势出现异常时，平台会以邮件和站内私信的形式，将异常情况推送给相关部门。各级政府能在第一时间内得到相关信息，对于平台反馈的异常舆论，相关部门可以在事态恶化前及时发布公告做出解释；对于不良网友的煽动性言论和负面情绪，相关部门可以正确地引导其向积极的方向发展。

第三个功能为决策辅助。平台构建决策知识库、政策分析库和情报方法库，不断完善辅助决策系统，为决策主体提供全方位、多层次的支持和服务。在政府制定决策的过程中，平台生成的分析报告可以帮助政府明确城市定位。城市亲疏度测度可为政府提供相似城市的发展状况。城市关系分析及城市社群发现可以促进城市之间合理分工、功能互补、协同发展。

## 10.4　“印象·城市”智慧服务平台应用实例：武汉“1+8”城市圈

### 10.4.1　“印象·城市”智慧服务平台原型系统构成

“印象·城市”智慧服务平台原型系统具体包括首页、印象整合、印象时序分析、印象网络分析和印象服务 5 个部分。

1. 首页

首页的导航栏展现了服务平台的主要功能，即首页、印象整合、印象时序分析、印象网络分析和印象服务 5 个部分。导航栏的右边的 Login 标识是用户的登录入口。导航栏下方是滚动图片，将平台各个模块的分析结果以直观的静态图片展现给用户。滚动图片下方的 4 个展示框分别回答了平台如何设计标签类目、如何预处理标签、如何分析标签、如何展示城市印象 4 个问题。展示框下方展示了从城市印象云到城市网络再到城市印象服务的功能实现框架图，以及对每个流程实现方法与技术的介绍。

2. 印象整合

印象整合是指公众在了解城市不同维度的信息后，用户标注城市印象最后生成印象云的过程。印象整合包括新闻聚合和标签展示。新闻聚合的主要功能是向用户展示某个城市的城市政策、新闻等动态，为用户标注该“城市印象”提供依据。页面左侧的导航栏便于用户选择平台模块。在新闻聚合页面的右上角显示了用户所处地理位置（可切换）和用户所选城市。页面的整体部分展现了环境、健康、教育、住房、食物、交通和安全 7 个方面下的城市发展动态（以环境方面为例）。用户可以浏览标记这些城市动态，还可以在页面下方标注所选城市的“印象”标签，并生成相应城市的标签云。标签展示是新闻聚合页面中“生成标签云”操作的生成结果，其主要功能是向用户展现所选城市的生成标签云。展示主体包括印象云和热门标签两个部分。印象云部分以标签云的可视化方式展现城市整体的“印象”标签；热门标签部分以列表的方式展现用户所选城市的标签排名，并具有搜索功能。页面的其他部分与印象整合模块中的新闻聚合页面一致，如图 10.5 所示。

3. 印象时序分析

印象时序分析是描述多个城市“印象”标签的时序变化情况。在页面主体部分以折线图的方式展现了在 7 个不同印象分面下，多个城市情感指数的变化，其中包括积极、中性和消极 3 个维度的情感指数，在折线图右侧可根据用户喜好进行图片可视化方式的更改并保存。位于页面右侧的使用说明可帮助用户阅读并理解平台的可视化结果，页面下方直接展现了平台对印象时序分析的结论，如图 10.6 所示。

图 10.5 原型系统–印象整合页面（标签展示）

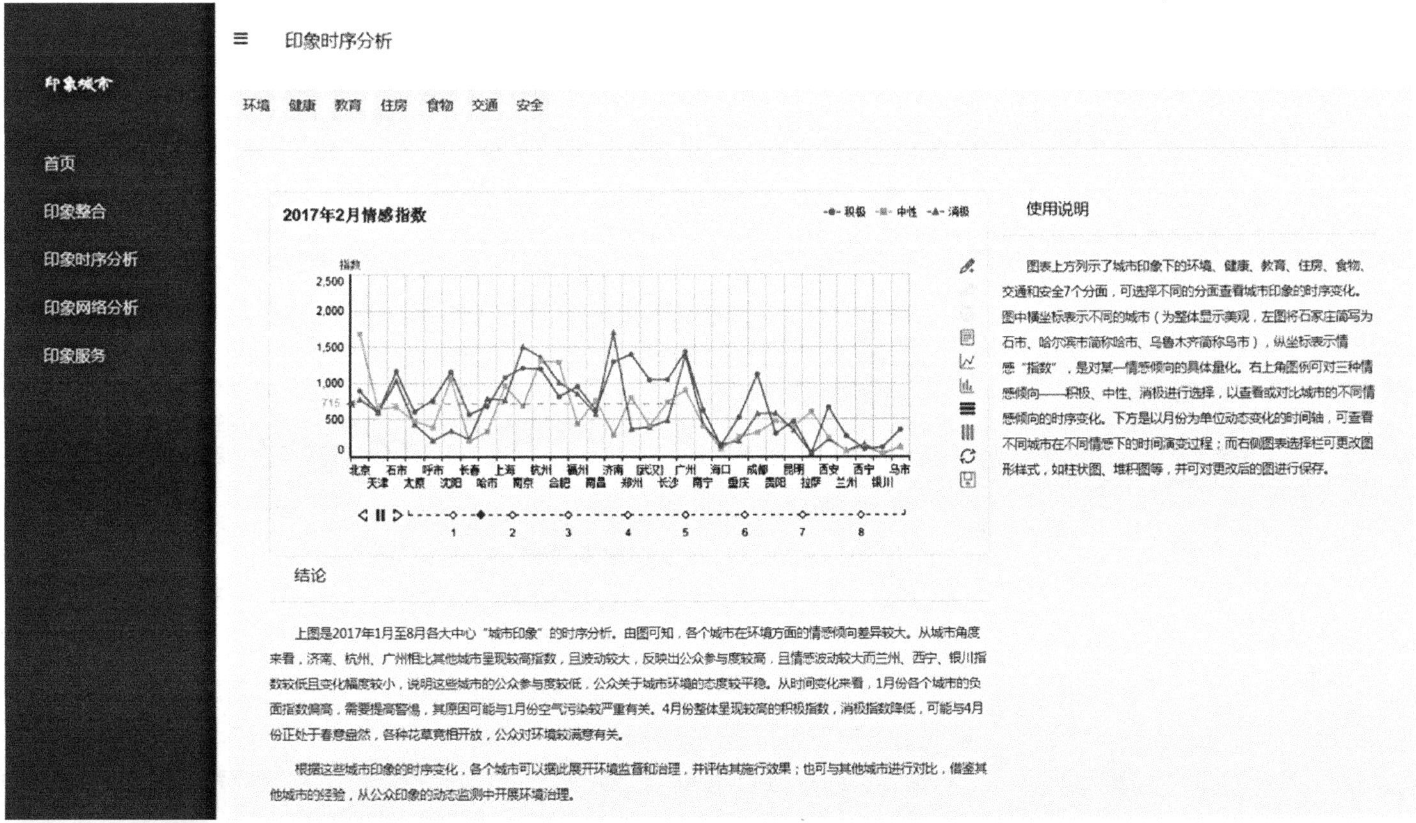


图 10.6 原型系统-印象时序分析页面

4. 印象网络分析

印象网络是城市间的关系网络，地图中的每一个坐标点代表一个城市，各点之间依据 Bacon 指数相连构成“城市–城市”关系网络。Bacon 指数越大，则表示两个城市的亲近程度越低，反之则越高；图中城市节点的颜色和大小反映了对应城市在网络中的重要程度，线条的颜色和粗细反映了城市间的亲疏程度。其中图表上方展现了 7 个不同印象分面，在左上角用户可选择某一具体城市作为中心查看城市网络分析图，并且可以在图片右侧对页面主体部分的可视化方式进行更改并保存。页面右侧的使用说明可帮助用户理解平台的可视化结果，在页面最下方展现了平台该模块的分析结论。

5. 印象服务

印象服务是指城市多维印象的展示与发布。该模块依据公众对城市印象的描述，以“城市–标签”关系树的形式从环境、健康、教育、住房、食物、交通和安全 7 个方面展示具有代表性的各个城市公众记忆的“城市印象”。依据社会化标签的情感倾向，平台将“城市印象”分为积极、中性和消极 3 个维度。积极的“城市印象”便于政府和公众了解城市的优势；消极的“城市印象”便于政府和公众发现城市发展中存在的问题；中性的“城市印象”主要涉及城市的个性与特征（如地理、人文景观），便于满足大众的物质文化和精神文化需要。

### 10.4.2　基于“印象 · 城市”智慧服务平台的武汉“1+8”城市圈多维印象分析报告

1. 案例背景

武汉“1+8”城市圈是指以中部最大城市武汉为圆心，覆盖黄石、鄂州、黄冈、孝感、咸宁、仙桃、潜江、天门等周边 8 个大中型城市所组成的城市群。该城市圈集中了湖北省一半以上的人口、六成以上的 GDP 总量，是中国中部最大的城市组团之一。它不仅是湖北经济发展的核心区域，也是中部崛起的重要战略支点，是武汉重返国家中心城市的重要举措。从公众视角分析武汉“1+8”城市圈的建设情况，有利于借力公众智慧，助力城市建设，加快解决城市建设中存在的矛盾，促进城市间的协同发展。平台通过对城市圈中“城市印象”的整合分析，得到公众关于城市圈中城市的时序印象和空间印象；并依据不同城市通过相似或耦合“印象”形成的关联网络，揭示出不同城市间的内在关系和潜在社群。本书基于公众描述“城市印象”的社会化标签，最终从“印象–标签”“印象–时间”“印象–空间”“印象–关系”4 个维度，全面评估武汉“1+8”城市圈中各个城市的发展近况。

2. 多维印象分析

1）“印象–标签”分析

图 10.7 中所示的“印象–标签”分析结果以 2017 年 1 月至 8 月公众描述武汉“1+8”城市圈中城市的“印象”标签为源数据，通过“城市–标签”关系树的形式从环境、健康、教育、住房、食物、交通和安全 7 个方面，展现了最能代表公众记忆的“城市印象”。整体看来，单独分析某一方面的“城市印象”，可以获得具体分面下城市发展的详细状况；综合分析多个方面的“城市印象”，可以获得多个分面下城市发展的整体状况。矿产丰富、停电频繁、烂尾工程、锅炉改造等内容的“城市印象”，反映了城市的工业发展；地铁发达、水网密集、铁路枢纽、路网密度低等内容的“城市印象”，描述了城市的交通状况；科教中心、资源分布不均、补课成风等内容的“城市印象”，体现了城市的教育特征。涉及地方食物和城市安全的“印象”标签，为公众的出行旅游提供了方向；涉及城市健康和城市住房的“印象”标签，为居民的日常生活提供了选择。此外，城市间共有的“印象”标签，展现出公众视角下城市间的相似特征；城市间互补性质的“印象”标签，可以为城市合作提供依据；城市间互斥性质的“印象”标签，便于我们区分城市类型，制订针对性的城市发展方案。

2）“印象–时间”分析

图 10.8 从时序分析的角度，展现 2017 年 1 月至 8 月武汉“1+8”城市圈中各个城市的“城市印象”情感指数变化趋势。在划分情感指数的基础上（从积极、中性和消极 3 个维度），平台分析了单个城市不同维度情感指数的变化趋势、不同城市情感指数的变化差异、城市情感指数的组成比例及其发展倾向等方面内容。我们可以从平台分析结果中发现。

首先，反映中性特征的情感指数相对稳定。这主要是因为中性情感倾向的“印象”标签，多为描述城市特征与个性的名词性标签（如城市的美食和景观名称等）。

其次，部分城市的城市状况逐步改善，其“城市印象”情感指数向积极方向发展，主要体现在反映积极情感倾向的“印象”标签数量增加，反映消极情感倾向的“印象”标签数量减少。

再次，部分城市的城市状况在下降，甚至在某时段内出现舆情危机，其具体体现在反映消极特征的情感指数大幅度增加，反映积极特征的情感指数逐渐减少。

最后，可结合“印象–标签”分析模块，探究导致城市情感指数变化的根本原因，深入挖掘城市发展的具体动向；并对异常的“城市印象”和超出警戒值的“印象”标签做出及时反应，化解公众对政府的信任危机，提升政府公信力。

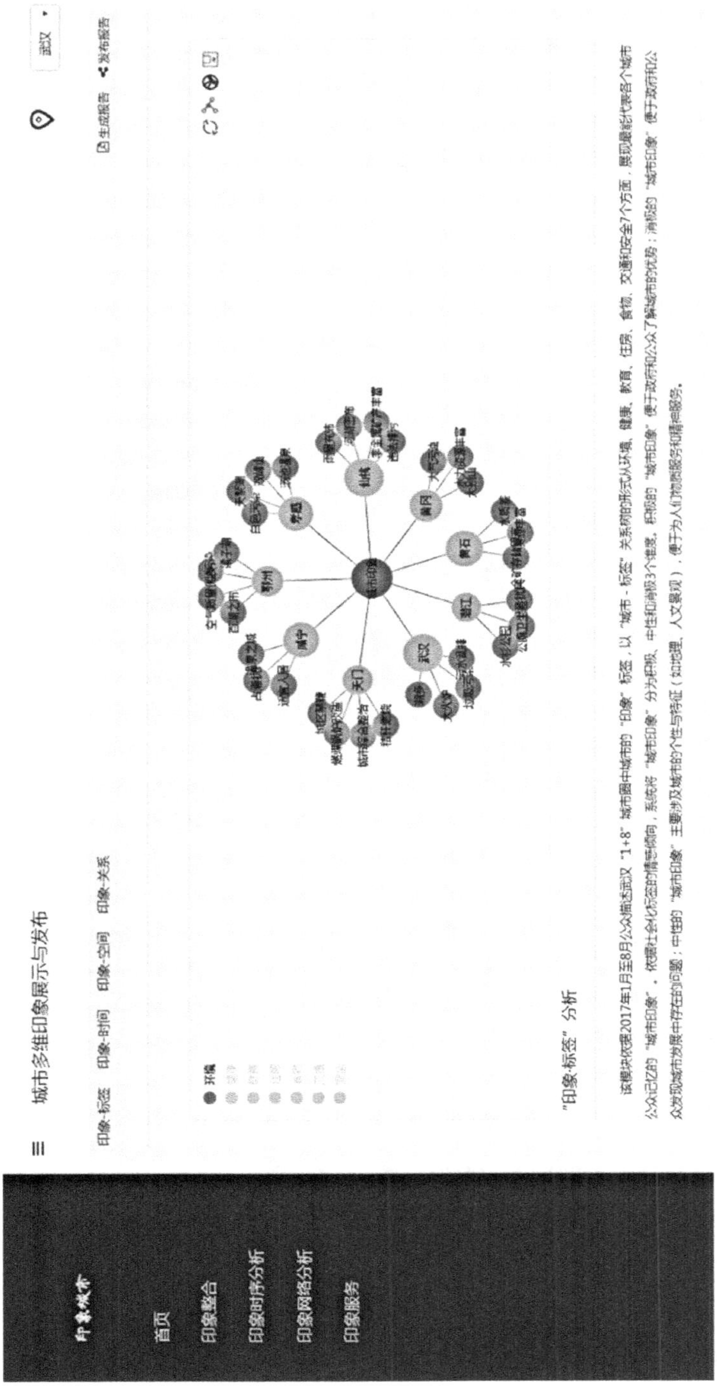


图 10.7　“印象-标签”分析模块展示

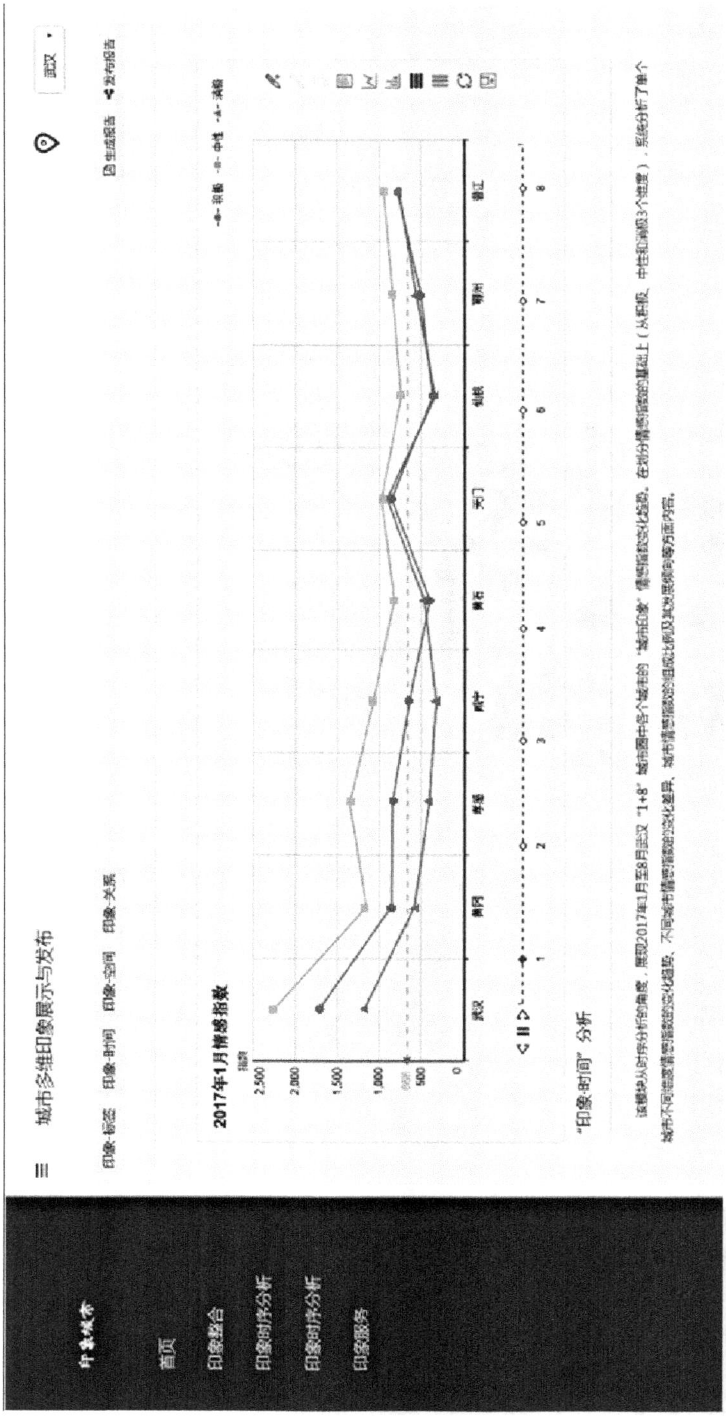


图 10.8 “印象-时间”分析模块展示

3）"印象–空间"分析

依据公众描述城市社会化标签的共现关系，结合城市地理坐标数据，可从空间分析的角度叠加展示武汉"1+8"城市圈中的城市网络关系。在城市网络中，城市节点间具有相同的"印象"标签则说明城市间存在连线，连线越粗表明城市间具有相同"印象"标签的数量越多，反映城市间联系越紧密，反之则越疏松。

平台依据社会网络分析方法，以武汉为中心计算了各个城市的 Bacon 数（表 10.1），测度了武汉"1+8"城市圈中城市间的亲疏程度，从中发现：武汉作为城市圈的龙头，在城市关联网络中具有重要地位；其他城市也依据自身优势和特点，与武汉及周边城市展开合作。具体表现在：黄石、鄂州、黄冈依托长江水路、高速公路、铁路，在冶金、能源、建筑等方面与武汉开展了密切合作；孝感、仙桃、潜江和天门发挥连接武汉、宜昌、襄阳"金三角"的区位交通优势，重点建成了农产品加工基地；咸宁依托自身良好的生态环境，建立绿色农、林、水产品及特色农副产品生产加工基地，并面向武汉及周边城市开展生态旅游产业。

**表 10.1　武汉"1+8"城市圈中 Bacon 指数计算结果**

| 城市 | 武汉 | 孝感 | 天门 | 潜江 | 仙桃 | … | 鄂州 | 黄冈 | 黄石 | 咸宁 |
|---|---|---|---|---|---|---|---|---|---|---|
| 武汉 | 0 | 1 | 1 | 2 | 1 | … | 1 | 1 | 1 | 1 |
| 孝感 | 1 | 0 | 1 | 2 | 1 | … | 2 | 1 | 2 | 2 |
| 天门 | 1 | 1 | 0 | 1 | 1 | … | 2 | 2 | 2 | 2 |
| 潜江 | 2 | 2 | 1 | 0 | 1 | … | 3 | 3 | 2 | 1 |
| 仙桃 | 1 | 1 | 1 | 1 | 0 | … | 2 | 2 | 2 | 1 |
| … | … | … | … | … | … | 0 | … | … | … | … |
| 鄂州 | 1 | 2 | 2 | 3 | 2 | … | 0 | 1 | 1 | 2 |
| 黄冈 | 1 | 1 | 2 | 3 | 2 | … | 1 | 0 | 1 | 2 |
| 黄石 | 1 | 2 | 2 | 2 | 2 | … | 1 | 1 | 0 | 1 |
| 咸宁 | 1 | 2 | 2 | 1 | 1 | … | 2 | 2 | 1 | 0 |

总体说来，武汉作为"1+8"城市圈的中心节点，与其他城市间的亲疏程度最高；黄石作为华中地区重要的原材料基地，是武汉"1+8"城市圈中的副中心城市，与城市圈中其他城市关联密切（仅次于武汉）；黄冈、孝感、咸宁扩展了武汉"1+8"城市圈的发展空间，提升了城市圈整体的经济辐射范围；仙桃作为城市圈西翼的中心城市，与天门、潜江有着紧密的合作关系。

4）"印象–关系"分析

图 10.9 展现了武汉"1+8"城市圈中城市关系的分析结果。平台通过分析"城市印象"标签的情感和主题，挖掘了城市间潜在的城市关系，并以和弦图的方式呈现给政府和公众。此外，平台还获得武汉"1+8"城市圈中每两座城市之间的城市关系，如表 10.2 所示。

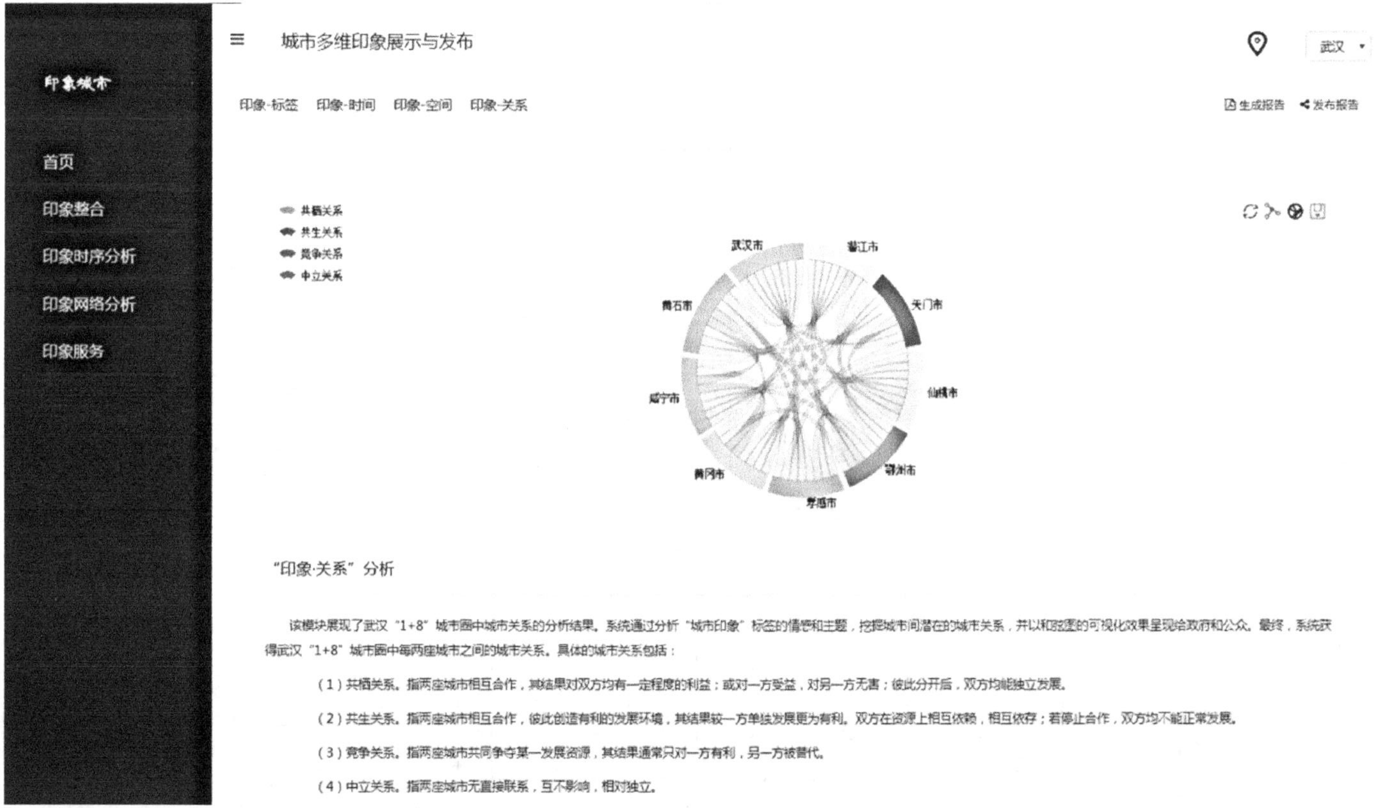


图 10.9 “印象-关系”分析模块展示

表 10.2 “1+8”城市圈中城市关系分析结果

| 城市 | 武汉 | 黄石 | 咸宁 | 黄冈 | 孝感 | 鄂州 | 仙桃 | 天门 | 潜江 |
|---|---|---|---|---|---|---|---|---|---|
| 武汉 | 0 | 2 | 1 | 1 | 2 | 2 | 2 | 2 | 2 |
| 黄石 | 2 | 0 | 3 | 3 | 2 | 2 | 4 | 4 | 4 |
| 咸宁 | 1 | 3 | 0 | 3 | 1 | 4 | 4 | 4 | 4 |
| 黄冈 | 1 | 3 | 3 | 0 | 4 | 1 | 4 | 4 | 4 |
| 孝感 | 2 | 2 | 1 | 4 | 0 | 4 | 4 | 1 | 4 |
| 鄂州 | 2 | 2 | 4 | 1 | 4 | 0 | 4 | 4 | 4 |
| 仙桃 | 2 | 4 | 4 | 4 | 4 | 4 | 0 | 2 | 1 |
| 天门 | 2 | 4 | 4 | 4 | 1 | 4 | 2 | 0 | 1 |
| 潜江 | 2 | 4 | 4 | 4 | 4 | 4 | 1 | 1 | 0 |

注：1代表共栖关系，2代表共生关系，3代表竞争关系，4代表中立关系

具体的城市关系包括：一是共栖关系。共栖关系指两座城市相互合作，其结果对双方均有一定程度的利益；或对一方受益，对另一方无害；彼此分开后，双方均能独立发展。二是共生关系。共生关系指两座城市相互合作，彼此创造有利的发展环境，其结果较一方单独发展更为有利。双方在资源上相互依赖，相互依存；若停止合作，双方均不能正常发展。三是竞争关系。竞争关系指两座城市共同争夺某一发展资源，其结果通常只对一方有利，另一方则被替代。四是中立关系。中立关系指两座城市无直接联系，互不影响，相对独立。

从平台分析结果中可以发现：首先，“武汉-黄石-鄂州-孝感”间组成的城市社群，存在明显的共生关系。它们具有的“城市印象”中，均含有重工业及高线技术产业的社会化标签。其次，“潜江-仙桃-天门”间是一种共生和共栖关系的城市社群，主要表现在轻工业产业集群的合作上。再次，“孝感-咸宁”“鄂州-黄冈”依托武汉、黄石的经济效应，开展城市建设，组成了具有共栖关系的城市社群。最后，“黄冈-黄石-咸宁”同处相同的能源供给网络，相互之间具有竞争关系。

总体来说，武汉“1+8”城市圈中的城市充分发挥了自身优势和武汉经济增长的乘数效应、聚集效应和扩散效应，与武汉及区域中心城市开展密切合作，形成了具有共栖关系、共生关系的城市社群，从而创造了更有利的城市发展环境。

3. 对策建议

自武汉“1+8”城市圈发展规划实施以来，城市圈内部分工十分明确，各方面建设均取得显著成绩。依据平台的分析结果，本章对进一步优化武汉“1+8”城市圈中城市的建设发展提出如下对策建议。

1）面向单个城市发展的对策建议

武汉作为城市圈的龙头，应充分发挥其区位、交通、教育、医疗及产业基础等方面的优势，带动城市圈中其他城市的发展。黄石作为城市圈的副中心城市，应大力发展原材料产业，建设华中地区重要的原材料产业基地；咸宁交通便利、环境优良，应致力于生态产业的发展，走绿色崛起之道路；鄂州位于水路交通枢纽，电商产业基础设施完善，应充分利用自身的水陆交通优势，打造华中最大的电商基地；仙桃作为城市圈西翼的中心城市，应紧抓高铁建设契机，搭乘武汉发展的快车，全力对接武汉产业；天门、潜江和黄冈应依托城市圈的经济带动作用，发展具有自身特色的棉花产业、小龙虾产业和红色旅游业。

此外，通过分析城市圈中各个城市拥有的“印象”标签，我们发现：①在城市环境方面，各城市应注意空气污染、水土污染的问题。不断增加的机动车数量和拔地而起的建筑工程制造了过多的废气、噪声和扬尘，空气污染指数不断增加，严重影响了公众的生产和生活。②在城市健康方面，各城市应注意医疗负担、医疗费用和医疗规范等问题。③在城市教育方面，各城市应注意收费乱、入学难和资源配置不均的问题。④在城市住房方面，各城市应注意生活垃圾的处理问题、水电气的供应问题、公众的购房问题。⑤在城市安全方面，各城市要注意地质灾害、消防隐患和公路安防等方面的问题。

2）面向多个城市发展的对策建议

武汉“1+8”城市圈的发展，应在观念上加强对武汉中心城市地位和作用的认同感。武汉处于不可替代的中心城市地位，其发展对周边地区具有“龙头”型的辐射作用。武汉必须依托武汉城市圈这一空间载体才能做大做强，其他城市要从依“武”而昌的战略高度融入武汉城市圈，与武汉合力共建城市圈，在更广大的空间内配置资源，谋求“互补”“互促”“多赢”效应。

从分析结果上看，武汉、黄石、黄冈和孝感与城市圈中其他城市间的亲密程度较高，辐射范围较强，但这种亲密程度的强度随着实际空间距离的增加而逐渐减弱。因此，应完善现有的交通基础设施建设，以此提高各城市之间的通达度；并进一步完善城市圈内的产业结构，通过工业化来带动城市之间的发展，建立起有助于城市发展的产业结构。具体而言：首先，武汉“1+8”城市圈的发展不仅要关注长江，更要关注汉江。武汉有汉口区、汉阳区紧靠汉江，天门、潜江、仙桃和孝感 4 个城市也位于汉江两岸。其次，武汉、孝感、黄冈和黄石 4 市应充分利用汽车产业资源优势，壮大汽车产业群。再次，武汉、鄂州和黄石 3 市应依托“武钢”“鄂钢”“冶钢”，合理利用钢铁产业资源优势，提升“鄂东冶金工业走廊”品牌形象。最后，武汉、潜江、鄂州和黄冈 4 市应利用医药产业资源优势，壮大生物工程及医药产业群。最后，武汉、黄石、鄂州和仙桃 4 市应提升“汉派”服饰品牌形象，壮大城市圈的纺织服装产业。

同时，各城市还应整合交通、通信等基础设施资源，共建区域大交通网和信息网，强化各城市之间的联系；整合科教资源，共建区域创新系统，提高区域创新能力；整合旅游资源，共建武汉旅游圈，提升区域旅游品牌形象；整合工农业资源，优势互补，减少结构趋同和盲目竞争，合力培育区域特色产业群。

平台通过对武汉“1+8”城市圈的印象分析，从公众视角下分析城市及城市群的发展现状，有助于各个城市的政府部门更全面地了解和认识公众对城市发展的看法，将公众印象分析应用于智慧城市建设的政策制定和战略规划，加速武汉“1+8”城市圈的可持续发展。

# 第 11 章　研究结论与展望

## 11.1　结　　论

近些年，随着城市化进程加快，城市发展中所面临的城市问题受到社会各界广泛的关注。从文献检索结果看，现有研究主要关注城市问题的特征表现、原因分析和阶段性治理路径与策略三个层面；研究领域集中在城市规划学、城市交通学和环境科学等“本位”学科；缺少综合城市战略决策的大数据分析和情报支持等方面思考，未能将情报服务理念融入城市问题的解决方案中。尽管有学者提出健全城市舆情收集、研判和回应机制，提高城市信息感知、分析和利用能力，是发现并解决城市问题的关键方式（李纲和李阳，2016；李阳和李纲，2016），但多数研究仍停留在缺少数据支持的城市问题治理模式和应对策略上，对于如何分析和利用海量、异构、动态变化的城市数据，以及运用大数据思维和情报服务理念诊治城市问题则缺乏经验。

城市画像是公众对城市特征的认知、评价和情感的综合体现。这种由公众依据自我认知形成的共同记忆，就像城市的一张名片，能够在一定程度上反映城市的个性与特征，展现城市形象与内涵，对城市规划管理、城市特色塑造、城市文化传承等方面具有重要意义。笔者意识到，感知、分析和利用城市画像，能够获取公众认知视角下的城市发展概况，发现城市发展中存在的问题，为城市发展和规划提供参考；同时也有助于搭建政府与公众之间对话的桥梁，促进政府与公众统一的城市发展愿景的实现。

社会化标签作为新媒体时代孕育的载体，承载了公众心中最直观且感性的城市画像，蕴含了公众认知视角下某段时期内城市发展的主要特征，体现了公众对城市特征的认知、评价和情感。基于社会化标签的深度语义挖掘，本书主要的研究工作如下。

1. 基于标签语义挖掘开展城市画像感知研究

为获取公众对城市整体状况的共同认知，本书提出了一种基于标签语义挖掘的城市画像感知方法。首先，基于标签相似度计算和凝聚式层次聚类算法，提出了一种具有层级结构的城市画像描述框架；其次，在改进资源模型的基础上，借鉴 LSA 潜在语义挖掘思想，计算社会化标签在揭示城市画像语义特征方面的重要程度；最后，筛选出对城市画像具有较高解释度的社会化标签集合，并将其与城市画像描述框架整合，生成具有层级结构的城市画像。本书按照上述方法提取了我国中部六省省会城市的结构化城市画像，获得了多个维度下公众对各城市整体状况的共同感知。通过实验结果证明该方法能够从海量社会化标签中提取反映公众认知的城市画像，并能深入层级结构内部展开细粒度的城市画像描述。

2. 城市画像视角下的热点城市特征识别方法研究

为识别某时间段内公众高度关注的城市特征，真实、客观、完整、及时地获取城市网络舆情。本书从城市画像视角出发，借鉴突发主题识别技术中的爆发词检测方法，定义标签关注度、标签新颖度和标签创新度三个指标构建综合指标评价模型，以求正确识别某段时间内被社会各界广泛关注、具有较大影响力且近期未被重点关注的社会化标签及其描述的热点城市特征。本书利用网络爬虫技术抓取知乎平台中关于中部六省省会城市特征的部分回答，依据评价模型识别出不同时期各座城市拥有的热点城市特征。实验结果表明，书中方法的实施有利于提高城市全面感知、分析和利用城市画像的能力，诊断城市当前面临的突出问题和主要矛盾，辅助政府部门智能响应公共安全、城市服务和商业活动等各方面的社会需求。

3. 基于时序分析的城市画像动态演化研究

为了从公众认知中提炼出反映城市周期性特征的城市画像，并揭示城市特征的动态演化规律。本书从网络分析及文本挖掘视角提出了一种契合城市画像时序分析的研究思路，依据城市旅游分面上既存的网络结构和特征主题，以城市特征为研究变量发掘不同历史时期城市画像的演化规律。在实证过程中，本书基于游记文本中不同景点间的潜在语义关联性，构建不同时间窗口下的旅游路线网络；利用社会网络分析方法探究城市景点中个体与群体的时序特征，并刻画出公众视角下的城市画像演化路径；最终结合 QAP（quadratic assignment procedure，二次指派过程）相关性分析方法试探究影响城市画像演化的影响因素。书中方法的实现有助于拓展文本信息研究在公众认知发掘中的利用场景及理论方法，并进一步丰富城市画像领域的实证分析研究。

4. 城市画像视角下的公众情感演化研究

为及时掌握城市动态、引导公众舆论、识别与预测城市潜在问题，本书构建了城市画像视角下的社会公众情感演化模型。首先通过LDA2Vec提取时间窗口下的城市主题；然后采用基于词典的情感分析方法细粒度划分城市主题的情感类别，进而计算各城市主题的情感强度；最后利用TF-IDF算法追踪时间序列下引起社会公众情感演化的城市事件，并构建ARMA模型预测社会公众情感趋势。实验结果表明，书中方法能够获得城市画像视角下的社会公众细粒度情感及其强度，通过分析社会公众情感演化过程识别情感极性转折点，可以及时准确地发现城市问题，为城市舆情监控和公众舆论引导提供依据。

5. 基于关联数据的地理坐标数据语义转化模型研究

移动智能终端技术的普及使得用户画像构建更加精细，为增强普通用户对城市潜在特征信息的理解，深入挖掘用户行为偏好。本书采用关联数据技术进行地理语义信息组织，并利用空间本体构建地理坐标数据的空间语义关联关系。首先，利用反地理编码技术对地理坐标数据进行前期语义转化；其次，采用命名实体认知方法抽取相应地理语义实体；再次，依赖数据预处理阶段识别抽取的地理实体构建地理空间本体，并以OWL建模进行语义存储；最后，根据存储的关联数据库，对用户行为坐标数据进行语义转化。书中方法在将用户行为数据语义化的过程中不仅转化了地理坐标数据所内含的用户行为习惯，同时保留了地理信息所独有的空间关系，使得用户在认知范围内更好地理解坐标数据所隐含的语义内容。

6. 基于城市地名实体双向链接分析的路线推荐研究

城市地名实体既是城市数据画像的重要标记，又是线路推荐研究的主要观测点，其发展经历了从实体认知到心理认知进化的过程。围绕特征场景或个体形成的轨迹链对于发掘个体移动规律和行为具有重要参考价值。本书以特定场景下不同地名实体形成的有向加权网络为基础数据源，提出了融合模糊检索逻辑的线路推荐算法。首先，基于既往游记文本生成了地名实体链接的概率矩阵，并以此为基础循环计算不同轨迹链隶属于各个地名实体对应理想集的链入链出值；其次，设计了用户查询需求表达的方式及基于真值表的转换策略；最后，阐述了查询式对应主析取范式与地名实体对应理想集的匹配过程，并进行模拟实证分析。书中推荐算法以不断增多的历史游记文本为输入参数，以地名实体链接网络为基准数据源，且随着网络规模扩展、节点连接稳定性的增强而不断进化，能够实现较好的推荐效果。

7. 基于标签语义关联的城市社群发现研究

目前城市社群规划项目仍由管理部门来主导，公众认知在城市管理中的支撑权重还未得到充分体现。本书依据反映公众认知的网络数据进行城市关系发掘和城市社群发现，力求从线上社会认知视角完善线下基于行政构架的城市社群划分方法，对驱动新型社会治理模式具有重要作用。首先，利用 LDA 主题模型提取不同城市的城市特征属性，并利用情感强度计算方法对城市特征属性赋值；其次，基于城市特征之间的共现关系构建城市网络，以此刻画城市之间的关联关系；最后，依据网络拓扑关系和节点语义信息，计算城市之间的亲疏程度，挖掘具有重叠特性的城市社群。本书抓取知乎平台中描述我国省会城市主要特征的用户问答内容，按照上述方法依次抽取城市特征，构建城市网络，测算城市亲疏，最终挖掘出 9 个具有较强独立性的城市社群。实验结果表明，书中方法能够依据社会认知发掘城市之间的潜在关联及其社群结构，有利于辅助现有城市社群划分方法并强化城市社群内涵。

8. 公众认知视角下的“印象·城市”智慧服务平台构建研究

感知、分析和利用城市印象，有利于获取公众认知视角下的城市发展概况，为城市社会治理中的交互式服务提供有效的数据支撑和评测尺度。本书展现了依据上述研究工作构建的“印象·城市”智慧服务平台。该平台通过反映公众对城市感知与感情的“智慧”形式——“社会化标签”，架起了公众与政府沟通的桥梁，为公众参与城市的社会治理提供了新的载体。对于公众而言，该平台既是公众了解城市状况的窗口，也是公众发表自身意见的平台，有助于形成政府与公众的长期互动和信任机制。对于政府而言，智慧城市与社会治理的结合是其客观发展的趋势。政府可以通过关注城市画像的发展动态了解城市民生，结合分析诊断报告解决城市问题，有助于促进城市之间的互补与协调发展。

## 11.2　展　　望

虽然笔者付出巨大努力，取得了一些成果，但是由于资金、时间及研究水平等各方面因素的限制，书中研究仍存在一定的局限性和不足之处，在如下方面有待进一步突破。

（1）书中方法能够实现从海量社会化标签中提取反映公众认知的城市画像，并深入层级结构内部展开细粒度的城市画像描述。然而，原始实验数据中标签质量直接决定着抽取出的城市画像的质量。随着自然语言处理技术的日益发展，如何实现从社会化问答社区中自动化抽取高质量的社会化标签，并引入语义词典生成更合理的描述框架有待进一步探究。此外，城市画像揭示的是公众认知，需要设计特征融合算法来解决个体认知特征融合过程中产生的噪声和冲突。特征融合过程中不同的权重计算方法均会对最终的城市画像抽取结果产生影响。因此，在城市画像生成过程中引入权威的客观知识体系监督尤为必要。

（2）本书重点关注城市画像视角下的公众情感演化过程，能够及时追踪与预测不同城市画像主题下的公众情感强度及其演化趋势。然而，公众情感与城市的政策、治理、建设等关系密切。未来将进一步探究不同城市突发因素对公众情感倾向的影响，并通过扩展情感词汇本体库和结合特定场景的领域词典，以此提高公众情感分类的准确性。此外，本书以社交媒介中的游记文本数据为实验对象，基于时序分析方法动态揭示城市特征的演化规律，借此为城市旅游业发展提出对策建议。然而，现存游记中还包含着以图片为载体的游览信息，如何从中获取景点主题及其游客情感，并充分利用其中的大量属性数据值得探究。

（3）地理数据空间关系较为复杂。本书只考虑了位置关系、行政等级关系及拓扑关系，对于特定研究可能存在语义转化不充分的弊端。未来将进一步探究如何将地理坐标语义转化融入时间维度，形成用户行为片段以深入挖掘用户行为规律。此外，在从游记文本中抽取轨迹链时，本书没有考虑游记发布者的属性信息（如性别、收入、年龄等）对路线认知造成的影响。后续研究中，本书将依据属性数据对用户及其关联的地名实体进行分层，以此进一步考察与判别属性数据对最终推荐结果的影响。

（4）本书依据反映公众认知的网络数据进行城市关系发掘和城市社群发现，力求从线上社会认知视角完善线下基于行政构架的城市社群划分方法。虽然书中方法在实证研究中得到进一步验证，但未能在技术层面引入分面组织与分析方法将城市特征多粒度化，进而探索不同特征粒度下城市之间的关系类型及强度。如果能够对各座城市的城市特征进行多粒度表征，也许本书能够发现更多、更深层次的城市潜在关系及城市社群结构，得出更具归纳性的研究结论。这一局限也将是后续研究的重点内容。

（5）“印象·城市”智慧服务平台作为政府与公众的交流平台，需要公众对不同城市的主要特征具有一个公正、客观的认知。这一客观事实必然对其标签数据的质量和来源有着严格的要求，因而其实现不仅需要建立在规范数据的支撑之上，而且还需要在未来继续加强相关数据的支撑，并实现平台自动抓取、清洗、筛选城市的实时信息，从中抽取城市特征与公众认知进行对比。此外，在满足平台基本功能的基础上，全面搜集不同城市印象维度的标签数据，运用数据挖掘方法发现蕴藏在数据背后的城市问题，探究不同类型城市问题之间的关联性，并以此预测城市问题的演化路径，也是未来平台建设需要实现的重点目标。

# 参 考 文 献


艾静超. 2019. 基于改进协同过滤技术的个性化旅游线路推荐研究. 现代电子技术，42（23）：182-186.

安璐，吴林. 2017. 融合主题与情感特征的突发事件微博舆情演化分析. 图书情报工作，61（15）：120-129.

白凯，张春晖，郑荣娟，等. 2011. 跨文化群体游客的中国旅游目的地意象色彩认知. 地理科学进展，30（2）：231-238.

白凯，赵安周. 2011. 城市意象与旅游目的地意象研究中的趋同与分野. 地理科学进展，30（10）：1312-1320.

白肇强. 2018. 基于用户行为的特征工程构建与应用研究. 华南理工大学硕士学位论文.

蔡国永，林航，文益民. 2013. 社会语义网社区发现标签传递算法研究. 计算机科学，40（2）：53-57.

蔡运荃，李保强. 2017. 基于共词分析的我国高等教育研究前沿探讨——来自14种高等教育核心期刊近5年的文献计量分析. 现代教育管理，36（5）：44-50.

曹高辉，焦玉英，成全. 2008. 基于凝聚式层次聚类算法的标签聚类研究. 数据分析与知识发现，24（4）：23-28.

曹孟毅，黄穗，王会进，等. 2016. 基于内容相似度的运动路线推荐. 计算机工程与应用，52（9）：33-38，55.

陈慧香，邵波. 2017. 国外图书馆领域用户画像的研究现状及启示. 图书馆学研究，38（20）：16-20.

陈建明. 2007. 旅游目的地形象感知分析——以湘西凤凰古城为例. 中南林业科技大学硕士学位论文.

陈氢，冯进杰. 2019. 融合地理标签数据的个性化信息服务应用研究. 现代情报，39（10）：24-31.

邓力凡，谭少华. 2017. 基于微博签到行为的城市感知研究——以深港地区为例. 建筑与文化，13（1）：204-206.

邓敏，蔡建南，杨文涛，等. 2020. 多模态地理大数据时空分析方法. 地球信息科学学报，22（1）：41-56.
董春，吴喜之，程博. 2000. 偏最小二乘回归方法在地理与经济的相关性分析中的应用研究. 测绘科学，23（4）：48-51.
杜振雷. 2013. 面向微博短文本的情感分析研究. 北京信息科技大学硕士学位论文.
厄兹代米尔 S，苏萨拉 D. 2019. 特征工程入门与实践. 庄嘉盛译. 北京：人民邮电出版社.
封吉昌. 2011. 国土资源实用词典. 武汉：中国地质大学出版社.
韩松涛，潘云鹤. 2017. 基于“学术单元”的知识组织新框架：多维度标签构建研究. 杭州：浙江大学出版社.
韩增奇，于俊杰，李宁霞，等. 2010. 信息融合技术综述. 情报杂志，（s1）：110-114.
韩忠明，张玉沙，张慧，等. 2012. 有效的中文微博短文本倾向性分类算法. 计算机应用与软件，29（10）：89-93.
何友，王国宏，陆大绘，等. 2007. 多传感器信息融合及应用. 2版. 北京：电子工业出版社.
胡定利，李锐，孟瑶，等. 2020. 新闻地名共现视角下的中国城市网络. 武汉大学学报（信息科学版），45（2）：281-288.
化柏林，李广建. 2015. 大数据环境下多源信息融合的理论与应用探讨. 图书情报工作，59（16）：5-10.
姜乃力，张婷婷. 2017. 城市地理学发展研究. 沈阳：辽宁大学出版社.
蒋秉川，万刚，许剑，等. 2018. 多源异构数据的大规模地理知识图谱构建. 测绘学报，47（8）：1051-1061.
孔德剑. 2010. 浅谈方差法分析特征规则有效性. 中国电子商务，11（3）：55-55.
赖博先. 2019-08-08. 特征工程方法综述. https://cloud.tencent.com/developer/article/1482841.
李栋. 2014. 在线社会网络中信息扩散研究. 哈尔滨工业大学博士学位论文.
李纲，纪曼，陈璟浩，等. 2013. 基于社会网络的知识共享研究综述. 信息资源管理学报，39（2）：50-58.
李纲，李阳. 2016. 面向决策的“城市病”诊治情报服务探索. 图书情报工作，60（14）：121-127.
李纲，刘广兴，毛进，等. 2014. 一种基于句法分析的情感标签抽取方法. 图书情报工作，58（14）：12-20.
李纲，叶光辉. 2014. 网络视角下的应急情报体系“智慧”建设主题探讨. 情报理论与实践，37（8）：51-55.
李纲，叶光辉，张岩. 2015. “小众专家”特征识别——基于MetaFilter的实证分析. 现代图书情报技术，31（6）：71-77.
李良琼. 2018. 社会网络方法及其在决策中的运用. 沈阳：辽宁大学出版社.
李林，吴跃，叶茂. 2015. 基于概率图模型的图像整体场景理解特征工程综述. 计算机应用研究，32（12）：3542-3550.

李林艳. 2004. 社会空间的另一种想象——社会网络分析的结构视野. 社会学研究，19（3）：64-75.

李茜，王东红，李士娟. 2013. 西安市旅游目的地形象感知测量研究. 西北大学学报（自然科学版），43（5）：815-820.

李若晨. 2019. 基于特征工程的MOOC学习者行为分析和辍课预测. 华东师范大学硕士学位论文.

李晓旭，于亚新，张文超，等. 2018. Coteries轨迹模式挖掘及个性化旅游路线推荐. 软件学报，29（3）：587-598.

李燕伟. 2018. P2P网络借贷的信用评分研究. 哈尔滨工业大学硕士学位论文.

李阳，李纲. 2016. 从情报学视角看"城市病"：一个新的解析与应用. 情报杂志，35（7）：31-36.

梁晨晨，李仁杰. 2020. 综合LDA与特征维度的丽江古城意象感知分析. 地理科学进展，39（4）：614-626.

林聚任. 2009. 社会网络分析：理论、方法与应用. 北京：北京师范大学出版社.

林奇 K. 1990. 城市的印象. 项秉仁译. 北京：中国建筑工业出版社.

刘军. 2004. 社会网络分析导论. 北京：社会科学文献出版社.

刘苏祺，白光伟，沈航. 2016. 基于用户自描述标签的层次分类体系构建方法. 计算机科学，43（7）：224-229，239.

刘速. 2017. 浅议数字图书馆知识发现系统中的用户画像——以天津图书馆为例. 图书馆理论与实践，31（6）：103-106.

刘雯，高峰，洪凌子. 2013. 基于情感分析的灾害网络舆情研究——以雅安地震为例. 图书情报工作，57（20）：104-110.

陆国锋，黄晓燕，吕绍和，等. 2016. 基于互联网信息的多约束多目标旅游路线推荐. 计算机工程与科学，38（1）：163-170.

陆易. 2018. 基于内容分析法的杭州经济旅游感知要素评估的研究. 现代营销（经营版），（11）：64-65.

路永和，李焰锋. 2013. 改进TF-IDF算法的文本特征项权值计算方法. 图书情报工作，57（3）：90-95.

罗静. 2015. 以地理信息为载体的智慧城市公共信息服务框架研究. 地理信息世界，22（4）：13-16.

马天，屈册. 2014. 大陆游者台湾旅游目的地形象感知与情感分析. 商业研究，（9）：169-174.

缪冬昕，郁舒兰. 2019. 可视化工具对比分析——以地理信息可视化功能为例. 艺术科技，32（3）：68-69.

欧阳嘉煜，范逸洲，罗淑芳，等. 2018. 特征工程：学习分析中识别行为模式的重要方法. 现代教育技术，28（4）：13-19.

彭喜元，彭宇，刘大同. 2016. 数据驱动的故障预测. 哈尔滨：哈尔滨工业大学出版社.
单单. 2011. 文本情感分析的若干关键问题研究. 北京邮电大学硕士学位论文.
佘新伟. 2013. 在线旅游行程规划系统关键技术研究与实现. 西安电子科技大学硕士学位论文.
斯科特 J. 2007. 社会网络分析法. 刘军译. 重庆：重庆大学出版社.
宋莉. 2016. 舆情热点事件中“标签式传播”现象研究——以“二代”现象为例. 黑龙江大学硕士学位论文.
宋灵超，黄崑. 2016. 基于社会标签的图像情感分类标注研究. 图书情报工作，60（21）：103-112.
孙蕾. 2017. 基于AUC和特征间互补性的特征选择方法. 南开大学硕士学位论文.
汤汇道. 2009. 社会网络分析法述评. 学术界，24（3）：205-208.
涂建军，何汉林. 2014. 基于语义分析的降维特征提取. 情报学报，33（9）：952-958.
王崇德. 1997. 文献计量学引论. 桂林：广西师范大学出版社.
王铁套，王国营，陈越，等. 2012. 基于语义模式与词汇情感倾向的舆情态势研究. 计算机工程与设计，33（1）：74-77.
王贤兵. 2012. 社会标注可信度评价方法研究. 华中科技大学硕士学位论文.
王雪宇，邹刚，李骁. 2017. 基于MOOC数据的学习者辍课预测研究. 现代教育技术，27（6）：95-101.
王艳茹，马慧芳，刘海姣，等. 2018. 基于多标签语义关联关系的微博用户兴趣建模方法. 计算机工程与科学，40（11）：2067-2073.
韦晨. 2017. 基于游客情感分析的旅游地形象感知测量——以南京夫子庙秦淮风光带为例. 南京师范大学硕士学位论文.
沃斯曼 S，福斯特 K. 2012. 社会网络分析：方法与应用. 陈禹，孙彩虹译. 北京：中国人民大学出版社.
谢永俊，彭霞，黄舟，等. 2017. 基于微博数据的北京市热点区域意象感知. 地理科学进展，36（9）：1099-1110.
熊回香. 2011. 面向Web3.0的大众分类研究. 华中师范大学博士学位论文.
徐俊，王晓芳. 2010. 网络环境下信息计量应用实证分析. 微计算机信息，26（30）：102-104.
徐媛媛，朱庆华. 2008. 社会网络分析法在引文分析中的实证研究. 情报理论与实践，29（2）：184-188.
宣云干. 2011. 基于潜在语义分析的社会化标注系统标签语义检索研究. 南京大学博士学位论文.
宣云干. 2013. 社会化标签的语义检索研究. 南京：东南大学出版社.
颜端武，苏琼，张馨月. 2019. 基于时序主题关联演化的科学领域前沿探测研究. 情报理论与实践，42（7）：144-150.
杨青云，裴雷，吴克文. 2009. 国外社会化标注系统中标注行为研究现状. 情报杂志，28（11）：185-188，184.

杨尊琦，赵瑾珺. 2014. 新浪微博用户领域分类标签的结构和互动研究. 情报杂志，33（4）：122-127.

叶光辉，胡婧岚，徐健，等. 2018. 社交博客标签增长态势与连接模式分析. 数据分析与知识发现，2（6）：74-82.

叶光辉，李纲. 2015. 社会语义网络结构分析——以MetaFilter为例. 情报理论与实践，38（12）：57-63.

叶光辉，夏立新. 2019. 跨地域科研协作模式分析. 中国图书馆学报，45（3）：79-95.

易明，毛进，邓卫华. 2011. 基于社会化标签网络的细粒度用户兴趣建模. 现代图书情报技术，27（4）：35-41.

易明，毛进，邓卫华，等. 2014. 社会化标签系统中基于社会网络的知识推送网络演化研究 中国图书馆学报，40（2）：50-66.

易明，王学东，邓卫华. 2010. 基于社会网络分析的社会化标签网络分析与个性化信息服务研究. 中国图书馆学报，36（2）：107-114.

殷国鹏，莫云生，陈禹. 2006. 利用社会网络分析促进隐性知识管理. 清华大学学报（自然科学版），（s1）：964-969.

尹涛. 2012. 基于滤波和嵌入式特征选择方法的应用研究. 燕山大学硕士学位论文.

于海鹏，翟红生. 2014. 一种子空间聚类算法在多标签文本分类中应用. 计算机应用与软件，31（8）：288-291，303.

袁莉，赵英. 2012. 社会网络视觉下的知识服务. 成都：四川大学出版社.

袁明冬. 2017. 基于图的特征提取和特征选择及其应用研究. 西安电子科技大学博士学位论文.

查先进. 2011. 信息分析. 武汉：武汉大学出版社.

查先进，吕彬. 2010. 知识共享视角下的大众标注行为研究——基于标签的实证分析. 图书馆论坛，30（6）：76-81.

张丹. 2019. 基于网络文本分析的旅游目的地形象感知研究——以香港为例. 旅游纵览（下半月），（2）：31-32.

张恒婷. 2012. 社交网络图像垃圾标签去除研究. 华北电力大学硕士学位论文.

张文，顿雪霏. 2010. 探讨大陆游客对台湾旅游目的地形象的感知——基于网上游记的内容分析. 北京第二外国语学院学报，32（11）：75-83.

张艳菊，陈清鑫，何国香，等. 2019. 基于位置数据的城市居民职住分离现象及影响因素研究——以大连市为例. 辽宁工程技术大学学报（社会科学版），21（6）：421-428.

张有志，王军. 2008. 基于Folksonomy的本体构建探索. 图书情报工作，52（12）：122-125.

郑惠中，左万利. 2016. 基于信息增益与语义特征的多标签社交网络用户人格预测. 吉林大学学报（理学版），54（3）：561-568.

郑丽娟，王洪伟，郭恺强. 2014. 基于情感词模糊统计的网络评论情感强度的研究. 系统管理学报，23（3）：324-330.

郑宇. 2015. 城市计算概述. 武汉大学学报（信息科学版），40（1）：1-13.
钟业喜，郭卫东. 2020. 中国高铁网络结构特征及其组织模式. 地理科学，40（1）：79-88.
朱庆华，李亮. 2008. 社会网络分析法及其在情报学中的应用. 情报理论与实践，29（2）：179-183，174.
朱晓晨，高飞. 2008. 协作标签系统中的信息检索问题研究. 电脑知识与技术，2（13）：602-604.
诸葛越，葫芦娃. 2018. 百面机器学习 算法工程师带你去面试. 北京：人民邮电出版社.
Jannach D，Zanker M，Felfering A，et al. 2013. 推荐系统. 蒋凡译. 北京：人民邮电出版社.
Zheng A，Casari A. 2019. 精通特征工程. 陈光欣译. 北京：人民邮电出版社.
Adomavicius G，Tuzhilin A. 2005. Toward the next generation of recommender systems：a survey of the state-of-the-art and possible extensions. IEEE Transactions on Knowledge and Data Engineering，17（6）：734-749.
Arroba P，Rìsco-Martín J L，Zapater M，et al. 2015. Enhancing regression models for complex systems using evolutionary techniques for feature engineering. Journal of Grid Computing，13（3）：409-423.
Borgatti S P，Everett M G. 2000. Models of core/periphery structures. Social Networks，21（4）：375-395.
Chelmis C，Prasanna V K. 2013. Social link prediction in online social tagging systems. ACM Transactions on Information Systems，31（4）：1-27.
Chen J，Feng S，Liu J. 2014. Topic sense induction from social tags based on non-negative matrix factorization. Information Sciences，280（1）：16-25.
Ding Y，Jacob E K，Fried M，et al. 2009. Upper tag ontology for integrating social tagging data. Journal of the American Society for Information Science and Technology，61（3）：505-521.
Dyer J H，Nobeoka K. 2000. Creating and managing a high-performance knowledge-sharing network：the Toyota case. Strategic Management Journal，21（3）：345-367.
Faba-Pérez C，Cordero-González A M. 2015. The validity of Bradford's Law in academic electronic mailing lists. Electronic Library，33（6）：1031-1046.
Faba-Pérez C，Guerrero-Bote V P，Moya-Anegon F. 2003. "Sitation" distributions and Bradford's law in a closed web space. Journal of Documentation，59（5）：558-580.
Freeman L C. 1977. A set of measures of centrality based on betweenness. Sociometry，40（1）：35-41.
Freeman L C. 1978. Centrality in social networks conceptual clarification. Social Networks，1（3）：215-239.
Gallarza M G，Saura I G，García H C. 2002. Destination image：towards a conceptual framework. Annals of Tourism Research，29（1）：56-78.

Giffinger R, Gudrun H. 2010. Smart cities ranking: an effective instrument for the positioning of the cities. Architecture City and Environment, 6 (12): 7-26.

Golder S A. 2006. Usage patterns of collaborative tagging systems. Journal of Information Science, 32 (2): 198-208.

Gómez-Verdejo V, Martínez-Ramón M, Florensa-Vila J, et al. 2012. Analysis of fmri time series with mutual information. Medical Image Analysis, 16 (2): 451-458.

Kano N, Seraku N, Takahashi F, et al. 1984. Attractive quality and must-be quality. The Journal of the Japanese Society for Quality Control, 14 (2): 39-48.

Laaksonen P, Laaksonen M, Borisov P, et al. 2006. Measuring image of a city: A qualitative approach with case example. Place Branding, 2 (3): 210-219.

Lancichinetti A, Fortunato S, Kertész J, et al. 2009. Detecting the overlapping and hierarchical community structure in complex networks. New Journal of Physics, 11 (3): 033015.

Lee W J, Gretzel U, Law R. 2010. Quasi-trial experiences through sensory information on destination web sites. Journal of Travel Research, 49 (3): 310-322.

Lindenberg S. 1997. Grounding groups in theory: functional, cognitive, and structural interdependencies. Advances in Group Processes, 1 (14): 281-331.

Liu D, Hua G, Viola P, et al. 2008. Integrated feature selection and higher-order spatial feature extraction for object categorization. Conference on Computer Vision & Pattern Recognition, IEEE, (6): 1-8.

Liu L, Zhou B L, Zhao J H, et al. 2016. C-IMAGE: city cognitive mapping through geo-tagged photos. GeoJournal, 81 (6): 817-861.

Lombardi P, Giordano S, Farouh H, et al. 2012. Modelling the smart city performance. Innovation: The European Journal of Social Science Research, 25 (2): 137-149.

Luque-Martínez T, Barrio-García S D, Ibáñez-Zapata J A, et al. 2007. Modeling a city's image: the case of Granada. Cities, 24 (5): 335-352.

Lux M, Dosinger G. 2007. From folksonomies to ontologies: employing wisdom of the crowds to serve learning purposes. International Journal of Knowledge and Learning, 3 (4/5): 515-528.

Lynch K. 1960. The Image of the City. Cambridge: The MIT Press.

Ma H, Jia M, Zhang D, et al. 2017. Combining tag correlation and user social relation for microblog recommendation. Information Sciences, (385/386): 325-337.

Mehra A. 2005. The development of social network analysis: a study in the sociology of science. Administrative Science Quarterly, 50 (1): 148-151.

Munk T B, Mork K. 2007. Folksonomy: the power law & the significance of the least effort Knowledge Organization, 34 (1): 16-33.

Naseri S, Bahrehmand A, Ding C, et al. 2013. Enhancing tag-based collaborative filtering via integrated social networking information. International Conference on Advances in Social Networks Analysis & Mining，ACM：760-764.

Newman R，Ayers D，Russell S. 2005. Tag ontology. https://www.mendeley.com/catalogue/ea846085-2367-3eee-ba13-fb7472ace009/.

Ogawa Y，Morita T，Kobayashi K. 1991. A fuzzy document retrieval system using the keyword connection matrix and a learning method. Fuzzy Sets and Systems，39（2）：163-179.

Orsi F，Geneletti D. 2013. Using geotagged photographs and gis analysis to estimate visitor flows in natural areas. Journal for Nature Conservation，21（5）：359-368.

Pan B，Zheng Y，Wilkie D，et al. 2013. Crowd sensing of traffic anomalies based on human mobility and social media. Proceedings of the 21st ACM Sigspatial International Conference on Advances in Geographic Information Systems，ACM：344-353.

Pan W，Chen S，Feng Z. 2013. Automatic clustering of social tag using community detection. Applied Mathematics and Information Sciences，7（2）：675-681.

Piselli F. 2007. Communities，places，and social networks. American Behavioral Scientist，50（7）：867-878.

Salesses P，Schechtner K，Hidalgo C A. 2013. The collaborative image of the city：mapping the inequality of urban perception. PLoS One，8（7）：1-13.

Sharma O P，Ghose M K，Shah K B，et al. 2013. Recent trends and tools for feature extraction in OCR technology. International Journal of Soft Computing and Engineering，2（6）：220-223.

Strapparava C，Mihalcea R. 2008. Learning to identify emotions in text. Proceedings of the 2008 ACM Symposium on Applied Computing，ACM：1556-1560.

Thomas V W. 2005-01-18. Folksonomy explanations. http://www.vanderwal.net/random/entrysel.php?blog=1622.

Titus N，Subrahmanian E，Ramani K. 2008. Folksonomy and designing：an exploration. 27th Computers and Information in Engineering Conference，ASME：821-829.

Tu H，Wang X. 2014. Mining users' interest graph in social networks with topic-based tag propagation. International Conference on Smart & Sustainable City，IET：282-285.

Turner C R，Fuggetta A，Lavazza L，et al. 1999. A conceptual basis for feature engineering. Journal of Systems and Software，49（1）：3-15.

Wellman B. 1998. Network analysis：from method and metaphor to theory and substance. Structural Analysis in the Social Sciences，2（1）：19-61.

Wong C U I，Qi S. 2017. Tracking the evolution of a destination's image by text-mining online reviews—the case of Macau. Tourism Management Perspectives，23（1）：19-29.

Zadeh L A. 1965. Fuzzy sets. Information and Control，8（3）：338-353.

Zheng Y. 2015. Trajectory data mining：an overview. ACM Transactions on Intelligent Systems and Technology，6（3）：1-41.

Zheng Y，Capra L，Wolfson O，et al. 2014. Urban computing：concepts，methodologies，and applications. ACM Transactions on Intelligent Systems and Technology，5（3）：1-55.